Die Anfänge der abendländischen Philosophie

Fragmente der Vorsokratiker

Übersetzt und erläutert
von Michael Grünwald

Mit einer Einführung
von M. Laura Gemelli-Marciano

Bibliothek der Antike
Deutscher Taschenbuch Verlag
Artemis Verlag

Die Einführung wurde von Manfred Fuhrmann
aus dem Italienischen übersetzt.

Oktober 1991
Deutscher Taschenbuch Verlag GmbH & Co. KG,
München

Umschlaggestaltung: Celestino Piatti
Gesamtherstellung: C.H. Beck'sche Buchdruckerei,
Nördlingen
Printed in Germany · ISBN 3-423-02264-7

EINFÜHRUNG

I
Die Vorsokratiker

Heute von den sogenannten Vorsokratikern zu sprechen, ohne auf unzählige Gemeinplätze zu verfallen, ist ein nahezu unmögliches Unterfangen: so viel hat man über sie geschrieben, geredet und diskutiert, angefangen von der Bezeichnung selbst und bis hin zu den einzelnen Theorien und Richtungen. In diesem kurzen Überblick soll daher lediglich versucht werden, einige Hinweise zu geben, vor allem durch eine Betrachtung der Voraussetzungen, aus denen diese Theorien hervorgegangen sind, und der Kultur ihrer Zeit – ohne jeden Anspruch auf Vollständigkeit.

Die Bezeichnung »Vorsokratiker«, gegenwärtig von verschiedenen Seiten in Frage gestellt, ist eine Schöpfung des großen Gelehrten Hermann Diels. Dieser hat als erster und bis heute einziger die Zeugnisse und Fragmente von den Philosophen gesammelt, die vor oder gleichzeitig mit Sokrates lebten; sein Werk, in mehreren Auflagen von ihm selbst und von Walter Kranz bearbeitet und auf den neuesten Stand gebracht (die erste Auflage erschien 1903 in Berlin, und die sechste 1951; die darauf folgenden sind unveränderte Nachdrucke hiervon), bildet noch stets den unentbehrlichen Ausgangspunkt für jede sei es philologische, sei es philosophische Beschäftigung mit diesen Autoren.

Obwohl die Bezeichnung ungenau ist (unter anderem sind einige der sogenannten Vorsokratiker Zeitgenossen des Sokrates), läßt sie sich noch immer, und nicht nur aus praktischen Gründen, rechtfertigen; ihren Inhalt kann man als das Erbe einer Tradition verstehen, die bis auf die Zeiten Platons zurückgeht. Die Philosophiegeschichte führt unvermeidlicherweise zu Verallgemeinerungen, und die zusammenfassenden Schematisierungen verschiedener philosophischer Richtungen waren schon üblich, ehe Aristoteles und sodann sein Schüler Theophrast in systematischer Sammelarbeit Werke über die Meinungen der alten Physiker schufen, die nach historischen Gesichtspunkten aufgebaut waren und von denen die Autoren, die uns Texte und Zeugnisse von den Vorsokratikern bewahrt haben, in weitem Umfange direkt oder indirekt abhängig sind. In der Zeit Platons machte man sich die Tatsache einer bestimmten Tradition bewußt, um sich auf diese Weise von ihr zu distanzieren. Wenn Platon ein bestimmtes Thema erörtert, dann geht er stets von der damals üblichen Betrachtungsweise aus, von den Debatten, die man zu seiner Zeit nach einem verbreiteten Muster führte (insbesondere unter den Sophisten), indem er jedes Mal eine »Summe« der überlieferten Theorien darbietet. Und wenn in der Mehrzahl der Fälle sein unmittelbares Ziel die Sophisten oder Anaxagoras sind, die ihm nächsten, die er am häufigsten ausdrücklich zitiert, so drängt es ihn doch oft genug, sich in zusammenfassenden Überblicken pauschal über einander entgegengesetzte Blöcke von Meinungen seiner Vorgänger zu äußern. So heißt es z.B., die Maxime des Protagoras, daß der Mensch das Maß aller Dinge sei, die nach Platon auf die Behauptung der Relativität jedweder Erkenntnis hinausläuft (es ist das wahr, was einem jeden als wahr erscheint), habe ihren Ursprung in einer Verschärfung der heraklitischen Theorie von der unaufhörlichen Bewegung (Theätet 179 D ff.). Diese wiederum sei ihrerseits nichts anderes als die ausdrückliche Formulierung dessen, was schon die alten Dichter, Homer und die noch früheren, im Schleier der Poesie angedeutet hätten. Gegen diese aber erhoben sich »die Anhänger der Unbeweglichkeit des Alls«, wie Melissos und Parmenides, die da behaupteten, daß nichts sich bewege und alles unveränderlich sei. Die Rolle des Sokrates besteht dann meist darin, den Gehalt sei es der einen, sei es der anderen Theorie einer Prüfung zu unterziehen, in dem Bewußtsein, daß es gelte, eine vermittelnde Lösung zu finden. Das wiederholt sich im Gespräch über die

Urbestandteile im ›Sophistes‹ (242 C–D): gibt es nur einen, wie die Sippschaft der Eleaten will, oder zwei oder drei, wie andere, nicht genau bezeichnete, oder sowohl einen als auch viele, wie es die Musen von Sizilien, d.h. Empedokles, behaupten?

Diese schematisierenden Zusammenfassungen, die der Bequemlichkeit des Gesprächs dienen, kommen auch bei nichtphilosophischen Autoren der Zeit Platons vor. In Xenophons ›Erinnerungen an Sokrates‹, deren Entstehungszeit, so unsicher sie ist, gemeinhin zwischen 393 und 370 v. Chr. angenommen wird, findet sich dasselbe Schema von einander entgegengesetzten Blöcken derer, die über das Wesen der Dinge nachgedacht haben: eine Einheit oder unbegrenzt vieles, unveränderlich oder in ständiger Bewegung (1,1,14), und Isokrates führt ein Schema vor, das noch differenzierter ist als das des ›Sophistes‹: über diejenigen, die eine oder mehrere Arten von Grundbestandteilen angenommen haben (Antidosis 268, entstanden 353/52 v. Chr.).

Das Bewußtsein von einer Tradition, die, wenn auch nicht durchweg in chronologischer Hinsicht, Sokrates vorausgegangen war und die sich nach ihren Hauptrichtungen schematisch ordnen ließ, ist also sehr alt, und die Bezeichnung »Vorsokratiker« fügt sich trotz ihrer Mängel gut in eine derartige zusammenfassende Perspektive ein; deshalb soll sie auch in dieser Einführung uneingeschränkt Verwendung finden.

2

Der Ursprung der philosophischen Spekulation

Wenn man heutzutage dazu neigt, die scharfe Trennung zwischen Mythos und Logos zu revidieren, die aus einer Hegel verpflichteten Betrachtungsweise der Philosophiegeschichte hervorgegangen ist, so bleibt doch diese Zweiteilung bei der Beschäftigung mit den Vorsokratikern im Hintergrund stets gegenwärtig; sie wird zum Teil durch den

Anschein bestätigt, zeigt aber zahlreiche Zwischentöne, wenn man sie ernstlich an Hand der direkten Zeugnisse von den ersten Vorsokratikern prüft und dem Urteil der Autoren gegenüberstellt, die dieser Epoche viel näher gestanden haben, dem des Platon und des Aristoteles.

Wenn sich der Übergang vom Mythos zum Logos in so mechanischer Weise vollzogen hat, dann bleibt in Wahrheit unerklärt, warum sich ein Typus der Spekulation über die Natur in ihrer Gesamtheit, wie ihn die ersten »Philosophen« schufen, nicht auch in anderen Kulturen hervorgetan hat – mythische Kosmologien führen nicht mit Notwendigkeit zur Philosophie. Selbst Platon trennt nicht immer die Autoren, die wir heute als Philosophen bezeichnen, scharf von den Dichtern. Er versichert wiederholt, wobei er einer in der Sophistik verbreiteten Praxis folgt, daß die Theorien Heraklits direkt von den Theogonien abstammen, die sich in den homerischen Epen erkennen lassen, insbesondere aber von denen des Hesiod, des Orpheus, des Akusilaos – auch wenn er sich hierbei über den »philosophischen« Wert derer mokiert, die als direkte Abkömmlinge von Göttern über ihre Familienangelegenheiten gesprochen haben (Timaios 40D), und das in einer Diktion, die nur ihnen selbst verständlich ist und sich um die Nachwelt nicht schert (Sophistes 243A). Die scharfe Trennung von Dichtern und Theologen einerseits, auf die einzugehen sich nicht lohnt, da sie sich, ohne Beweise zu geben, in uneindeutigen Ausdrücken geäußert haben, und von Philosophen andererseits, deren Theorien eine Prüfung verdienen, insofern sie sich eine Beweisführung haben angelegen sein lassen, stammt vor allem von Aristoteles (Metaphysik 2,4 1000a 9ff.).

Mag es demnach auch schwierig sein, die Ursachen von beliebigen Ereignissen und zumal von geistigen Prozessen, die so weit von unserem Standpunkt entfernt sind, exakt zu erfassen, von Prozessen, bei denen wahrscheinlich auch der Zufall eine nicht unerhebliche Rolle gespielt hat, so kann man trotzdem versuchen, einige Tatsachen hervorzuheben, durch die sich die griechische Kultur schon in ihren Anfängen von anderen antiken Kulturen unterschieden hat.

1. In grundsätzlichem Sinne bedeutsam ist vor allem die Tatsache, daß kein heiliger Text vorhanden war; dies ermöglichte eine stärkere Fluktuation beim Erwerb und bei der Weitergabe von Texten kulturellen Gehalts. Wenn ein Text keine religiöse oder rituelle Funktion hat, dann ist seine genaue Wiedergabe kein unbedingt nötiges Erfordernis. In der Tat fehlte in Griechenland der ganze politisch-gesellschaftliche und religiöse Apparat, der sich im Umkreis orientalischer Tempel vom dritten Jahrtausend v. Chr. an zum Zweck der Bewahrung heiliger Texte eingestellt hatte; es gab keine Schreiberkaste, der die Vervielfältigung und Reinerhaltung der Texte anvertraut gewesen wäre, es gab auch keine Bibliotheken, und die Weitergabe der griechischen Kultur vollzog sich noch mehrere Jahrhunderte lang überwiegend auf mündlichem Wege, nachdem die Schrift und das Buch aufgekommen waren und bereits eine gewisse Verbreitung erlangt hatten. Noch Platon hegte größtes Mißtrauen gegenüber dem Buch.

»Jedermann hat von Anfang her an Homer sich geschult«, sagt Xenophanes (180)*, und in der Tat sind die homerischen Epen über Jahrhunderte hin der Kulturtext par excellence gewesen. Allerdings haben die ersten Bemühungen, einen »panhellenischen« Text herzustellen, wenn jemals, dann erst – nach Auskunft der Quellen – stattgefunden, als die homerischen Epen schon zwei Jahrhunderte lang verbreitet waren und vorgetragen wurden, d. h. zur Zeit des Peisistratos (Mitte des 6. Jahrhunderts v. Chr.). Doch auch diese Nachricht darf nur mit Vorsicht aufgenommen werden, angesichts der Tatsache, daß sie erst vom 1. Jahrhundert v. Chr. an überliefert ist (s. Cicero, De oratore 3,137). Man weiß mit Sicherheit, daß verschiedene sowohl schriftliche als auch mündliche Fassungen im Umlauf waren, die von den Rhapsoden nach Gutdünken bearbeitet wurden. Der Kulturtext war so-

* Nr. in dieser Sammlung

mit etwas, das nicht nur seiner Form, sondern auch seinem Inhalt nach bearbeitet werden durfte.

2. Außerdem kann ein Text, der nicht heilig ist, nicht nur auf die verschiedenste Weise »interpretiert« werden (dies ist auch bei einem heiligen Text möglich; man denke nur an die Richtungen der jüdischen Bibelexegese), er kann vielmehr auch Gegenstand von Polemik sein. Und in diesen beiden Bereichen der Interpretation und der kritischen Reflexion läßt sich, scheint mir, jedenfalls einer der charakteristischen Züge der sogenannten Philosophie und überhaupt der Weltanschauung der Vorsokratiker erblicken.

3. Ein dritter Aspekt, der mit den vorangehenden nicht unmittelbar zusammenhängt, ihnen jedoch analog ist, besteht in der Möglichkeit der »Forschung«, des Erfahrungswissens. Wenn kein Offenbarungstext von der Beschaffenheit vorhanden ist, daß er ein für alle Mal eine unveränderliche Wahrheit enthält, dann hat der Mensch freie Hand, von sich aus nach einer Wahrheit zu suchen und sie mit Hilfe der Erfahrung zu prüfen: ob das, was ihm überliefert ist, mit der wirklichen Beschaffenheit seiner Welt übereinstimmt.

4. Ein weiterer Umstand, der die Entwicklung dieser Forschung begünstigt haben kann, liegt darin, daß zumal die kleinasiatischen Griechen, bei denen sich die ersten Keime der »Philosophie« zeigten, direkten und ständigen Kontakt mit anderen, mit orientalischen Völkern von jahrtausendealter Kultur hatten. Abgesehen davon, daß ihnen im strengen Sinne technische Errungenschaften von grundsätzlicher Bedeutung zuteil wurden, wie auf dem Felde der Mathematik und der Astronomie, die sie von den orientalischen Kulturen übernahmen, mußten sie sich, herausgefordert durch die Verschiedenheit der Sitten und Religionen, ihrer eigenen Überlieferung bewußt werden und sich so veranlaßt sehen, deren Werte zu prüfen. Es ist kein Zufall, daß die heftigen Polemiken gegen Homer gerade in der Sphäre ihren Ursprung hatten, aus der auch die Blüte der Epen hervorgegangen war.

Interpretation und kritische Reflexion gegenüber Kulturtexten, Erforschung und Prüfung der Tradition, Erwerb und Einbeziehung von Elementen, die anderen Kulturen entstammten: dies sind die gemeinsamen Merkmale der ersten Spekulationen, die man heutzutage als Philosophie bezeichnet. In ihren Einzelheiten jedoch zeigen diese ein ziemlich vielfältiges Panorama, in dem bald diese, bald jene Tendenz deutlicher hervortritt und das sich abgesehen von diesen formalen Merkmalen nur mit Mühe einer strengen Gliederung unterziehen läßt.

Bei einer Würdigung der vorsokratischen Philosophie insgesamt ist es demnach einerseits gewiß wichtig, daß man sich die Unterschiede im Verhältnis zum mythischen und poetischen Denken vor Augen hält, andererseits aber auch von wesentlicher Bedeutung, daß die Faktoren zur Geltung kommen, die Kontinuität bewirkt haben. Denn andernfalls wird es stets ein Problem bleiben, daß die ersten Philosophen, insbesondere die auf italischem Gebiet, in Versen geschrieben haben.

3
Philosophie und Religion

Man ist jetzt allgemein der Meinung, daß die Anfänge der von den Vorsokratikern betriebenen Spekulation mit der kosmogonischen Tradition orientalischen Zuschnitts zusammenhängen. Und aus den wenn auch geringen Hinweisen auf das Werk des Anaximandros, die durch die Vermittlung der späten, rationalisierenden Berichte der Doxographen auf uns gekommen sind, hat man immerhin schließen können, daß einige seiner Besonderheiten, wie z. B. die in kosmologischer Hinsicht befremdliche Anordnung Sterne – Mond – Sonne, die unerklärbar bleibt, wenn man ihn für einen Physiker in strengem Sinne hält, in Wahrheit den Einfluß der iranischen religiösen Tradition erkennen lassen, nach der dies exakt die Etappen der Seele auf ihrer Reise zum »unendlichen Licht« (zum Apeiron?) waren. Die früheste kosmologische und kosmogonische Spekulation ist somit aus religiösen Vorstufen hervorgegangen.

Überdies entspricht das kosmogonische Schema einem bewährten Modell der Theogonien: Naturbeschreibung bedeutet vor allem, daß man den Ursprung enthüllt. Die Erzählung von der Geburt der Götter, der Welt und der Menschen war in den orientalischen Religionen ein integraler Bestandteil des Rituals, sie war die Grundlage für die Wiederherstellung der Ordnung, welche mit Hilfe des Rituals bewerkstelligt wurde. Herodot berichtet, daß die persischen Magier, während sie opferten, nichts anderes als eine Theogonie vortrugen (1,132).

Derselbe Herodot macht uns überdies durch eine interessante Nachricht deutlich, wie man zu seiner Zeit die Beziehung zwischen den außergriechischen Religionen und dem Bild von der Gottheit auffaßte, das die Theogonie Hesiods und die homerischen Epen darbieten (2,52). Er schreibt, daß die Pelasger beim Heiligtum des Zeus zu Dodona während des Opferns ihre Bitten einst an die Götter gerichtet hätten, ohne deren Epitheta oder Namen zu kennen. Sie hätten sie Götter (theoi) genannt, weil sie den Dingen eine Ordnung auferlegt (vom Verbum ti-the-mi = legen, worin nach der Etymologie Herodots die Wurzel *the enthalten war) und weil sie alle Dinge gerecht verteilt hätten. Die Namen seien dann von den Ägyptern zu ihnen gekommen (wobei die Vermittlung des Orakels erforderlich gewesen war), und von den Pelasgern hätten die Griechen sie übernommen. Nach Herodot hatten die Griechen bis zu einer nicht weit zurückliegenden Zeit nicht gewußt, woher eine jede Gottheit kam noch ob seit jeher Götter vorhanden gewesen waren noch welches Aussehen sie hatten. Homer und Hesiod hätten als erste eine Theogonie eingeführt und den Göttern Epitheta, Funktionen und Ehren zugewiesen und ihr Äußeres umschrieben.

Die Erzählung Herodots ist – abgesehen von ihrer wohl geringen Zuverlässigkeit – charakteristisch für eine gängige

Einstellung, wie man sie der von den Dichtern vermittelten Theogonie-Tradition gegenüber an den Tag legte, d.h. sie drückt ein deutliches Bewußtsein davon aus, daß es sich hierbei um eine Verfälschung handele, die ihre Wurzeln und Voraussetzungen nicht in der Religion, sondern in der Literatur hat. Folglich ist das wahre Wesen des Göttlichen nicht dasjenige, welches die Dichtung darbietet, sondern etwas, das auf eine andere Überlieferung zurückgeht; diese aber ist mit dem Ritual verbunden, dessen Spuren die Griechen nunmehr verloren haben, da sie von den Erzählungen der Dichter irregeführt worden sind. Kurz und gut, ein großer Teil der kosmogonischen Spekulationen, zumal derjenigen von Philosophen, die in Ionien beheimatet waren (auch Xenophanes stammte von dort), scheint eine Einstellung zu verraten, die genau der entspricht, welche sich Herodot zu eigen gemacht hat, indem er sie auf eine geschichtliche Grundlage zu stellen suchte.

Aus den wenigen Fragmenten, die uns von Anaximandros überkommen sind, kann man ersehen, daß sich seine Konzeption des Göttlichen im wesentlichen auf die folgenden Vorstellungen gründet: »Das grenzenlos-Unbestimmbare ist ohne Tod und unvergänglich« (23); »Es ist ewig und ohne Alter« (22); »Es ist Ursprung und Ende aller Dinge«, die »einander Strafe und Buße für die Ungerechtigkeit zahlen, gemäß der Ordnung der Zeit« (21). Das Göttliche ist ohne Namen. Xenophanes stellte der homerischen und hesiodeischen Religion der Formen und Namen mit Entschiedenheit ein anonymes göttliches Wesen entgegen, dessen Merkmale die Allmacht und die Allwissenheit sind (186–189). Heraklit bekräftigt, daß es Sache des Logos ist, die Welt zu lenken (218) und daß »Eines, das allein Weise, nicht und doch auch Zeus genannt werden will« (263); »Gott ist Tag/Nacht, Winter/Sommer ... Er wandelt sich wie das Feuer, das, mit Räucherwerk vermischt, nach dem Duft eines jeglichen heißt« (266).

Die Besonderheit dieser Reflexionen über das Göttliche besteht darin, daß jede Bezugnahme auf den Kult fehlt. Ein einziger mächtiger Gott durchdringt von sich aus das All, und seine Substanz ermangelt einer bestimmten Form (auch die Luft des Anaximenes ist unbegrenzt und erzeugt alles, was da ist und was gewesen ist und was sein wird: die Götter und die göttlichen Körper der Sterne): die Religiosität, die man hier zu erkennen glaubt, ist ihrem Typ nach eher naturalistisch und individualistisch als eine Form für Kulthandlungen. Herodot hatte offenbar genau getroffen, worin das entscheidende Merkmal der Entwicklung der griechischen Kultur bis zu seiner Zeit bestand: im Fehlen einer wirklichen sakralen Grundlage in den Kulturtexten; hieraus ergab sich die Notwendigkeit, das Band mit dem Göttlichen aufs neue zu knüpfen, ein Band, das er in die Vergangenheit zurückverlegte, zu den außergriechischen Vorfahren.

Die Rezeption der theogonischen Überlieferung orientalischen Ursprungs hatte während einer ersten Phase eines gemeingriechischen Kulturzustandes mit Hilfe von Literatur stattgefunden (mit Hilfe der homerischen Epen und vor allem der Werke Hesiods) – zum Schaden der eigentlichen Grundlage dieser Überlieferung, der sakralen. Dieser Bereich wurde daher im 6. und 5. Jahrhundert v. Chr. von neuen religiösen Formen zurückgewonnen, die von privater, auf die Einzelperson zugeschnittener Beschaffenheit waren, wie z. B. die Orphik. Die in die Mysterien des Orpheus Eingeweihten hielten dessen theogonische Gedichte für die Richtschnur ihrer rituellen Handlungen (Platon, Staat 364 E), und diese brachten nicht mehr die periodische Wiederherstellung einer neuen Ordnung der Gemeinschaft zur Anschauung, sondern den Sieg über den Tod und die Geburt eines neuen Individuums.

Diese theogonischen Gedichte, die uns meist nur durch späte Zeugnisse bekannt sind, die indes in wechselnder Form schon während des 6. und 5. Jahrhunderts v. Chr. verbreitet gewesen sein müssen (Aristophanes bringt in den ›Vögeln‹ des Jahres 414 v. Chr. eine Parodie derartiger Theogonien, v. 609 ff.), wiesen offenbar Ähnlichkeiten mit der hesiodeischen Theogonie auf: Am Anfang erzeugt Chronos, die nicht alternde Zeit, den Äther und um ihn herum einen ungeheuren Abgrund, das Chasma. Aus dem Äther läßt er dann ein silbernes Ei hervorgehen, und hieraus entspringt Phanes, das leuchtende zweigeschlechtliche Wesen; dieser wiederum steht am Anfang der Erzeugung der Götter und des Kosmos, am Anfang einer Kette, die der der hesiodeischen ›Theogonie‹ einigermaßen entspricht.

Der Hinweis auf die orphischen Theogonien und die Orphik ist wichtig, wenn man sich mit den Vorsokratikern befaßt, da die Interpretation und kritische Durchdringung dieser Gedichte möglicherweise einen Schlüssel für einige kosmogonische Motive der Philosophen an die Hand gibt. Das Motiv des Welteis z. B., das schon in den orientalischen und ägyptischen Mythologien sehr verbreitet war, findet, wenn auch mit erheblichen Unterschieden und in einer Form, die der Embryologie näher steht als der Mythologie, Widerhall in den Nachrichten über die atomistische Kosmogonie Leukipps: Aus einem Wirbel von Atomen, der sich im leeren Raum gebildet hat, entsteht eine kugelförmige Masse; diese ist von einer Haut umgeben, innerhalb derer sodann die Welt ihre Form annimmt (582). Wahrscheinlich gehört auch der Sphairos des Empedokles (467ff.), das Bild für die totale Vermischung der Elemente unter der Herrschaft der Liebe, in den Umkreis orphischer Vorstellungen. Weiterhin erinnert die nicht alternde Zeit, die am Anfang der kosmogonischen Kette steht, an die von Aristoteles bezeugte Vorstellung Demokrits, daß die Zeit unentstanden sei (640). Sodann gemahnt das Motiv des zweigeschlechtlichen Wesens unmittelbar an die Merkmale des pythagoreischen Einen – Gerade-Ungerade (Philolaos, 144), Männlich-Weiblich – als Urgrund des Kosmos.

Wie sich philosophische Spekulation von der Grundlage orphischer Theogonien aus entfalten konnte, wird nunmehr durch einen Text veranschaulicht, der erst vor ziemlich kurzer Zeit ans Licht gekommen ist; dieser hat bestätigt, was man zuvor nur aus Hinweisen in Texten der Vorsokratiker selbst sowie aus oft ironischen Anspielungen Platons erschließen konnte. Im Jahre 1962 förderten Grabungen in einer Totengruft bei Derveni, einem Ort in der Nähe von Saloniki, eine Papyrusrolle zutage, die, ungefähr der Mitte des 4. Jahrhunderts v. Chr. entstammend, einen Kommentar zu einer orphischen Theogonie enthält. Es handelt sich hierbei, wenn man von der Parodie des Aristophanes absieht, um das älteste Zeugnis von wörtlich wiedergegebenen Versen aus einer orphischen Theogonie. Leider ist der Papyrustext, von dem noch keine vollständige Edition vorliegt, stark verstümmelt: Er war auf dem Scheiterhaufen eines orphischen Mysten verbrannt worden, und so blieb nur eine verkohlte Randpartie erhalten. Wiewohl zu einer Zeit verfaßt, zu der sich in Athen der Platonismus unanfechtbar durchgesetzt hatte, bedient sich der Papyrus von Derveni des bei den Vorsokratikern üblichen Stils; er führt uns ein sonderbares Gemisch von Einflüssen aus Heraklit, Anaxagoras, Empedokles und den Atomisten vor Augen, womit er gänzlich außerhalb der großen Debatten Platons und seiner Schule steht. Der Autor kritisiert Leute, die heilige Riten vollziehen, ohne deren Bedeutung zu kennen und ohne nach deren Bedeutung zu fragen, da sie zu »wissen« glauben, und trägt eine eigene Interpretation von Versen des Dichters in einer Form vor, die an die Vorsokratiker-Werke über die Natur erinnert. Dies bestätigt eine Anspielung Platons, wonach sich in den orphischen Sekten »Priester und Priesterinnen« befinden, »denen daran liegt, über das, womit sie sich beschäftigen, Rechenschaft geben zu können« (Menon 81 A). Es gab also innerhalb der Gemeinden selbst eine Tradition der Exegese orphischer Texte.

Für den Autor des Papyrus hat sich Orpheus zwar der gewöhnlichen Ausdrucksweise bedient, sich hierbei jedoch auf eine esoterische Wirklichkeit bezogen, die nur wenigen zugänglich sei. Die göttliche Hauptfigur der kommentierten Theogonie war offenbar die des Zeus, der Ursprung, das Mittel, der Erzeuger aller Dinge. Er existierte bereits, ehe er den Namen Zeus erhielt; wenn der Dichter sage, daß er erzeugt worden sei, dann wolle er lediglich zum Ausdruck bringen, daß er seinen Namen erhalten habe. Diese Trennung des Wesens der Gottheit nicht nur von ihrer Erzeugung, sondern auch von ihrer Benennung erinnert sowohl an Herodot, an dessen Hinweis auf die Benennung der Götter, als auch an die Namenlosigkeit des Göttlichen, wie sie schon von den ersten Vorsokratikern postuliert worden war. Allerdings, sagt der Autor von Derveni weiterhin, hat Orpheus viele göttliche Namen erhalten; diese entsprechen jedoch für den, der sich darauf versteht, ebensovielen Eigenschaften des einen großen Gottes. Es ist hier unmöglich, ausführlich wiederzugeben, worüber man wegen der extremen Bruchstückhaftigkeit des Textes streiten kann; immerhin hat sich aus diesen kurzen Bemerkungen wohl ergeben, daß sich auf der Basis und im Rahmen der Überlieferung einer Theogonie in einer späteren Phase eine exegetische Tradition entfalten konnte, die in stärker rational gefärbten Ausdrücken Einblick in einen von Hause aus als reines Mysterium vermittelten Mythos gab. Dies aber ist ein weiteres Charakteristikum der Griechen: das Ausmaß der »historia«, der Forschung, die, weit entfernt, die religiöse Dimension des Menschen zu zerstören, vielmehr eine andere hervorbringt, eine individualistische, privilegierte, elitäre, die nur wenigen zugänglich ist.

Die Vorstellung von dem, »der wissend ist«, der aus der Masse herausragt, während die anderen handeln, ohne zu verstehen, oder zu wissen, kehrt in der Gedankenwelt der frühen Vorsokratiker ständig wieder. Mit ihr setzt sich eine Haltung fort, deren markantestes Beispiel das Proömium der hesiodeischen ›Theogonie‹ ist: das Bewußtsein von der Distanz, die den Weisen oder den Dichter vom gewöhnlichen Menschen trennt. Heraklit attackiert die Leute, die wach sind, in Wahrheit jedoch wie Schlafende handeln; Parmenides sieht sich auf den Weg dessen versetzt, »der weiß«, einen Weg, der verschieden ist von dem derer, »die nichts wissen«, und Empedokles zieht seinen Schüler weit von den Sterblichen ab, um ihn Dinge wissen zu lassen, die die Menschen weder sehen noch hören noch begreifen können.

Diese Methode der Interpretation poetischer Texte, die sich großenteils auf Allegorien gründete, und zugleich die Entwicklung der Physik, die sich mehr und mehr darauf konzentrierte, die Ursachen der Erscheinungen zu erforschen, mußten zu einem Stadium des Denkens führen, in dem die Gottheit – zuerst die nunmehr gescholtene der herkömmlichen Religion, dann auch das namenlose göttliche Wesen der ersten Philosophen – ihres Geheimnisses entkleidet und ebenfalls zum Gegenstand der Forschung und Diskussion gemacht wurde. Platon faßt diese Entwicklung von der theogonischen Dichtung zur Spekulation über die Natur im 10. Buch der ›Gesetze‹ wie folgt zusammen (886C–E): »Die ältesten« (der Schriften, die sich mit den Göttern befassen) »berichten, wie zuerst der Himmel und die übrigen Dinge entstanden sind, und im weiteren Verlauf schildern sie, schon bald nach diesem Anfang, die Entstehung der Götter (die Theogonie) und wie diese, nachdem sie einmal da waren, miteinander verkehrt hätten.« Unverkennbar ist hier von theogonischen Dichtungen die Rede; Platon enthält sich eines Urteils über sie und fährt fort: »Hingegen soll unser Vorwurf die Schriften der neueren Weisen treffen für das Unheil, an dem sie schuld sind. Denn das bewirken doch die Aussagen dieser Leute: Wenn wir beide, du und ich, als Beweis für das Dasein der Götter nun eben Sonne und Mond und Sterne und Erde als Götter und als etwas Göttliches anführen, so werden uns diejenigen, die unter dem Einfluß dieser Weisen stehen, zur Antwort geben, all das sei doch nichts anderes als Erde und Steine und somit auf keinen Fall imstande, sich um die Angelegenheiten der Menschen zu kümmern ...«

Denn allerdings, sobald die Naturerscheinungen ihre Rechtfertigung aus sich selbst fanden und sich erklären und bestimmen ließen, entzog sich in entsprechendem Maße das Göttliche. Die Vorstellung von einem allmächtigen und allwissenden Wesen, die schon in den ersten Reflexionen der Vorsokratiker die Götter der Überlieferung ersetzt hatte, herrschte noch so ziemlich während des ganzen 5. Jahrhunderts: Für Anaxagoras ist der Nus (die Vernunft) die ordnende Kraft, die, indem sie die indifferente Masse der Samen trennt und scheidet, die zusammengesetzten Dinge schafft, für Diogenes von Apollonia die Luft, die einzige göttliche Substanz, die durch Veränderung die Vielfalt der Dinge hervorbringt. Doch wenn schon derselbe Anaxagoras die göttliche Sonne zu einer glühenden Steinmasse degradiert hatte, dann zeigten sich die Atomisten und die Sophisten noch mehr geneigt, die Gottheit ihrer Funktion in der Menschenwelt zu berauben. Es gibt keine göttliche Macht mehr, welche die Ereignisse bestimmt; diese nehmen vielmehr nach einem sehr genauen Prinzip der Kausalität ihren Lauf (Leukippos, 600). Demokrit sagte, er wolle lieber eine einzige Ursache entdecken als den Perserthron gewinnen (697). In dieser Haltung bekundet sich deutlich eine durchaus neue Richtung des Denkens.

So wurde zum Teil schon bei Anaxagoras, dann bei Demokrit und in der Sophistik das Wesen der Götter und die Ausbreitung der Religion zu einem gewöhnlichen Gegenstand des Forschens und der Diskussion: einmal, weil man für jede Erscheinung nach einer natürlichen Erklärung suchte, zum anderen, weil die Dialektik jegliche Gewißheit der Erkenntnis erschüttert hatte. Charakteristisch ist die Anekdote von der gegensätzlichen Haltung des Sehers Lampon und des Anaxagoras angesichts des sonderbaren Phänomens eines Widderkopfes, der nur mit einem Horn versehen war: Lampon leitete daraus ein Vorzeichen ab, d.h. er sah darin eine Bekundung des göttlichen Willens (die Macht in der Stadt, die auf zwei Parteien verteilt war, werde in die Hände eines einzigen übergehen); Anaxagoras dagegen zerlegte den Schädel des Widders und zeigte, daß der Mißwuchs durch das unnatürliche Eingeengtsein des Gehirns auf beschränktem Raum verursacht war, und zwar exakt an der Stelle, wo das Horn seinen Anfang nahm (A 16)*.

Die Vorwürfe gottlosen Verhaltens, denen nicht nur die

* Nr. in der Ausgabe von Diels-Kranz

Sophisten, sondern auch Anaxagoras ausgesetzt waren, blieben nicht auf der Ebene der philosophischen Diskussion; sie steigerten sich vielmehr zu politischen Prozessen im eigentlichen Sinne. Anaxagoras entzog sich lediglich durch das Exil dem Todesurteil, das über ihn verhängt wurde, weil er behauptet hatte, daß die Sonne, der Mond und die Sterne keine Gottheiten seien, sondern glühende Steinmassen (555–556). Protagoras hatte behauptet, hinsichtlich der Götter sei es unmöglich zu sagen, daß sie existierten oder nicht existierten (742); diese These kostete ihn, wie die doxographischen Zeugnisse zu berichten wissen, das Exil und die Vernichtung seiner Bücher.

Ein weiter fortgeschrittenes Stadium der Analyse von Erscheinungen, die gemeinhin als göttlich galten, ist in der demokritischen Lehre von den »Eidola« enthalten sowie in den anthropologischen Untersuchungen der Sophisten. Demokrit gibt mit Hilfe seiner Lehre von den Ausströmungen und den »Eidola« eine physikalische Erklärung der sogenannten Götterepiphanien: Von jedem belebten oder unbelebten Wesen lösen sich Ausströmungen der Atome, die alle Eigenschaften – auch die psychischen – der Körper behalten, von denen sie ausgehen, und die, indem sie die Luft durchqueren, früher oder später durch die Poren in ein jedes Individuum eindringen. Sie nehmen im Falle des bösen Blicks den Charakter bösartiger Ausströmungen an, die das Gleichgewicht durcheinanderbringen (A 77); im Falle von Traumbildern hingegen setzen sie sich, ohne besonders zu schaden, im Inneren des Körpers ab, wenn sie im Schlaf zum Bewußtsein emporgetaucht sind.

Während in den ethischen Fragmenten Demokrits die Aussagen über das Göttliche differenzierter sind und der überkommenen Religion weit näherstehen, als zu seinen physikalischen Lehren zu passen scheint, ist die Position der Sophisten eindeutig; sie befassen sich mit den Göttern im Zusammenhang mit der Frage nach dem Ursprung der Zivilisation und ihrer Erscheinungen. Nach Prodikos haben die ersten Menschen die Dinge, die ihnen von Nutzen waren, zu

Göttern erhoben (B 5); nach Kritias sind die Götter von einem einfallsreichen Menschen erfunden worden, die Gesetze zu unterstützen: sie sollten verhindern, daß die Menschen heimlich die kriminellen Handlungen verüben, die die Gesetze verbieten (B 25). Das göttliche Wesen, das Kritias als Erfindung des Gesetzgebers hinstellt, ist indes zugleich die herkömmliche Gottheit und das namenlose Göttliche der ersten Vorsokratiker, es ist »ein Dämon blühend in der Unvergänglichkeit seines Lebens, der mit seiner Vernunft hört und sieht und denkt ohne Grenzen« (B 25): hier ist die Nähe zu Xenophanes offenkundig. Die Welt der Sophisten ist ein Erzeugnis der Menschheit und als solches jederzeit rekonstruierbar; die alten Theogonien werden als Überbleibsel einer fernen Vergangenheit untersucht, sie werden interpretiert und für rhetorische Übungen benutzt.

4
Philosophie und Magie

Wenn man sich mit den wechselseitigen Beziehungen zwischen der Philosophie der Vorsokratiker und den Kulturtraditionen befaßt, die der Philosophie vorausgingen und die gleichzeitig mit ihr existierten, dann darf man eine Erscheinung nicht unterschätzen, die ursprünglich Bestandteil, ja das Wesen selbst der Persönlichkeit des »Weisen« war und allmählich – mit der Absonderung nicht nur der Philosophie, sondern auch aller der Zweige, die von ihr ausgingen – zu einem abschätzig verwendeten, disqualifizierenden Ausdruck gegenüber dem wahren Weisen wurde, d.h. den Typus des Zauberers, des Schamanen, des Wunderheilers.

Spuren von Schamanismus treten schon in der Tradition des Epos zutage. Im 11. Buch der ›Odyssee‹ steigt Odysseus in den Hades hinab und ruft dort die Seelen der Verstorbenen herbei: hier spiegelt sich zweifellos ein typischer Zug schamanischer Praxis. Noch kennzeichnender ist die Tatsache, daß einige der legendären Weisen, nur wenig älter als die ersten Philosophen und zum Teil Dichter von Theogonien, ebenfalls Merkmale des genannten Typus aufweisen. An erster Stelle ist hier Orpheus zu nennen, der Zauberer, der mit seiner Musik nicht nur die wilden Tiere zähmt, sondern sogar Persephone erschüttert, die Herrin der Unterwelt (Euripides, Alkestis 357). Simonides schilderte ihn inmitten von Vögeln, die sich auf seinem Kopfe niederlassen, und von Fischen, die sich, hingerissen von seinem Gesang, über den Wasserspiegel erheben (Frg. 567 Page); beim Klang seiner Stimme legen sich auch die Winde (Frg. 595 Page), und ein Gemälde des Polygnot aus Thasos (tätig in der Zeit von 480 bis 440 v. Chr.) stellte ihn im heiligen Hain der Persephone dar (Pausanias 10,30,6). Diese Merkmale der Orpheus-Figur führen in ihrer Gesamtheit die Macht des Zauberers vor Augen, der mit seinen Zauberliedern auf jeden wirkt, der ihm zuhört, sie demonstrieren seine Allmacht über die Natur und weisen überdies auf seine Fähigkeit hin, den Tod zu überwinden, ja, die Geister der Verstorbenen herbeizurufen (Orpheus geht in den Hades, um seine Frau Eurydike zurückzuholen).

Während wir uns im Falle des Orpheus noch gänzlich im Bereich der Legende befinden, ist der Kreter Epimenides bereits eine historische, wenngleich von Geheimnissen umgebene Figur, auch er angeblich Dichter einer Theogonie (B 5); er hat im 6. Jahrhundert v. Chr. gelebt. Man erzählte von ihm, daß er in einer Höhle eingeschlafen und 57 Jahre später mit außergewöhnlichen Fähigkeiten versehen wieder erwacht war, die ihm die Götter im Traum verliehen hatten (A 1). Er war ein berühmter Seher, und man hatte gerade ihn nach Athen gerufen (wahrscheinlich um die Mitte des 6. Jahrhunderts v. Chr.), eine Pest zu bannen. Hierbei handelte es sich um eine göttliche Strafe für die Ermordung des Kylon: dieser hatte ein knappes Jahrhundert zuvor den vergeblichen Versuch unternommen, sich der Akropolis zu bemächtigen und Tyrann von Athen zu werden; er war zur Statue der Göttin geflohen, wo ihn die Archonten hatten töten lassen. Epimenides hatte ermittelt, daß dies die Ursache der Seuche war, und die Stadt entsühnt. Platon (Gesetze 1,642 D; 3,677 D) und Aristoteles (Staat der Athener 1; Rhetorik 3,17 1418 a 21) erwähnen ihn als berühmten Sühnepriester.

Doch die dem vorsokratischen Weisen näher verwandte Variante ist zweifellos die Figur des Pythagoras; auch sie zeigt legendäre Züge von der Art, wie sie bei den vorangehenden anzutreffen waren. Seine Lehre von der Seelenwanderung (er vermochte sich an alle seine früheren Inkarnationen zu erinnern) bekundet, daß er mit dem Jenseits Verbindung hatte. Hermippos, ein Autor des 3. Jahrhunderts v. Chr., berichtet in seiner rationalistischen, parodierenden Art folgendes (bei Diogenes Laertios 8,41): Pythagoras hatte sich, nachdem er in Italien angekommen war, einen unterirdischen Wohnsitz bauen lassen; er verschwand dort und bat seine Mutter, alle Ereignisse mitsamt Datum auf Täfelchen aufzuzeichnen und sie ihm Stück für Stück hinabzureichen, bis er an die Oberfläche zurückkehre. Als er wieder emporgestiegen war, erschien er in der Volksversammlung der Krotoniaten; er behauptete, er sei im Hades gewesen, und erzählte ihnen alles, was in der Zwischenzeit geschehen war. Die ins Lächerliche ziehende, respektlose Tendenz des Berichtes ist kein Hindernis, darin Züge der Legende von Epimenides zu erkennen: den Abstieg in den Hades, die weihende Reise. Der goldene Schenkel des Pythagoras, von dem auch Aristoteles in seiner verlorenen Schrift über die Pythagoreer gehandelt hat (Frg. 191 Rose), ist ein Symbol der Initiation, das der Tätowierung gleichkommt: der dem Gott Geweihte trägt ein unzerstörbares Zeichen dieser Beziehung.

Der Weise ist somit zuallererst Erwählter Gottes, Seher, Wunderheiler, Seelenführer, Herrscher über die Elemente, imstande, die Schranke des Todes zu überschreiten, ohne davon berührt zu werden, kurz, jemand, der über außergewöhnliche Kräfte verfügt, weil ihm unmittelbar von Gott Offenbarungen zuteil geworden sind. Ein anderer charakteristischer Zug ist der, daß er umherzieht, wodurch er sich ebenfalls, wie durch seine anderen Vorrechte, außerhalb des politischen und sozialen Geflechts der Stadtgemeinschaft stellt. Er ruft seit den frühesten Zeiten nicht nur Staunen und Achtung, sondern auch Widerwillen und Mißtrauen hervor.

Diese Voraussetzungen sind einmal mehr für eine Revision einer allzu rationalistischen Charakteristik der Vorsokratiker von Bedeutung. Es ist gewiß zutreffend, daß die Intensität des Forschens und dementsprechend auch der technische Fortschritt von selbst dazu beitrugen, den Erscheinungen der Natur und der Menschenwelt ihre Geheimnisse zu nehmen; zugleich aber ist zutreffend, daß sich dieser Prozeß in allmählicher Entwicklung vollzogen hat; er war Bestandteil eines Ambiente, worin sich Technik, Weisheit und Magie untrennbar miteinander verbunden hatten.

Ein charakteristisches Beispiel für diese Mischung von rational-technischen und übernatürlichen Fähigkeiten ist Empedokles, dessen Theorien unter dem Einfluß der pythagoreischen Lehre standen. Auch das bei ihm – als einem und demselben Autor – begegnende Nebeneinander zweier Werke, die allem Anschein nach grundverschieden waren, des Gedichtes ›Über die Natur‹ und der ›Entsühnungen‹, bleibt, wenn man die Sache in diesem Licht betrachtet, nicht mehr so problematisch. »Alle Heilmittel wirst du kennenlernen, so viele es gibt, um Krankheit und Alter zu bannen ... Stillen wirst du der Winde unermüdliche Gewalt ... Den dunklen Regen wirst du verwandeln in den Menschen förderliche Trockenheit ... Aus dem Hades wirst du gestorbene Manneskraft wieder heraufführen« (496). Hier handelt es sich – anders als man annehmen möchte – nicht um ein Fragment aus dem religiösen Gedicht, sondern um eines aus dem Werk über die Natur, um ein Zeugnis, in dem sich der Dichter selbst unverhüllt über seine Kunst und seine Weisheit äußert. Man findet darin die charakteristischen Merkmale der anderen Figuren, von denen oben die Rede war, den Wunderheiler, den Herrscher über die Natur, den Seelenverzauberer. In zwei Versen der ›Entsühnungen‹ berichtet Empedokles von seinen Inkarnationen: »Ich war schon einmal Knabe und Mädchen, Pflanze, Vogel und stummer Fisch, der aus dem Meer auftaucht« (B 117). Die Lehre von der Seelenwanderung, ohne Frage pythagoreischen Ursprungs, bildet auch den Untergrund der Metaphorik des Gedichtes ›Über die Natur‹. Dort ist der Wechsel der Bezeichnungen von Bestandteilen der verschiedenen Naturbereiche – zwischen Menschen, Tieren und Pflanzen – ein ständig wiederkehrender Zug: die Arme sind »Äste«, das Ohr ist ein »Sproß des Fleisches« (B 99). Demnach war jener tiefe Bruch zwischen dem sogenannten Wissenschaftler einerseits und dem Wunderheiler und Magier andererseits gar nicht vorhanden, den die Forschung in der Persönlichkeit des Empedokles oft hat erkennen wollen, und es ist kein Zufall, daß dieser den Dichter, den Arzt und den Seher für die höchste Stufe der Inkarnationen hält (B 146). Er füllte noch die umfassende Rolle des archaischen Weisen aus, worin Technik und übernatürliche Kräfte ein und dasselbe sind: Er war imstande, die Winde anzuhalten, aber er bewerkstelligte dies mit einer technischen Vorrichtung. Er ließ nämlich aus Eselsfellen Schläuche herstellen und sie auf die Erhebungen bringen; auf diese Weise suchte er die Luftströmungen zu hemmen. Die Trennung von beidem geht indessen auf den Doxographen zurück (A 1 = Diogenes Laertios 8,60); der Vorgang wurde gewiß als wunderbar empfunden und erlebt. Ebenso konnten im Falle des Thales der aufmerksame Beobachter und Erforscher von Naturerscheinungen einerseits und die animistische Vorstellung von einer Welt »voller Götter« (10) andererseits ohne Bruch miteinander bestehen.

So ist wohl deutlich geworden, daß sich das Auseinanderstreben der verschiedenen Komponenten des Weisen nicht schlagartig, sondern schrittweise vollzogen hat, und überdies ungleich in den einzelnen Gebieten. Gorgias, dessen Leben ungefähr ein Jahrhundert umspannte (480–380 v. Chr.), hat in seiner Person diesen Prozeß allmählicher Rationalisierung und Spezialisierung des archaischen Wissens verkörpert. Nach den doxographischen Zeugnissen war er Schüler des Empedokles gewesen und hatte an einer Zauberhandlung seines Lehrers teilgenommen (A 3). Er hielt jedoch nur an den äußeren Anzeichen dieser nunmehr überwundenen Anfänge fest: Er kleidete sich in Purpur und vertraute dem Wort das Vermögen an, die Seelen zu fesseln, ein Vermögen, das er indes mit der Distanz eines Wissenschaftlers definierte. »Ein großer Herrscher ist die Rede; mit dem kleinsten, unscheinbarsten Körper vollbringt sie die göttlichsten Werke. Sie kann die Furcht beseitigen, den Schmerz beheben, Freude erzeugen und die Rührung steigern« (B 11). So heißt es im ›Enkomion auf Helena‹, in einer rhetorischen Übung, die die homerische Helena von dem Vorwurf des Ehebruchs zu reinigen sucht. In derselben Schrift beruft sich Gorgias, um die Rede und deren Wirkungen auf die Seele zu beschreiben, eigens auf Fachausdrücke der Magie, auf Beschwörung (epodé) und Zauberei (goéteia): Die Seele wird durch die Gewalt der Rede angezogen, bekehrt und umgestaltet, mit Hilfe von »Zauberei«. Gorgias kennt die ganze Skala der Mittel, die derlei Emotionen zu erzeugen vermögen, aber er weiß, daß diese Kenntnis etwas Menschliches ist, das rhetorische Können, das jeder durch Erziehung und Ausbildung in der Schule der Sophisten erwerben kann.

Die allmähliche Entdeckung der technischen Möglichkeiten und der Geheimnisse der Natur und zumal das Bewußtsein, daß jedes Phänomen eine Ursache hat (ein Prinzip, das von den Atomisten ausdrücklich formuliert, aber auch von Anaxagoras angewandt wurde), führte somit zu einem Bruch zwischen dem Weisen und dem Zauberer, dem góēs – einer Figur, die auch der Zeit Platons noch geläufig war, doch nunmehr zum Scharlatan degradiert und vom wahren Philosophen scharf abgelehnt. So erscheinen neben dem Erforscher der atmosphärischen Erscheinungen, der eine wissenschaftliche Erklärung von ihnen gibt, als Figuren minderen Ranges die thessalischen Hexen, die da behaupten, sie ließen die Sonne und den Mond während der Finsternisse »herabsteigen«. Aristophanes spielt in den ›Wolken‹ scherzhaft darauf an (v. 749; vom Jahre 423 v. Chr.); der Autor der hippokratischen Abhandlung ›Über die heilige Krankheit‹ (geschrieben um 400 v. Chr.) polemisiert gegen die Leute, die diese magischen Praktiken ausüben, wobei er sie der Gottlosigkeit bezichtigt. Ruchlose Scharlatane und Landstreicher sind für ihn auch diejenigen, die die Epilepsie mit magischen Formeln und rituellen Reinigungen zu heilen suchen, als wäre sie von einem Gott verursacht. Hier ist die Trennung von Arzt und Wunderheiler ohne Zweifel eine vollendete Tatsache. In derselben Weise bezeichnet Platon die herumziehenden Seher und Wunderheiler als »Landstreicher« (Staat 2 364 B): sie mißbrauchen mit ihren Scharlatanerien die Gutgläubigkeit der Leute. So ist nunmehr endgültig jene Trennungslinie zwischen dem Irrationalen und dem Rationalen gezogen, die in der Folgezeit bis auf unsere Tage das Erscheinungsbild der ersten Philosophen bestimmt hat.

5
Philosophen und Dichter

Es wurde dargetan, daß die Anfänge der philosophischen Reflexion die Tradition der theogonischen und kosmogonischen Berichte nicht unterbrochen haben, daß sie vielmehr tief darin verwurzelt waren (die Tradition hielt sich sogar noch in der Sophistik, wenn auch nunmehr in der untergeordneten Rolle eines Studienobjektes) und daß auch der Typus des Philosophen aus Ursprüngen erwuchs, die weit von Rationalität entfernt waren.

Ein anderer Gesichtspunkt, der die Philosophie der Vorsokratiker kennzeichnet – nicht nur in ihren frühesten Verlautbarungen, sondern während ihrer ganzen Entwicklung –, ist die Beziehung zur überkommenen Dichtung, insbesondere zu Homer und Hesiod. An die Werke der Epiker lehnt sich insbesondere das sogenannte philosophische Lehrgedicht an, das in Italien aufkam, jedoch nicht ohne Impulse aus Ionien. Dieser Umstand hat seit Aristoteles das Urteil über die Eleaten und Empedokles festgelegt: auf der einen Seite stand der Logiker oder Physiker, auf der anderen der Dichter und Theologe. So wurden Form und Inhalt künstlich voneinander getrennt, mit allen Konsequenzen und zumal den Interpretationsschwierigkeiten, die sich daraus ergaben.

Die Werke des Parmenides und des Empedokles (von Xenophanes ist allzu wenig erhalten geblieben) waren für Aristoteles problematisch: er betrachtete sie mit den Augen eines Philosophen, der stets in Syllogismen dachte. Die Position des Parmenides war nunmehr mit dem Vorwurf tiefreichender Zwitterhaftigkeit belastet, da sie Prinzipien auf die Physik anwende, die nur in der Metaphysik gültig seien: das Problem der unveränderlichen und ewigen seienden Dinge war für Aristoteles nun einmal von entschieden theologischer Art (A 25 = Über den Himmel 3,1 298b 14), und überhaupt verstand er die Lehre des Parmenides in rigoros logisch-dialektischem Sinne. Dies konnte nicht ausbleiben, wenn man sie zuallererst einer dichterischen Form entkleidete, die ihre Gründe und Ursprünge in einer von der rationalistischen Gesinnung des Peripatos gänzlich verschiedenen Kultur hatte. Aristoteles hat diese Verbindungen sozusagen abgeschnitten, wodurch die Rezeption des Parmenides bis auf unsere Tage festgelegt worden ist.

Im Falle des Empedokles trat genau dieselbe Entwicklung ein. Abermals war es Aristoteles, der der Nachwelt ein Bild mit zwei Gesichtern vermittelt hat: hier der Philosoph, der sich einer klaren und unzweideutigen Sprache bedienen sollte, dort das Hindernis der dichterischen Sprache. Ein Philosoph muß – glaubt Aristoteles – nach einer Ausdrucksweise streben, die der Philosophie angemessen ist, der Dichter nach einer dichterischen; folglich kann man nicht zugleich Philosoph und Dichter sein. »Es ist lächerlich, wenn jemand, der sagt, das Meer sei der Schweiß der Erde – wie Empedokles –, glaubt, er habe sich deutlich ausgedrückt. Als Dichter hat sich jemand, der so spricht, vielleicht hinlänglich ausgedrückt (die Metapher ist etwas Dichterisches), als Erforscher der Natur jedoch nicht« (A 25 = Meteorologika 2,3 357a 24). Und abermals greift er Empedokles in der ›Rhetorik‹ an, weil er sich der doppeldeutigen Ausdrucksweise der Dichtung bedient habe: »... außer wenn man absichtlich nach Doppeldeutigkeit strebt: das tun diejenigen, die, obwohl sie nichts zu sagen haben, dennoch etwas zu sagen versuchen. Solche Leute drücken sich dichterisch aus, wie Empedokles. Was gewunden ist, ruft Täuschung hervor, und die Zuhörer sind den gleichen Wirkungen ausgesetzt wie die Masse bei den Wahrsagern. Denn diese nickt beifällig, wenn die Wahrsager sich doppeldeutig ausdrücken« (A 25 = 3,5 1407a 31). Die Verbindung mit der dichterischen Tradition ist im philosophischen Lehrgedicht vielmehr von maßgeblicher Bedeutung: Xenophanes, Parmenides und Empedokles bedienen sich der dichterischen Form nicht auf Grund einer freien Wahl, sondern deshalb, weil diese für sie die von der Überlieferung vorgegebene Ausdrucksweise ist. Obwohl sich in ihren Werken allerlei Gedanken zusammengefunden haben, die die neuen Errungenschaften der literarischen und religiösen Kultur ihrer Zeit bezeugen, verkörpern sie eine wenn auch späte Phase der Rhapsoden-Tradition, und von den Rhapsoden haben sie die Darstellungsformen und den Modus der Verbreitung übernommen.

Xenophanes trug nach Rhapsodenart seine Dichtungen vor (178), und wie jene zog er von Ort zu Ort: »Siebenundsechzig Jahre verflossen, seitdem ich den Kummer / auf und nieder begleit' weit durch hellenisches Land« (179), sagt er von sich selbst. Auch die spärlichen Fragmente seiner Dichtungen, die auf uns gekommen sind, lassen die direkte Abhängigkeit von Homer erkennen, und er selbst versichert, daß »jedermann von Anfang her an Homer sich geschult« habe (180).

Die enge Abhängigkeit des Parmenides von der hesiodeischen Tradition, ja die Notwendigkeit, zur Erhellung des parmenideischen Proömiums auf die ›Theogonie‹ Hesiods zurückzugreifen, ist heutzutage unumstritten. Der Philosoph schildert die Etappen seiner Reise zum Hause der Nacht bis hin zu der Göttin, die ihm die Wahrheit enthüllt: Diese Partie beruht auf der mythischen Geographie der ›Theogonie‹ Hesiods. Die Behausung der Nacht liegt dort am Ende der Welt, wo Tartaros, Meer, Himmel und Erde ihren Ursprung haben, umgeben von unzugänglichen Nebelmassen (v. 736–745). Es handelt sich also um einen geheimnisvollen Ort, der die Grenzen zwischen Tod und Leben markiert. Dem Sterblichen, der dorthin gelangt, ist die Rückkehr verwehrt, außer wenn er ein Erwählter ist.

Bei Empedokles lassen sich nicht nur auf verschiedenen Stufen Einflüsse, vor allem homerische, sondern mancherlei technische Mittel nachweisen, die für die Spätzeit des Rhapsodentums charakteristisch sind. Hier ist an erster Stelle das Memorieren der Texte zu nennen, das zu Automatismen in der Darstellung führt (zahlreiche Verse enthalten Reminiszenzen an Homer, auch wenn die Übereinstimmung in der Bedeutung gering oder gar nicht vorhanden ist); ferner gehören die Versuche hierher, seltene Ausdrücke zu erklären, sowie die verschiedenen »Lesarten« von Textpartien (wenn dieser Terminus in einem Zusammenhang angemessen ist, für den im wesentlichen mündliche Überlieferung konstitutiv war).

Auch die Pythagoreer, mit denen Empedokles eng verbunden war, enthielten sich nicht des Studiums der Epen. Nach Aristoxenos, einem Peripatetiker, der im 4. Jahrhundert v. Chr. eine Biographie des Pythagoras verfaßt hat (Jamblich, Leben des Pythagoras 164), verwendeten sie zu seelsorgerischen Zwecken Sammlungen von Sprüchen aus Homer und Hesiod, und sie wiesen dem Gedächtnis und der Anamnese eine wichtige Rolle in der Erziehung zur Philosophie zu.

Was diese Dichter-Philosophen grundsätzlich vom herkömmlichen Rhapsoden unterscheidet, ist zuallererst eine kritische Haltung, offen gezeigt oder durch Anspielungen ausgeübt: man gab das bisherige Weltbild nicht einfach unbefragt weiter, sondern unterwarf es einer Prüfung, nach Maßgabe der neuen kulturellen Ansprüche. Dies ist wohl das Merkmal, in das sich die Dichter-Philosophen Italiens und die philosophischen Prosa-Schriftsteller Ioniens teilen. Die Auseinandersetzung mit der homerischen Kultur ist im übrigen zu Beginn des 5. Jahrhunderts auch im Bereich der sonstigen Dichtung eine allgemeine Erscheinung.

Das häufigste und markanteste Thema ist der Anthropomorphismus der Götter Homers und Hesiods. Xenophanes behauptet, daß die Ochsen und Löwen, wenn sie Hände hätten und malen könnten, die Götter nach ihrer Gestalt formen (183), daß die Äthiopier schwarze und die Thraker rothaarige und blauäugige Götter herstellen würden (184). Er erhebt sodann gegen Homer und Hesiod den Vorwurf, sie hätten den Göttern jede Art von menschlicher Schändlichkeit angehängt: Diebstähle, Ehebrüche, Betrügereien (181), und versichert: »Einer ist der Gott, unter Göttern und unter den Menschen der größte, / nicht an Gestalt den Sterblichen gleich und nicht in der Einsicht« (186). Empedokles legt dar, daß der Gott »nicht Füße noch behende Knie noch zeugende Glieder hat, sondern er war eine Kugel und von allen Seiten sich selbst gleich« (470). Unter den Dichtern spielt Pindar, wie er sich anschickt, den Tantalos-Mythos »in einer von den Vorgängern abweichenden Weise« zu behandeln, auf die abscheulichen Lügengeschichten an, die die Menschen in die Irre führen, und erklärt, daß man von den Göttern nur Gutes berichten dürfe (Olympie 1,35 ff., vom Jahre 476 v. Chr.).

Eine feinere Form der Polemik verbirgt sich in den Anspielungen, die bestimmte Verse des Parmenides und vor allem des Empedokles enthalten; Schlüsselworte oder Verse der epischen Dichtung werden in kritischer Beleuchtung wiederaufgenommen. Parmenides gibt in der Partie, die der doxa, d. h. der falschen Meinung gewidmet ist, getreulich die Motive der theogonischen Dichtung wieder; Empedokles stellt gegen Homer, aber auch gegen Xenophanes die Behauptung auf, daß die sterblichen Wesen aus den vier Elementen hervorgegangen seien (447). Denn Xenophanes hatte in einem Vers, den Empedokles nachahmt, erklärt, daß »wir alle aus Wasser und Erde geboren sind« (B 33), wobei er auf den homerischen Ausruf anspielt: »Doch ihr mögt alle zu Wasser und Erde werden!« (Ilias 7,99).

Die antiken Quellen behaupten, daß sich angesichts dieser heftigen Angriffe ein Interpretationsverfahren homerischer Texte entwickelt habe, das geeignet war, diese den Schmähungen der Verleumder zu entziehen, und sie machen Theagenes von Rhegion (Ende des 6. Jahrhunderts v. Chr.) zu dessen Urheber (212). Die allegorische Auslegung ist wahrscheinlich das Resultat mehrerer Tendenzen, die allesamt ein kulturelles Erbe zurückzugewinnen suchten, das seine Verbindlichkeit zu verlieren drohte. Sie beruhte auf der Annahme, daß Homer noch stets ein Mittelpunkt des Interesses sein könne, wenn er in seiner Person den Physiker und Philosophen verkörpere, und daß seine mythische Welt wieder annehmbar werde, wenn man sie von einem esoterischen Gesichtspunkt aus würdige. Die allegorische Interpretation der überkommenen Göttergestalten spiegelt sich deutlich in einem Empedokles-Fragment (395), worin die Elemente mit den Namen von Göttern belegt werden (die Entsprechungen sind im einzelnen noch umstritten), ferner im Gedicht des Parmenides, das den Olymp als die äußerste Himmelsgegend bezeichnet. Diese Deutung war offenbar weit verbreitet und langlebig, da der Autor des Papyrus von Derveni Stellung gegen deren Anhänger nimmt (Kolumne 8: »Diejenigen, die da glauben, ›Olymp‹ und ›Himmel‹ seien dieselbe Sache, irren sich«).

Die allegorische Auslegung spielte somit eine wichtige Rolle, als es galt, die überlieferte Vorstellungswelt zur Zeit der vollen Entfaltung der Philosophie der Vorsokratiker zu erhalten und neu einzuschätzen – sie wurde schließlich ein tragendes Element der Sophistik. Hierbei verdient vor allem Beachtung, daß auf dieser Grundlage ein Bewußtsein für die Kontinuität des Wesentlichen in einer Überlieferung, die nunmehr von Homer bis zu den Sophisten und bis zu Platon reichte, aufkam. Erst dieser nahm eine kritische Haltung einer Methode gegenüber ein, die sich auf die Interpretation der Dichter stützte, statt auf das eigene Denkvermögen zu rekurrieren; er gibt indes nichtsdestoweniger zu erkennen, daß er sie vollauf beherrschte. Zu seiner Zeit hatte der Rhapsode die Aufgabe, seiner Zuhörerschaft die Werke der Dichter im allgemeinen, speziell aber die Homers vorzutragen und zu erklären: »Der Rhapsode muß für seine Zuhörer der Interpret der wirklichen Gedanken des Dichters sein; dies aber kann man nicht, wenn man nicht richtig versteht, was der Dichter sagen will« (Ion 530 C). Die wichtigsten Gelegenheiten für ihn, mit seinen Fähigkeiten zu prunken, waren die panhellenischen Feste, wie z. B. die olympischen Spiele, und er ließ es sich angelegen sein, beim Publikum durch seine Darbietungen Emotionen jeder Art hervorzurufen, je nach dem Inhalt der Erzählung: Weinen, Erschrecken, Zittern (Ion 535 C–E).

Die Sophisten glaubten, in jeder Hinsicht die Erben der Rhapsoden zu sein. Platon legt Protagoras im gleichnamigen Dialog die ausdrückliche Erklärung in den Mund, die alten Dichter seien Sophisten gewesen (316 D): »Ich meinerseits möchte behaupten, daß die Sophistenkunst alt ist; allerdings haben diejenigen unter den Alten, die sie ausübten, aus Furcht vor der Unbeliebtheit, die ihr anhaften kann, eine Art Deckmantel und Maske verwendet: die einen haben sie unter der Maske der Dichtung versteckt, wie Homer, Hesiod und Simonides, die anderen unter der von Weihen und Orakelsprüchen, wie die Leute um Orpheus oder Musaios.« Im ›Theätet‹ wiederholt Platon ironisch diese Gegenüberstellung der Alten, die ihre Lehre von der ewigen Bewegung unter dem Schleier der Dichtung verbargen, und der Neueren, die die ihre unverhüllt unter die Leute bringen, damit auch die Schuster sie zur Kenntnis nehmen können und ihnen selbst große Achtung entgegenbringen (180 C).

Wie die Rhapsoden, so stellten sich auch die Sophisten zu den Festen ein und trugen dort im Wettstreit ihre Reden vor: Gorgias hat in Olympia und in Delphi deklamiert, und im ›Enkomion auf Helena‹ spricht er ausdrücklich von »Redewettkämpfen der Philosophen« (B 11, § 13). Im ›Kleineren Hippias‹ weiß Platon zu berichten, daß Hippias an den Spielen in Olympia teilgenommen hatte. Auch Gorgias kennt, wie die genannte Rede zeigt (§§ 8–9), die Macht des Wortes als eine Sache, die imstande ist, Gefühle und Emotionen zu entfesseln. Die Ausdrücke, mit denen er die Wirkungen auf die Zuhörerschaft beschreibt, ähneln denen, die Platon im ›Ion‹ benutzt, um den Eindruck zu schildern, den die Darbietung des Rhapsoden beim Publikum hervorruft.

Im Hinblick auf die Sophistik, die den Dichtern so nahe zu sein behauptet, wird nunmehr wohl der tiefe – hier nur notdürftig skizzierte – Abstand deutlich, der die beiden Kulturen mit den ersten Philosophen getrennt hat. Der Sophist interessierte sich in Wahrheit vor allem deshalb für die Dichter, weil sie ein Arbeitsinstrument abgaben: die sprachliche Analyse, zum Zwecke der Sprachrichtigkeit verfeinert, und die Einübung von Auslegungskünsten als Mittel rhetorischer Versiertheit waren die Grundlage für die Ausbildung zum Redner, die das Ziel der sophistischen paideia ausmachte. Die Bestätigung des philosophischen Gehalts dessen, was die Dichter lehrten, führte also, weit entfernt, deren Autorität zu festigen, zu einem Rückschlag. Auf dem Felde der Wissenschaft und der Ethik ist der Dichter jetzt unwiderruflich zur Rolle des Verlierers verurteilt, und nur mit Hilfe von komplizierten Auslegungstricks konnte man versuchen, die Aporien der Dichtwerke zu lösen – genau dies aber taten in Wahrheit die Sophisten. Die poetische Kultur, die mit dem Anspruch auftritt, enzyklopädisch zu sein, kann sich angesichts der Spezialisierung der Künste und Fertigkeiten nicht mehr behaupten. Die Auslegung der Sophisten und die schneidende Kritik, die Platon an den Dichtern übt, sind nichts als zwei Facetten derselben Erscheinung, Facetten der Krise der Kultur.

Der Verzicht auf die Dichter als Voraussetzung für die philosophische Diskussion ist somit die neue Einstellung, zu deren Stimmführer sich Platon macht: »So haben Zusammenkünfte wie die unseren, wenn sie von Männern besucht werden, wie sie die meisten von uns zu sein beanspruchen, wahrlich keine fremden Meinungen und auch keine Dichter nötig, die man ja nicht über das, was sie sagen, befragen kann; viele zitieren sie in ihren Reden, und dann behauptet der eine, der Dichter meine dies, und der andere, er meine das, wobei sie sich in einer Sache streiten, die sie gar nicht entscheiden können. Kluge Männer lassen solche Themen auf sich beruhen, sie unterhalten sich aus Eigenem miteinander, wobei sie sich in ihren Gesprächen wechselseitig Rede und Antwort stehen. Solche Männer, scheint mir, sollten du und ich vor allem nachahmen; setzen wir also die Dichter beiseite und diskutieren wir aus eigenen Mitteln miteinander, indem wir die Wahrheit und uns selbst auf die Probe stellen« (Protagoras 347E ff.).

Der Verzicht auf die Dichtung, wie man ihn aus diesen Zeilen herauslesen kann, enthielt noch einen anderen Aspekt, nämlich die Ablehnung der Schriftkultur, die sich damals durchsetzte. Die Buchproduktion hatte während der zweiten Hälfte des 5. Jahrhunderts ständig zugenommen, und die Sophisten unterwiesen ihre Schüler mit Hilfe von geschriebenen Texten. Dies aber mußte nach Platon an erster Stelle zu einer Schwächung des Gedächtnisses führen, auf dem die mündliche Überlieferung und somit die gesamte archaische Kultur beruht hatte, und zweitens verdrängte die Schriftlichkeit die Begegnung und den unmittelbaren Umgang mit dem Gesprächspartner, was wiederum die Voraussetzung für gegenseitiges Aufeinander-Einwirken gewesen war.

Dieser kurze Überblick macht wohl begreiflich, wie die aristotelische Vorstellung von einer Dichotomie zwischen Dichtung und Philosophie hat entstehen können, eine Vorstellung, welche die Interpretation der ersten Philosophen in hohem Maße belastet hat.

6

Gedanke und Wirklichkeit in den Lehren der Vorsokratiker

Eines der Hauptprobleme, mit denen sich die griechische Philosophie schon in ihren Anfängen befaßt hat, ist der unauflösliche Zwiespalt der menschlichen Existenz: die Beziehung zwischen der Wirklichkeit des Gedankens und der Wirklichkeit außerhalb desselben. Welche ist die wahre, und wenn die eine oder die andere wahr ist, gibt es dann ein einigendes Band zwischen den beiden Welten? In der Art und Weise, in der die Vorsokratiker dieses Grundrätsel des menschlichen Daseins angingen, lassen sich zwei beherrschende Einstellungen unterscheiden, eine nach innen gerichtete, für Parmenides charakteristische, die die Verbindung mit der äußeren Welt abbricht, um dem Gedanken den Vorzug einzuräumen, und die andere, den Philosophen im Nordosten und in Ionien eigentümliche, die stärker darauf aus ist, der materiellen Wirklichkeit im Bereich der Erkenntnis eine Position und eine Rolle zuzuweisen. Allerdings zeigen diese Richtungen und die Ergebnisse, zu denen sie führen konnten, innerhalb der Extreme eine Vielfalt von Formen, der das abstrakte Schema nicht gerecht zu werden vermag.

Der Theoretiker der Wirklichkeit als Gedanke ist zweifellos Parmenides: »Das Denken und das Sein ist ein und dasselbe« (357). Doch aus welchen Voraussetzungen ist diese Anschauung hervorgegangen, die den Weisen von der Wirklichkeit der wechselnden Formen, vom Werden und von der Vielfalt der sich unseren Augen darbietenden Dinge absondert?

Der Wechsel und die Erzeugung entfalten sich in der Ordnung der Zeit. Für Anaximandros »zahlen die existierenden Dinge einander Strafe und Buße für die Ungerechtigkeit gemäß der Ordnung der Zeit« (21). Was vergangen ist, das ist nicht mehr, was künftig sein wird, das ist noch nicht; Geburt und Tod sind die Begriffe, die die Grenze zwischen Sein und Nichtsein bezeichnen. In der Epik unterscheidet sich der Sterbliche gerade dadurch vom Gott, daß er die Schranke der Zeit nicht zu überwinden vermag; sein Leben ist endlich, wie infolgedessen auch seine Fähigkeit zu erkennen, was diesseits und jenseits davon existiert. Es gelingt ihm allenfalls, mit seinem Geiste den Zeitraum seines Lebens zu durchdringen, wenn er imstande ist, sein Leben im Reservoir des Gedächtnisses zu bewahren, in den »phrenes«. In diesem Organ, das mit dem Zwerchfell identisch ist, werden in bestimmtem Ausmaß die Schranken der Zeit zunichte, dort wird – auch für den gewöhnlichen Menschen – die Vergangenheit Gegenwart: mit Hilfe der Erinnerung vermag der Geist jemandes, der viele Länder bereist hat, blitzschnell zu den Orten zu eilen, die er kennengelernt hat (Ilias 15,80). Die Götter hingegen kennen die ganze Vergangenheit, Gegenwart und Zukunft; in ihren »phrenes« sind die Schranken der Geburt und des Todes nicht vorhanden, und alles ist ewige Gegenwart. Unter den Menschen hat nur ein bevorrechtigter Stand Zugang zu dieser Ewigkeit, die Seher, die eben deshalb blind sind. Kalchas kennt »die gegenwärtigen, die künftigen und die vergangenen Dinge« (Ilias 1,69); Teiresias ist der einzige, dem Persephone erlaubte, nach seinem Tode »ungeschwächte phrenes« zu behalten (Odyssee 10,493). Das Problem, wie sich mit Hilfe des Gedankens die Zeit und hiermit die Grenze des Todes und des Werdens überwinden lasse – ein Problem, das sich schon in den homerischen Epen in der Auffassung der Gottheit und ihres Erwählten angedeutet hatte –, war in der ersten Hälfte des 5. Jahrhunderts von höchster Aktualität, woran sowohl die Dichtung als auch die Philosophie Anteil hatten. Der große »phren« des Zeus ist »undurchdringlich« (Aischylos, Schutzflehende 1049); Prometheus sagt Io die Zukunft voraus, schildert ihr jedoch auch seine Vergangenheit, weil sein »phren« mehr sieht, als vor Augen liegt (Aischylos, Prometheus 842). Dieses Problem nimmt bei Empedokles eine zentrale Stellung ein; dort werden diejenigen, die da wähnen, es könne etwas entstehen, was vorher nicht vorhanden war, oder es könne etwas gänzlich sterben, als Leute bezeichnet, »deren Denken keine Elle weit reicht« (404); dort vermag der Weise (womit wahrscheinlich Pythagoras gemeint ist), wenn er sich mit seinem ganzen Zwerchfell reckt, leicht ein jedes von allen Dingen der Welt zu »beschauen«, in den zehn oder zwanzig Leben, die er geführt hat (105; 526). Um diese Art von Erkenntnis zu erlangen, ist es indes notwendig, daß man sich auf sich selbst zurückzieht und mit reiner Seele die ewige Wirklichkeit der Elemente betrachtet (495). Alles dies erklärt zum Teil auch die Ursprünge der parmenideischen Identität von Sein und Denken. Diese hat ihre Wurzeln in der schon dem Epos geläufigen Vorstellung, wonach es eine allwissende Gottheit gibt, für die alles ewige Gegenwart ist, sowie den erwählten Menschen, dem dieselben Fähigkeiten zuteil geworden sind: die condicio humana zu übersteigen, über das hinauszugelangen, was einen Anfang und ein Ende zu haben scheint, was Negation des Seins ist. So erklärt sich die Bedeutung der initiierenden Reise, die Ablehnung einer Wirklichkeit, die keinen Bestand hat und daher trügerisch ist, der Besuch bei der Gottheit und schließlich die Erklärung der unveränderlichen, unteilbaren und fortdauernden, kurz, der zeitlosen Wahrheit (hierbei sollte man nicht vergessen, daß sich im archaischen Denken die Kategorien der Zeit und des Raumes nicht leicht voneinander trennen lassen). »Mit dem Geiste erschau, was – wenn auch fern – dir deutlich doch nahe ist« (358). In dieser Wirklichkeit gibt es keine Unterbrechung des Seins.

Die parmenideische Lehre, daß Sein und Denken identisch seien, war in eine Sprache gekleidet, die im wesentlichen frei war von deutlichen Bezügen auf eine klar definierte räumliche oder zeitliche Wirklichkeit (die der Kugel hat lediglich Gleichnischarakter), und eben deshalb eignete sie sich für selbstzerstörerische Fortbildungen, nachdem sie sich von ihrem religiösen Hintergrund und von dem Milieu, aus dem sie hervorgegangen war, gelöst hatte. Auf sprachlicher Ebene führte sie zu der extremen Konsequenz, daß jegliche Prädikation verboten war und die Rede sich mit Tautologien begnügen mußte. Von einem Seienden kann man sagen, daß es ist, aber man darf ihm keine Attribute zuerkennen, da man sonst in die Falle gerät, Vielfalt zu behaupten: »Der Mensch ist der Mensch«, »Das Gute ist gut«, jedoch nicht »Der Mensch ist gut« – so Stilpon von Megara (etwa 380–300 v. Chr.).

Demgegenüber führte die parmenideische Lehre in logischer Hinsicht zur Affirmation dessen, was sie negieren wollte, d.h. zur Behauptung der Existenz des Nichtseins und damit gleichzeitig zur Negation des Seins, also im wesentlichen zur Streitrede des Gorgias ›Über das Nichtseiende‹. Wenn das Nichtsein nicht ist, dann kann man es auch nicht aussagen; es auszusagen kommt der Zulassung seiner Existenz gleich; folglich *ist* das Nichtsein, insofern es Nichtsein ist. Wenn aber dies wahr ist, dann kann das Sein, insofern es das Gegenteil des Nichtseins ist, nicht sein. Auf derartige Argumente von gekünstelter Dialektik gründete Gorgias seine Lehre der Indifferenz von Sein und Nichtsein als gleichermaßen nicht existierend.

In physikalischer Hinsicht führte die Lehre des Parmenides dazu, daß jede Bewegung bestritten, daß der leere Raum geleugnet und die Existenz eines einzigen Kosmos von starrer Unwandelbarkeit behauptet wurde – zu diesen Folgerungen verstand sich Melissos. Der Verfasser der hippokratischen Abhandlung ›Über die Natur des Menschen‹ (geschrieben um 400 v.Chr.) polemisiert einmal gegen die Theorien von Leuten, die behaupten, der Mensch bestehe aus einem einzigen Element; nicht zufällig wirft er ihnen hierbei vor, daß sie die Lehre nicht des Parmenides, sondern des Melissos wiederherzustellen beabsichtigen (Kap. 1).

Eine andere Variante der physikalischen – und zugleich logischen – Ausdeutung des Parmenides ist diejenige, die Zenon hinsichtlich der Existenz von Vielheit ex negativo in geistreichen, paradoxen Thesen ersonnen hat: Wenn man das Sein teilen kann, dann kann man das immer weiter tun, so daß die Wirklichkeit zunichte wird; außerdem wird der vom Bogen abgeschossene Pfeil nie sein Ziel erreichen, da jede Strecke, die er zurücklegen muß, in eine unendliche Zahl von Strecken zerlegbar ist, und aus demselben Grund wird der schnellfüßige Achill die langsame Schildkröte, die vor ihm gestartet ist, nie überholen. Das Sein muß daher eine Einheit sein; wenn dem nicht so wäre, dann würde der Weltenbau zerfallen und sich niemals regenerieren können – hin und her gerissen zwischen dem unendlich Kleinen und dem unendlich Großen, wäre das Universum niemals imstande, einen Weg in die Existenz zu finden. Das war nicht mehr die Überwindung des Scheins durch fromme Kontemplation, sondern die formal-logische Ablehnung aller äußeren Wirklichkeit, die der Gedanke nicht einzubeziehen vermochte. Auf diesem Niveau war die Lehre vom Einen, sobald die Logik und die Physik Fortschritte machten, zum Untergang verurteilt.

»Das Sichtbare öffnet uns die Schau ins Unsichtbare« (565) ist ein berühmter, bei den Philosophen aus Ionien oder dem östlichen Griechenland des öfteren wiederkehrender Satz. Er bezeugt eine Einstellung, die der Welt der Erscheinungen mit größerer Offenheit begegnet: die Vielfalt, die bunte Welt der äußeren Wirklichkeit hat ihren objektiven Wert, und dem Menschen ist aufgegeben, dort zu erforschen, was sich ihm nicht unmittelbar kundtut. Die Methode der Erforschung ist nicht eine abgeschottete Fahrt ins Innere des denkenden Wesens; sie führt vielmehr über die Beobachtung und Prüfung der äußeren Wirklichkeit, über das Erkennen von »Zeichen«. Heraklit macht den herkömmlichen Weisen, etwa Homer und Hesiod, und ebenso den gewöhnlichen Menschen den Vorwurf, daß sie nicht zu »erkennen« vermöchten, was sich in den Erscheinungen verbirgt. Homer hatte sich, wie alle Menschen, beim Erfassen der sichtbaren Dinge täuschen lassen: er hatte das Rätsel von Kindern, die Läuse beseitigt hatten, nicht lösen können: was wir gesehen und erwischt haben, lassen wir da; was wir nicht gesehen noch erwischt haben, tragen wir bei uns (nämlich die Läuse; 301). Hesiod wiederum hatte nicht »erkannt«, daß Tag und Nacht ein und dieselbe Sache sind (302). Viele verstehen nicht, worauf sie stoßen, noch erkennen sie es, wenn sie es lernen (291). Kurz und gut, Heraklit verweist ständig auf eine Welt der Erscheinungen außerhalb des Menschen, die die gewöhnlichen Individuen nicht »begreifen« und nicht »erkennen«. Die Welt als »Zeichen«, von dem man ausgehen muß, um eine tiefere Wahrheit jenseits der Erscheinungen zu erfassen, wird nunmehr ein fester Ausgangspunkt für eine

Richtung, die stärker der Erforschung durch Empirie und Induktion zuneigt.

Die ständige Prüfung von Merkmalen der Erscheinungen, die darauf zielt, deren verborgene Seite, letztlich die Ursache, zu entdecken, hat, wie dargetan, zur Folge, daß das Göttliche als Beweger der physischen Welt entwertet wird; die Erscheinungen haben ihren Ursprung nicht mehr im Willen oder in der Gegenwart einer Gottheit, sondern enthalten die Gründe für ihre Verwirklichung in sich selbst, Gründe, die man durch Induktion ermitteln kann: »Nichts ereignet sich von selbst, sondern alles geschieht aus einem sinnvollen Grund und unter dem Druck der Notwendigkeit« (600) – so die Maxime, welche die Überlieferung Leukippos, dem Begründer des Atomismus, zuweist. Demnach ist das Stäubchen, das man in den Strahlen der Sonne wirbelartig kreisen sieht, kein Beweis dafür, daß die Welt voller Seelen ist, wie die Pythagoreer behaupten; es gibt vielmehr der Erkenntnis eine Handhabe, zu den Grundlagen der Wirklichkeit vorzudringen. Von der Beobachtung der winzigen Teilchen, die nur sichtbar sind, wenn ein Strahl sie beleuchtet, sich sonst jedoch unserem Auge entziehen, lassen sich die Prinzipien herleiten, die den Erscheinungen zugrunde liegen. Unser Universum beruht offenbar auf der unaufhörlichen Bewegung kleiner Materieteilchen, die so winzig sind, daß sie sich der Wahrnehmung durch unsere Sinne entziehen, die aber die ständige Wiederherstellung der physischen Welt verbürgen und somit unzerstörbar und folglich auch unteilbar sind. Abgesehen von den Beziehungen des Atomismus zu eleatischen Lehren ist sicher, daß die Beobachtung von Erscheinungen gute Voraussetzungen dafür bot, zur Theorie vom Atom zu gelangen, ebenso wie sie einem Anaxagoras den Ausgangspunkt für den Grundsatz des »Alles in allem« an die Hand gab. Obwohl es sich hier um zwei sehr verschiedene Lösungen handelt, kreisten sie doch beide um dasselbe Problem: um das der Erhaltung der Materie, aus dem Zenon ein logisches Dilemma gemacht hatte. Das Prinzip »Alles in allem« läuft zwar auf unendliche Teilbarkeit hinaus, rechnet jedoch nicht mit einzelnen voneinander getrennten Teilchen und impliziert somit eine unendliche Kraft der Erneuerung; das Atom wiederum ist die Grenze, die der Materie zugewiesen ist, damit sie als solche bestehen bleiben und nach der Auflösung die Wiederherstellung der Welt einleiten kann. Auch diese Theorien beruhen auf dem Bestreben, die landläufige Auffassung von Tod und Geburt zu überwinden (Anaxagoras hebt hervor, daß es sich um Trennung und Wiederzusammensetzung handelt, und ebenso auch Demokrit), doch ist es nicht ihr Ziel, die Wirklichkeit der Erscheinungen zu leugnen – sie suchen ihr vielmehr eine zeitlose Grundlage zu geben.

Wie jeder Überblick, so hat auch diese knappe Skizze lediglich dic Funktion eines Hinweises. Jedenfalls lassen die beiden Geisteshaltungen, die sich in verschiedenen Gebieten des griechischen Siedlungsraumes entfalteten und die sodann, als Athen in der zweiten Hälfte des 5. Jahrhunderts seine große politische und kulturelle Blüte erreichte, dort zusammenströmten, eine tiefe Verschiedenheit im Grundsätzlichen erkennen. Und auf dieser Ebene der Abstraktion haben auch die zusammenfassenden Deutungen eines Platon und eines Aristoteles ihre Gültigkeit – jene Deutungen, die ständig mit dem Gegensatz der sogenannten »Herakliteer« und der »Italiker« rechnen. Mit größerer Vorsicht muß man hingegen den Versuch aufnehmen, diese Philosophen regelrechten Schulen zuzuweisen, worin man Lehrer und Schüler unterscheiden könne, die jeweils ihren Vorgänger durch Fortschritte in der Forschung übertroffen hätten. Diese Betrachtungsweise, von Aristoteles eingeführt und von Theophrast in seinen Untersuchungen zu den Lehren der Physiker endgültig fixiert, bildete die Grundlage für eine starre und schematisierende Beurteilung, die über die hellenistische Epoche hinweg auf Jahrhunderte den Zugang zur Philosophie der Vorsokratiker festgelegt hat.

M. Laura Gemelli-Marciano

Hinweis des Herausgebers

Diese Ausgabe des Buches ›Die Anfänge der abendländischen Philosophie‹ weicht in folgendem von der 1949 erschienenen Erstauflage ab:

Den Vorsokratiker-Texten geht eine neue, eigens für diese Ausgabe verfaßte Einführung voraus.

Die Erstauflage enthielt Texte, die sich in mehrere Rubriken einordnen lassen, an verschiedenen Stellen in je verschiedener Übersetzung. Diese Dubletten wurden teils beseitigt, teils, wo sie stehen blieben, in derselben Übersetzung wiedergegeben. Die Zählung der Fragmente blieb hiervon unberührt.

Die Vorsokratiker-Zitate in den Erläuterungen und Anmerkungen wurden mit Hinweisen auf die Fundstelle in der Ausgabe von Diels-Kranz und in der vorliegenden Sammlung versehen.

Die Literaturhinweise wurden erneuert.

FRAGMENTE DER VORSOKRATIKER

PHEREKYDES VON SYROS

Fragmente

1 Zas (Zeus) und Chronos waren von Ewigkeit her, ebenso Chthonie ; für Chthonie aber entstand der Name »Erde«, da Zas ihr die Erde als Brautgabe zum Geschenk machte.

2 Pherekydes sagte, Zeus habe sich, als er sich dazu anschickte, die Welt zu schaffen, in Eros verwandelt, da er den Kosmos aus den entgegengesetzten (Elementen) entstehen ließ, aber zur Eintracht und Liebe zusammenführte und allem dasselbe Streben einpflanzte und das (Bedürfnis) nach Vereinigung, das alle Dinge durchwaltet.

3 Unterhalb jenes Teiles (der Welt) ist der des Tartaros. Ihn bewachen die Töchter des Nordwindes, die Harpyien (die raffenden Sturmwolken) und Thyella (die entführende Windsbraut). Dorthin schleudert Zeus jeden der Götter, der aus Überheblichkeit *(hýbris)* frevelt.

Lehrberichte[1]

4 Diejenigen aber unter ihnen (den theologischen Dichtern), bei denen schon eine Mischung (der Ansichten) besteht, die also nicht mehr alles mythisch darstellen, wie Pherekydes und einige andere, setzen das erste Erzeugende (nämlich Zeus) als das höchste Gut *(to áriston)* an, ebenso die persischen Magier.

5 Pherekydes soll, wie einige erzählen, zum erstenmal ein Schriftwerk in Prosaform verfaßt haben. ... Als erster soll er auch die Lehre von der Seelenwanderung *(metempsýchosis)* aufgebracht haben.

6 Ich glaube daher persönlich, daß auch andere in so vielen Jahrhunderten (das gleiche erklärt haben), aber wie aus der

schriftlichen Überlieferung hervorgeht, hat Pherekydes aus Syros zuerst ausgesprochen, daß die Seelen der Menschen ein ewiges Leben hätten; allerdings war er ein Denker aus alter Zeit; er lebte nämlich unter der Herrschaft des Servius Tullius[2].

THALES

Angebliches Fragment

7 Die vielbesprochenen vier Elemente, deren erstes wir Wasser nennen und gewissermaßen als einziges annehmen, werden zur Vereinigung, Gerinnung und Verbindung der irdischen Dinge miteinander vermischt.[1]

Lehrberichte

1. Der Urgrund der Dinge

8 Von denen, die als erste philosophiert haben, glaubten die meisten, daß der einzige Urgrund aller Dinge im Wesen des Stofflichen liege. Denn das, woraus alles Seiende ist und woraus es als Erstem wird und in was es am Ende wieder vergeht, indem es seiner Substanz nach erhalten bleibt, in seinen Zuständen aber sich wandelt, erklärten sie als Urelement und Urgrund *(arché)* alles Bestehenden. Deswegen nehmen sie an, daß weder etwas entsteht noch gänzlich vergehen könne, da die Ganzheit der Natursubstanz *(phýsis)* immer erhalten bleibe. Denn eine gewisse Natursubstanz müsse immer bestehen, entweder als Einheit oder als Mehrheit, aus der die übrigen Dinge entstehen, während sie selbst sich stets erhält. Über die Menge und Art eines so gearteten Urgrundes sind allerdings nicht alle der nämlichen Meinung; Thales aber, der Begründer einer solchen Philosophie, erklärt das Wasser für den Urgrund der Dinge. (Er erklärte auch, daß die Erde auf dem Wasser schwimme.) Er entnahm diese Meinung wahrscheinlich der Beobachtung, daß die Nahrung aller Wesen feucht ist und daß das Warme selbst hieraus wird und hierdurch lebt – das, woraus ein anderes

wird, ist für alle Dinge ihr Urgrund – ferner aus der Beobachtung, daß der Same seiner Natur nach feucht ist. Das Wasser aber ist für das Feuchte der natürliche Urgrund.

2. Die Seele

9 Es scheint nach dem, was überliefert wurde, daß Thales die Seele für etwas Bewegendes gehalten hat, wenn er wirklich behauptete, der Magnetstein besitze Seele[2], weil er das Eisen in Bewegung setzt.

10 Einige behaupten, dem Weltganzen sei Seele mit eingemischt; daher glaubte wohl auch Thales, daß alles von Göttern erfüllt sei.

11 Einige sagen auch, daß Thales als erster die Seelen unsterblich genannt habe.[3]

3. Wissenschaft

12 Thales soll als erster nach Ägypten gekommen sein und nach Griechenland diese Wissenschaft zurückgebracht haben, eine Menge anderer Erkenntnisse habe er selbst dann dazu gefunden, von vielem legte er die Grundlagen für spätere Zeiten.[4]

13 Man sagt, daß Thales als erster bewiesen habe, daß der Durchmesser den Kreis in zwei gleichgroße Hälften teile. Außerdem habe er gezeigt, daß im gleichschenkligen Dreieck die Winkel an der Grundlinie einander gleich sind, ferner, daß die Scheitelwinkel einander gleich sind. Schließlich soll er auch den Lehrsatz entdeckt haben, daß Dreiecke kongruent sind, wenn eine Seite und die beiden anliegenden Winkel des einen den entsprechenden Stücken des andern gleich sind, und daß man auch mittels dieses Satzes die Entfernung von Schiffen auf dem Meere messen könne.[5]

Thales soll als erster bewiesen haben, daß die in den Kreis eingezeichneten Dreiecke (mit dem Durchmesser als Grundlinie) rechtwinklig sind.

Es heißt, er habe (mit Hilfe des 2. Kongruenzsatzes) den Abstand der Fahrzeuge auf See berechnet.

14 Die Pyramiden soll er nach ihrem Schatten gemessen haben, indem er die Zeit beobachtete, wo unser Schatten ebenso groß ist wie unser Körper.

15 Thales behauptet, die Erde werde vom Wasser getragen[6] und bewege sich auf diesem wie ein Schiff und durch die Bewegung (des Flutens) komme sie manchmal ins Schwanken, wovon die Leute dann sagten, sie erbebe.

16 Die Etesien (die im Hochsommer jährlich wehenden Nordostwinde) sind nach Thales die Ursache für die Anstauung der Gewässer des Nils, da sie seiner Strömung entgegenwehen und ihn daran hinderten, sich ins Meer zu ergießen.[7]

17 (Krieg zwischen Alyattes von Lydien und Kyaxares von Medien): Während sie mit gleichem Erfolg miteinander Krieg führten, ereignete es sich im 6. Jahre des Kampfes, daß während einer Schlacht der Tag plötzlich sich in Nacht verwandelte. Diese Verwandlung des Tages hatte Thales der Milesier den Ioniern vorausgesagt, und zwar hatte er als Grenze das Jahr angegeben, in dem dann die Verwandlung sich wirklich ereignete. (Sonnenfinsternis vom 28. Mai 585 v. Chr.)

18 Nach dem Zeugnis einiger Denker, so des Heraklit und des Demokrit, erforschte Thales als erster die Gestirne.[8]

4. Gottheit und Urzeugung

19 Thales bezeichnet Gott als Geist der Welt, das All aber zugleich beseelt von Gottheiten (dämonischen Wesen); es herrsche aber in dem urgrundhaften Feuchten eine göttliche Kraft, die dieses bewege.[9]

20 Thales, der Milesier, der als erster von solchen Dingen handelte, hielt das Wasser für den Urgrund aller Dinge, Gott aber für den Geist, der aus Wasser alles gebildet habe.

ANAXIMANDROS

Fragmente

21 Ursprung aller bestehenden Dinge ist das grenzenlos Unbestimmbare *(to ápeiron).* Aus welchem Stoff den jeweils entstehenden Dingen aber die Entstehung wird, dahin müssen sie auch zugrunde gehen. Denn sie zahlen einander Strafe und Buße für die Ungerechtigkeit, gemäß der Festsetzung (Ordnung) der Zeit.

22 Das grenzenlos-Unbestimmbare ist ohne Alter.

23 Es ist ohne Tod und unvergänglich.

24 Die Erde ist einer Steinsäule ähnlich.

Lehrberichte

1. Kosmogonie

25 So läßt er (Anaximandros) die Entstehung (der Dinge) nicht infolge einer Wesensveränderung des Urelementes geschehen, sondern infolge einer Aussonderung der gegensätzlichen (Stoffe) mittels der ewigen Bewegung ... Gegensätzlich aber seien das Warme und das Kalte, das Trockene und das Feuchte und die andern. Andere Denker lassen die gegensätzlichen (Stoffe) aus *einem* (Urelemente) sich absondern, wie auch Anaximandros behauptet.

26 Nach Anaximandros hätten sich aus dem Unendlichen die Himmel ausgeschieden und überhaupt sämtliche Welten, deren es unendlich viele gebe. Er sagt auch, daß der Untergang, viel früher aber das Entstehen stattfinde, in der Art, daß seit unendlicher Zeit alle diese Welten in periodischem Kreislauf (sich ablösen).

Anaximandros gibt an, daß das von Ewigkeit her zeugende Element des Warmen und Kalten bei der Entstehung dieser Welt sich abgesondert habe und daraus eine Kugelhülle aus Feuer um das die Erde umgebende Feuer herumgewachsen sei, so wie die Rinde um den Baum. Als diese dann auseinanderriß und sich in verschiedene kreisförmige Bänder geteilt habe, hätten sich daraus die Sonne und der Mond und die Gestirne gebildet.

27 (Anaximandros und spätere Philosophen) bezeichnen die Bewegung als etwas Ewiges. Denn ohne Bewegung könne es weder ein Entstehen noch ein Vergehen geben.

28 Anaximandros, Anaximenes (und noch eine Anzahl späterer Philosophen) sind der Ansicht, daß unendliche Welten im Unendlichen infolge des gesamten (allgemeinen) Umschwunges (Wirbels) entstehen und auch wieder vergehen. Von denen aber, die eine unendliche Zahl von Welten annahmen, hat Anaximandros behauptet, daß diese voneinander gleich weite Abstände hätte.

29 Er sagt, daß allen Dingen die Zeit ihrer Entstehung, ihres Bestehens und ihres Vergehens bestimmt sei.

30 Alles aber ist »Anfang« (Urgrund der Dinge) oder stammt aus dem »Anfang«; von dem Unendlichen aber gibt es keinen »Anfang«.

Denn sonst gäbe es auch ein Ende desselben. Weiterhin muß es als Urgrund (des Bestehenden) unentstanden und unvergänglich sein. Alles, was entstanden ist, muß notwendigerweise einmal ein Ende haben, und von allem Untergang gibt es ein Ende. Daher gibt es, unserer Ansicht nach, keinen Anfang von diesem (dem Unendlichen), sondern anscheinend ist es der Urgrund aller anderen Dinge und scheint alles zu umfassen und alles zu lenken, wie die behaupten, die außer dem Unendlichen keine anderen Grundursachen annehmen, wie etwa den Geist oder die Liebe. Und dies sei das Göttliche. Es sei nämlich unsterblich und unvergänglich, wie Anaximandros und die meisten der Physiker behaupten.

2. Das Apeiron

31 Unter denen, die das *Eine* sowohl bewegend wie unendlich (seiner Substanz nach) angenommen haben, war Anaximandros, Sohn des Praxiades aus Milet, Anhänger und Nachfolger des Thales: er hat als Urgrund und Urelement der Dinge das *Unbegrenzte*[1] angesehen, als erster hat er diesen Begriff für den Urgrund gebraucht. Aber er hat weder das Wasser noch ein anderes der so bezeichneten Elemente als Urgrund angesehen, sondern eine gewisse andere unendliche Naturwesenheit, aus der alle Himmel entstanden seien und die in ihnen (befindlichen) Welten.

32 (Anaximandros) gibt als Urgrund des Seienden eine gewisse Naturwesenheit *(phýsis)* des Unendlichen an, aus dem dann die Himmelsräume und die in ihnen befindlichen Welten entstanden seien. Dieses (das Unendliche) sei ewig und altere nie; und es fasse sämtliche Welten in sich.[2]

33 Anaximandros, des Praxiades Sohn aus Milet, erklärt, daß der Urgrund der Dinge das Unendliche sei. Aus diesem entstehe nämlich alles und, in dieses sich auflösend, vergehe es auch wieder. Und da sich dies so verhalte, seien unendliche Welten entstanden und würden auch, wieder sich auflösend, in das vergehen, aus dem sie entstanden.

3. Die Erde

34 Es gibt einige – so unter den ältesten Denkern Anaximandros –, die behaupten, daß die Erde infolge ihrer Gleichheit (ihres Gleichgewichtes, gleichen Abstandes) an ihrem Platz verharre. Denn das, was sich im Mittelpunkt befinde und sich in gleicher Weise nach den äußersten Rändern zu verhalte, vermag nicht irgendwie nach oben oder nach unten oder nach den Seiten hin seine Bewegung zu nehmen. Eine Bewegung aber gleichzeitig nach entgegengesetzten Seiten ist unmöglich. Daher muß es aus Notwendigkeit in einem Ruhepunkt verharren. Anaximandros sagt, daß die Erde in schwebender Lage im Weltraum sich befinde und im Mittelpunkt der Welt.[3]

35 Die Erde befinde sich in der Schwebe, da sie, von nichts beherrscht, wegen des gleichen Abstandes (von den Grenzen der Welt) überall hin (in Gleichgewicht) verharrt. Ihre Gestalt sei rund, gewölbt, einem Säulenstumpfe vergleichbar. Auf einer ihrer Grundflächen wohnen wir; ihr gegenüber befindet sich eine andere Grundfläche.

36 Anaximandros sagt, daß das Meer der Überrest aus der (Zeit) der in Urferne einmal erfolgten Überflutung (der ganzen Erde) sei; von dieser (Urflut) habe den überwiegenden Teil das Feuer ausgetrocknet, der Rest aber sei durch Auskochung (in seiner Zusammensetzung) verwandelt worden.

37 Anaximandros aus Milet, des Thales Schüler, hat es als erster gewagt, die bewohnte Erde auf eine Tafel aufzuzeichnen. Nach ihm hat dann Hekataios der Milesier, ein vielgereister Mann, in noch genauerer Weise (die Erdkarte verbessert), so daß dies Werk große Bewunderung erregte.[4]

4. Die Entstehung des Menschen

38 (Anaximandros behauptet ferner), daß ganz zu Anfang der Mensch aus Lebewesen anderer Art (als den Tieren) hervorgegangen sei, deswegen nämlich, weil alle anderen Lebewesen (es fertig brächten), sich sehr bald durch eigene Kraft zu ernähren, während der Mensch allein während sehr langer Zeit mütterlicher Pflege bedürfe. – Wäre er nämlich von Anfang an so gewesen (wie er jetzt ist), so würde er niemals bis heute durchgekommen sein.

39 (Nach Anaximandros) sind die Lebewesen aus dem Feuchten entstanden, das infolge der (Hitzkraft) der Sonne ausgetrocknet sei. – Der Mensch sei aus einem anderen Lebewesen, nämlich dem Fische ähnlich, entstanden.[5]

40 Anaximandros behauptete, die ersten Lebewesen seien im Feuchten entstanden, sie seien von stacheligen Rinden (Häuten) eingehüllt gewesen und hätten sich später, in herangereiftem Zustande, aufs Trockene begeben, ihre Rinde abgestreift und für kurze Zeit ihre Lebensform umgestellt.

41 Im Innern von Fischen hätten sich ursprünglich die Menschen entwickelt und seien (dort) ernährt worden, genau wie die Haifische, und erst nachdem sie dazu herangereift waren, sich selbst zu helfen, seien sie aus (den Fischleibern) herausgekommen und hätten sich aufs Land begeben. So hat Anaximandros gezeigt, daß der Fisch gemeinsam Vater und Mutter des Menschengeschlechtes sei.

42 Anaximandros aus Milet meinte, daß aus Wasser und Erde, die sich erwärmt hätten, sowohl Fische wie den Fischen ganz ähnlich geartete Lebewesen hervorgegangen seien; in diesen hätten sich dann Menschen entwickelt, die Frucht sei dabei bis zur Geschlechtsreifung im Innern zurückgehalten worden; erst dann sei von Innen die Hülle gesprengt worden, und Männer und Frauen seien herausgetreten, die sich nun selbst erhalten konnten.

5. Von der Seele

43 Anaximandros und andere haben behauptet, daß die Natur der Seele luftartig sei.

6. Himmelskunde

44 Anaximandros und andere gaben an, daß ganz zuoberst die Sonne sich befinde, danach komme der Mond, unter ihm aber die Fixsterne und die Planeten.

45 Die Sonne sei ein Kreis, achtundzwanzigmal größer als die Erde, einem Wagenrade ähnlich, der Felgenkranz sei hohl, voll von Feuer; das Feuer komme aber an einer Stelle durch eine Öffnung zum Vorschein wie durch die Mündung eines Blasebalges.

46 Anaximandros hat als erster über die Anordnung und die Größe der Entfernung der Planeten Beobachtungen angestellt, so wie Eudemos berichtet, der die Pythagoreer als diejenigen ansieht, die zum erstenmal die Reihenfolge der Planeten (von außen gegen die Sonne zu gerechnet) angegeben haben.

47 Er hat als erster den Umfang von Erde und Meer beschrieben und einen Himmelsglobus *(sphaira)* konstruiert.

48 Er hat als erster den Gnomon (den Sonnenschattenmesser) gefunden und ihn bei der Sonnenuhr in Sparta aufgestellt, der die Sonnenwenden und die Tag- und Nachtgleichen anzeigt.

49 Nach der Überlieferung hat er die Schiefe der Ekliptik erkannt und dadurch die Tür (zum Verständnis der Himmelskunde) geöffnet.

ANAXIMENES

Fragmente

50 Das, was sich von der Materie zusammenzieht und verdichtet, bezeichnet er als das Kalte, das Dünne und Schlaffe dagegen als das Warme.

51 So wie unsere Seele Luft sei, und uns zusammenhalte (beherrsche), so umfasse auch das ganze Weltall Hauch *(pneuma)* und Luft.

52 Die Sonne ist breit wie ein Blatt.

Lehrberichte

1. Urprinzip Luft

53 Anaximenes ... erklärt als Urgrund die Luft und das Unendliche. Denn aus ihr habe alles seine Entstehung und in sie löse sich alles wieder einmal auf.

54 Die Luft ist beinahe etwas Unkörperliches. Weil wir durch Emanation aus ihr entstehen, muß sie grenzenlos und reich sein, denn sie geht niemals unter.[1]

55 Anaximenes, ein Anhänger des Anaximandros, erklärt, wie dieser, die zugrunde liegende Substanz für eine einzige und (ihrem Wesen nach) als unendlich. Nach ihm ist sie aber nicht unbestimmt wie bei jenem, sondern (klar) umrissen. Er bezeichnete die Luft als Urgrund. Sie unterscheide sich innerhalb der Seinszustände aber durch Verdünnung und Verdichtung.

56 Anaximenes erklärt die Luft für grenzenlos, dagegen das, was aus ihr seinen Ursprung habe, für begrenzt: so entständen aus ihr Erde, Wasser, Feuer und aus diesen (Elementen) alle Dinge.

57 Anaximenes erklärt, daß die unendlich ausgedehnte Luft der Urgrund (Ursubstanz) sei, aus dem das (jetzt) im Entstehen Begriffene gleich wie das (früher) Entstandene und das, was einmal entstehen wird, und die Götter wie Göttliches hervorgehe; alle übrigen Dinge entständen aus den von ihr abgeleiteten (Substanzen).

2. Verdichtung – Verdünnung

58 Anaximenes sagt, daß der Urgrund der Gesamtheit (der Dinge) die Luft und daß diese ihrer Ausdehnung nach unendlich sei. Alles entstehe aber infolge einer gewissen Verdichtung derselben und wiederum infolge ihrer Verdünnung.

59 Wenn sich die Luft verdünnt, werde sie zu Feuer; die Winde aber seien verdichtete Luft; sich mehr verdichtend, wird sie zur Wolke, bei noch stärkerer Verdichtung ferner zu Wasser, noch vielmehr sich verdichtend endlich zur Erde und bei allerstärkster Verdichtung zu Stein.

Zu Winden komme es, wenn die Luft sich verdichte ... Zusammengedrängt und noch mehr verdichtet, würden sie zu Wolken und wandelten sich in Wasser. Hagel entstehe, wenn das aus den Wolken stürzende Wasser gefriere, Schnee, wenn das alles mehr Feuchtigkeit enthalte und gefriere, der Blitz, wenn die Wolken durch die Macht der Luftströmungen auseinandergerissen würden und ein heller, feuriger Strahl entstehe, der Regenbogen, wenn die Sonnenstrahlen auf zusammengepreßte Luftmassen träfen, Erdbeben, wenn die Erde infolge Erwärmung und Abkühlung stärkere Veränderungen erleide.

60 Das Wesen der Luft ist folgendes: so lange sie ganz gleichmäßig verteilt ist, bleibt sie unsichtbar; sie offenbart sich aber der Wahrnehmung durch Kälte und Wärme und durch Feuchtigkeit und wenn sie in Bewegung ist.

61 Anaximenes erklärt, die Gestirne seien nach Art von Nägeln am Kristallfirmament befestigt.

62 Anaximenes und Parmenides erklären, der äußerste Umkreis (Peripherie) der Erde sei das Himmelsgewölbe.

63 Anaximenes behauptet, daß die Luft früher als das Wasser bestanden habe, und hält sie eben darum für den Urgrund der aus einfachem Stoff bestehenden Körper.

3. Ewige Bewegung

64 Die Luft ist in ewiger Bewegung. Wäre sie es nicht, dann wäre das, was sich in seinen Formen wandelt, nicht in (ständiger) Umwandlung.

65 Die Bewegung bestehe aber von Ewigkeit her; und Sonne, Mond und die übrigen Gestirne hätten den Urgrund ihrer Entstehung von der Erde. Er zeigt also auf, daß die Sonne Erde sei, wegen ihrer heftigen Bewegung sei sie (sehr stark) erhitzt worden und daher befinde sich die Sonne in diesem Verbrennungszustande.

66 Es gebe in der Region der Gestirne aber auch erdartige Körper, die mit diesen herumkreisten.

67,1 Auch er (Anaximenes) bezeichnet die Bewegung als eine ewige (Kraft).

4. Kosmologie

67,2 Bei der Verdichtung der Luft sei zuerst die Erde entstanden, die ganz flach von Gestalt sei; daher sei es ganz natürlich, daß sie auf der Luft schwimme.

68 Die Erde sei flach und werde von der Luft getragen; ähnlich werden auch Sonne und Mond und die anderen Gestirne alle, da sie aus feurigem Stoffe sind, wegen ihrer flachen Gestalt von der Luft getragen.[2]

69 Die Erde hat die Form einer Platte. Ihrer flachen Gestalt wegen werde sie von der Luft getragen.

70 Anaximenes erklärt, daß die Erde infolge von Befruchtung und Austrocknung Risse erhalte und durch das Abbröckeln der Wände (also von Erdmassen an den Wänden der Erdrisse), die in die Tiefe stürzen, erschüttert werde. – Deshalb entständen Erdbeben während großer Trockenheit und wiederum bei Überschwemmungen.[3]

71 Die Gestirne aber seien aus der Erde entstanden infolge der Feuchtigkeit, die von dieser aus nach oben gestiegen sei; durch deren Verdünnung habe sich das Feuer gebildet; aus dem Feuer (schließlich), das in der Höhe sich ausbreitete, seien die Gestirne entstanden.

72 Anaximenes hat als erster gefunden, daß der Mond sein Licht von der Sonne hat und wie eine Mondfinsternis entsteht.

73 Die Gestirne bewegten sich nicht, sagt er, unter der Erde hindurch, wie andere angenommen haben, sondern um die Erde herum, so nämlich, wie sich um unseren Kopf herum der Filzhut dreht. Die Sonne verschwinde (bei ihrem Untergang) nicht dadurch, daß sie unter der Erde erscheine. Sondern (es erkläre sich damit), daß sie durch die erhöhten Gegenden der Erde verdeckt werde, und auch dadurch, daß sie sich weiter von uns entfernt habe.

74 Die einen aber (Anaximenes) erklären, die Welt drehe sich wie ein Mühlstein (also horizontal), die anderen (Anaximandros) dagegen, wie ein Rad (vertikal).[4]

75 Diejenigen Denker aber, die die Welt zwar für ewig, aber für nicht immer dieselbe (im gleichen Zustand befindlich) halten, erklären die eine Welt als entstanden und vergänglich, denn sie werde zu anderer Zeit eine andere, nach gewissen periodischen Zeitumläufen, so wie Anaximenes das ausgedrückt hat.

5. Gott und Menschenseele

76 Anaximenes setzt die Luft gleich mit Gott.

77 Andere bezeichnen die Seele als etwas Luftartiges, wie Anaximenes und einige unter den Stoikern.

78 Der Mensch sei ganz und gar Luft.

PYTHAGORAS UND DIE PYTHAGOREISCHE SCHULE

PYTHAGORAS

79 Und – wie erzählt wird – er sei einmal vorbeigegangen, als ein junger Hund geschlagen wurde; da habe er Mitleid empfunden und die Worte gesprochen: Höre auf und schlage ihn nicht. Denn in ihm ist die Seele eines befreundeten Mannes, die ich wiedererkannte, als ich ihre Stimme vernahm.

80 Pythagoras soll mit dem Chaldäer Zarathustra zusammengetroffen sein.

81 *Platon über Pythagoras:* Wenn nicht in der Öffentlichkeit, so doch im Persönlichen soll Homer im Leben mancher Leute ein Führer zu wahrer Bildung geworden sein, die ihn verehrten, auf Grund ihres Umgangs mit ihm, und den Nachkommen eine Art homerischer Lebensführung überlieferten, ebenso wie Pythagoras aus gleichen Gründen persönliche Verehrung genoß und seine Nachfolger auch heute noch von einer pythagoreischen Lebensweise sprechen.

82 Man hat ihn so bewundert, daß man aus seinem Hause (in Metapont) einen Tempel machte.

DIE PYTHAGOREISCHE SCHULE

1. Die »Katharsis«

83 Wie Aristoxenos mitteilt, wandten die Pythagoreer die Heilkunst zur Reinigung *(kátharsis)* des Körpers, die Musik zur Reinigung der Seele an.

84 Es wird gesagt, daß die Pythagoreer von den Wissenschaften nicht zum wenigsten die Musik, die Heilkunst und die Kunst der Weissagung in Ehren hielten. Sie übten die

Schweigsamkeit und das Hören, und Lob empfange unter ihnen, wer des Zuhörens mächtig sei. Von der Heilkunst befleißigten sie sich ganz besonders der Übungen einer gesunden Lebensweise *(Diätetik)*, und mit dieser nahmen sie es sehr genau. Und als erstes versuchten sie gründlich die Gesetzlichkeit des Gleichmaßes *(symmetría)* bei der Einnahme von Getränken und Speisen und der (Einschaltung) von Ausruhen und Erholung vom Forschen.

2. Diätetik

85 Man müsse, so erklärten sie, gleich von Kindheit auf auch die Nahrung in wohlgeregelter Weise zu sich nehmen; denn sie lehrten, daß rechte Ordnung und Gleichmaß schön und zuträglich sei, Regellosigkeit dagegen und Mangel an Gleichmaß häßlich und unzuträglich.

86 Dies aber lehrte Pythagoras die Angehörigen des Bundes, dessen Begründer er war:

Sie waren nämlich darauf bedacht, daß der Körper immer im Gleichmaß sich befinde, und zwar nicht einmal mager, ein andermal zu fleischig, denn (einen solchen Wechsel) hielten sie für ein Zeichen unausgeglichener Lebensweise. Genau so aber hielten sie es mit der Gemütsverfassung: Nicht bald heiter, bald niedergeschlagen, sondern von ausgeglichener Art, von gehaltener Freudigkeit bewegt (war ihr Wesen). Sie vermieden daher zornige Aufregung, Niedergeschlagenheit und (ebenso) lärmendes Erregtsein. Und es wurde ihnen zur Regel, daß denen, die sich an die Vernunft halten, nichts, was Menschen widerfahren könne, unerwartet kommen dürfe, sondern daß man alles dessen gewärtig sein müsse, was einem geschehe (widerfahren könne), ohne daß man darüber selbst Herr sei.

Wenn es ihnen aber doch einmal begegnete, daß sie in zornige Erregung oder traurige Gemütsstimmung oder ähnliche (Seelenverfassung) gerieten, dann zogen sie sich in Einsamkeit zurück, und dort versuchte dann ein jeder, wieder zu sich zu kommen, das Unbehagen zu verwinden und zu heilen.

Man erzählt aber auch das Folgende von den Pythagoreern: Niemals züchtigte einer von ihnen einen Sklaven im Zorn oder wies einen der Freien zurecht, sondern jeder hielt sich zurück, bis sein Gemütsgleichgewicht wiederhergestellt war. Sie nannten aber die Warnung *Zurechtweisung*, denn sie übten sich in Geduld, indem sie sich des Schweigens und der Ruhe (Beherrschung) befleißigten.

87 Über die sogenannten körperlichen Begierden sollen jene Männer sich solchermaßen ausgesprochen haben: Die Begierde selbst sei ein gewisser Drang der Seele, ein Trieb und Streben nach einer Art von Sättigung oder nach der Empfindung von Anwesenheit gewisser Dinge oder nach einem Zustand, diese zu empfinden. Es gebe auch eine Begierde nach den entgegengesetzten (Zuständen) wie etwa nach (völliger) Leere, nach dem Nichtsein oder danach, einiges (überhaupt) nicht wahrzunehmen. Diese Leidenschaft sei mannigfaltiger Natur und von den beim Menschen vorkommenden Zuständen der vielgestaltigste. Ein großer Teil der menschlichen Begierden aber sei von den Menschen selbst durch eigene Schuld erworben und verursacht. Aus diesem Grunde bedürfe diese Leidenschaft ganz besonderer Aufmerksamkeit und nicht geringer Zucht des Körpers.

3. Von der Erziehung

88 Man muß auch von der Erziehungsweise und den Vorschriften berichten, von denen Pythagoras gegenüber seinen Schülern Gebrauch machte. Rügen und Tadel, die sie Zurechtweisungen nannten, müßten, wie sie meinten, von den Älteren gegenüber den Jüngeren mit gütigem Wort und mit Bedächtigkeit angewendet werden, und aus der Art der Zurechtweisung müsse viel Güte und Wohlwollen hervorleuchten. Denn (nur) so sei der Tadel (dem Getadelten) angemessen und nützlich.

4. Die Zahl

89 Die Pythagoreer waren die ersten, die sich mit der Mathematik ernstlich beschäftigten und sie förderten. Aus der Vertrautheit mit dieser Wissenschaft entwickelte sich ihre Ansicht, die Prinzipien des Mathematischen seien auch die alles Seienden. Da nun in der Mathematik die Zahlen der Natur nach das Erste sind, die Pythagoreer aber in den Zahlen viele Ähnlichkeiten mit dem Seienden und Werdenden zu erblikken glaubten, mehr als in Feuer, Erde und Wasser, so war ihnen der eine arithmetische Vorgang Gerechtigkeit, der andere Seele und Verstand, wieder ein anderer der rechte Zeitpunkt und so weiter. Außerdem sahen sie in den Zahlen die Eigenschaften und Verhältnisse der Harmonie, und da ihnen alles andere seiner Natur nach den Zahlen nachgebildet zu sein schien, die Zahlen aber das Erste in der ganzen Natur, so nahmen sie auch an, die Elemente der Zahlen seien die Elemente alles Seienden und der ganze Himmel sei Harmonie und Zahl (= 107). Was sie nun für Ähnlichkeiten in den Zahlen und Harmonien mit den Vorgängen am Himmel und seinen Teilen und der gesamten Weltordnung finden konnten, das gebrauchten sie. Wo aber etwas fehlte, da suchten sie etwas hinzu, damit ihre ganze Darstellung einen (abgeschlossenen) Zusammenhang ergebe.

90 Die Pythagoreer scheinen (die Gegensätze des Geraden und Ungeraden) gleichsam als stoffliche Prinzipien zu konstituieren, und nach ihren Äußerungen vertreten und bilden diese auch die Substanz der Dinge selbst.

91 Das Seiende ist, sagen sie, Abbild der Zahlen.[1]

92 Sie führen alles auf Zahlen zurück und behaupten, daß das Wesen der Linie in der Zweizahl bestehe.

93 Pythagoras hat die Lehre von der Mathematik in die Form einer freien Wissenschaft und Bildung umgewandelt.

94 Es gibt Leute, die bei der Vierzahl schwören, und denen das ihr höchster Schwur ist. Denn es ist nach ihrer Lehre die vollkommenste Zahl, die Grundbedingung der Gesundheit.

Ich schwör's bei dem, der unsrer Seele die Vierzahl eingepflanzt, die Wurzel und den Quell der ewig rinnenden Natur.

5. Das Gedächtnis

95 Sie glaubten, daß man alles, was gelehrt und gesagt werde, im Gedächtnis behalten und (dabei) bis zu dem Punkt die Kenntnisse und Lehrsätze aufspeichern (müsse), bis zu welchem es das im Gedächtnis behaltende und lernende (Wesen) nur irgend aufzunehmen vermöge, weil man mittels dessen (des Gedächtnisses) erkennen und in ihm das Erkannte bewahren müsse. Sie hielten daher das Gedächtnis für sehr bedeutungsvoll, pflegten es viel zu üben und verwandten viel Sorgfalt darauf und entließen beim Lernen den Schüler nicht eher, bevor er die ersten Grundlagen des Lernens fest erfaßt hatte; sie übten dabei auch das Sichwiedererinnern an das tagsüber Gesprochene. Ein Pythagoreer erhob sich nicht eher von seinem Lager, bevor er nicht das am Vortag Geschehene sich wieder im Gedächtnis erweckt hatte. Diese (Methode) der Wiedererinnerung aber betrieb er folgendermaßen: Er versuchte in seinem Geiste sich zu wiederholen, was er zuerst gesagt oder gehört oder was er seiner Umgebung nach dem Aufstehen aufgetragen hatte, und dann was er als zweites und drittes (getan) habe. Denn er versuchte sich alles, was sich einen Tag über zugetragen hatte, im Geiste wiederherzustellen, indem er sich bemühte, der Reihenfolge nach, wie die Dinge eines nach dem andern sich zugetragen hatten, sich darauf zu besinnen. Denn in bezug auf Wissen, Erfahrung und vernunftmäßige Erkenntnis gibt es nichts Besseres (zu tun) als die Kraft des Gedächtnisses.

6. Sprüche der Pythagoreer

96 Nicht über eine Waage schreiten
(Nicht auf ungerechten Gewinn ausgehen).
Das Feuer nicht mit dem Messer schüren
(Den Zornigen nicht mit scharfen Worten reizen).

Einen Kranz nicht zerpflücken
(Die Gesetze nicht verletzen).
Nicht Herz essen
(Sich nicht betrüben).
Nicht auf dem Scheffel sitzen
(Nicht in Untätigkeit leben).
Sich beim Verreisen nicht umkehren
(Im Sterben nicht am Leben hängen).
Nicht die Landstraßen gehen
(Den Meinungen der Menge nicht folgen).
Die Gerechtigkeit vergilt Gleiches mit Gleichem.

»Stille schaun die Natur, sich gleich in allem und allem,
Nichts Unmögliches hoffen und doch dem Leben genug sein.«
(Übertragung von Goethe)

7. Herrscher und Beherrschte

97 Sie glaubten überhaupt, daß man annehmen müsse, es gebe kein größeres Übel, als (den Zustand) der Anarchie; der Mensch sei nämlich nicht dazu bestimmt, sich recht zu erhalten, ohne daß jemand ihm zur Leitung vorstünde.

98 Diese Männer erklärten es als gut, bei den Gebräuchen und überkommenen Gewohnheiten der Väter auszuharren, auch dann, wenn sie um ein weniges schlechter wären als andere. Denn leichtfertig von den überlieferten Gesetzen und Gebräuchen abzufallen und sich Neuerungen anzupassen, sei niemals zuträglich und heilsam.

99 Über Herrschende und Beherrschte hatten sie folgende Meinung: Sie erklärten, daß die Herrschenden nicht allein verständig (ihres Amtes) walten, sondern auch von Güte und Menschenfreundlichkeit beseelt sein müßten; andrerseits sollten die Beherrschten (Untertanen) nicht nur dem Zwang gehorchen, sondern aus Liebe zum Regiment (der Herrschenden) Folgsamkeit üben.

8. Mensch und Gottheit

100 Die Pythagoreer, die von ihrem Meister gelernt hatten, von Gott das Wissen zu haben, hielten es für nützlich, daß er (wirklich) ist und zum Menschengeschlecht sich dermaßen verhält, daß er auf dieses aufmerksam blickt und sich darum sorgt. Denn wir (Menschen) haben eine Aufsicht nötig, der wir uns in keiner Weise zu widersetzen wagen.

Eine (Aufsicht) aber kommt von Gott, wenn anders die Gottheit von solcher Art ist, daß sie würdig (sein soll), über das Weltganze zu herrschen. Mit Recht nämlich erklären sie, daß das Menschenwesen von Natur aus überheblich sei, dazu verworren (kompliziert) in seinen Trieben und Begierden und seinen sonstigen Leidenschaften. Daher bedürfe es einer Autorität und Drohung, von der eine gewisse Mahnung und regelnde Kraft ausgehe. Sie glaubten nämlich, es müsse jeder der in seiner Natur vorhandenen Wirrheit (der Triebe) eingedenk sein und (daher) der Gottheit gegenüber nie die Ehrfurcht und Verehrung in Vergessenheit geraten lassen, sondern sich stets vor das Bewußtsein halten, daß sie (die Gottheit) aufmerksam (alles) beobachtet und das menschliche Treiben überwacht.

9. Von der Seele

101 Einige von den Pythagoreern behaupten, Seele sei gleich den in der Luft (sich bewegenden) Sonnenstäubchen, andere dagegen (hielten die Seele) für das, was diese bewege (das bewegende Prinzip). Man kam aber über (die Sonnenstäubchen) zu dieser Ansicht, weil sie anscheinend ständig in Bewegung sind, auch wenn vollständige Windstille herrscht.

102 Daher sagen viele der Philosophen, die Seele *sei* Harmonie, andere erklären, sie *besitze* Harmonie.

103 Parmenides, Hippasos und Herakleitos halten die Seele für feuerartig.

10. Die Seelenwanderung

104 Zuerst waren es die Ägypter, die die Lehre verkündet haben, daß die Seele des Menschen unsterblich sei; wenn der Leib zugrunde gehe, dann gehe die Seele in ein anderes Lebewesen über, das dann geboren werde. Wenn sie aber alle Geschöpfe des Landes, des Meeres und der Luft durchwandert habe, gehe sie endlich wieder in den Leib eines Menschen ein, der dann geboren werde. Dieser Umlauf (der Geburten) der Seele währe dreitausend Jahre. Diese Lehre hätten auch einige Griechen übernommen, einige früher, einige später, und sie als ihre eigene bezeichnet, so als ob sie ihnen selbst gehöre. Die Namen kenne ich, schreibe sie aber nicht auf.

105 Es befand sich unter ihnen ein Mann von übermäßigem Wissen, ein Mann, der sich den größten Gedankenreichtum erwarb und vielerlei weiser Werke überaus mächtig war.

Reckte er sich mit allen Kräften des Geistes, leicht konnte er dann von allen Dingen der Welt ein jedes beschauen, in den zehn oder zwanzig Leben, die er geführt (= 526).

11. Die Harmonielehre des Pythagoras

106 Was ist das Schönste? Harmonie.

107 Der ganze Himmel: Harmonie und Zahl (= 89).

108 Er spannte eine Saite über einen Kanon (ein gerades Holz) und teilte ihn in zwölf Teile.[2] Dann ließ er zunächst die ganze Saite ertönen, darauf die Hälfte, das heißt sechs Teile, und er fand, daß die ganze Hälfte zu ihrer Hälfte konsonant sei, und zwar nach dem Zusammenklang der Oktave. Nachdem er darauf erst die ganze Saite, dann Dreiviertel von ihr hatte erklingen lassen, erkannte er die Konsonanz der »Quarte« und analog für die Quinte.

109 Deswegen heißt es auch, Pythagoras habe, als er sich anschickte, aus diesem Erdenleben zu scheiden, seinen Jüngern ans Herz gelegt, das Monochord[3] zu spielen.

110 Pythagoras fand, daß die Intervalle der Musik nicht ohne

Zahl entstehen: denn sie werden durch Vergleichung verschiedener Größen gewonnen. Er untersuchte ferner, unter welchen Umständen die Intervalle symphon oder diaphon werden und wie überhaupt alles Harmonische und Unharmonische entstehe. Und, übergehend zu der Entstehung eines Tones, sagte er: Wenn man aus der Gleichheit etwas Symphones hören will, muß irgendeine Bewegung stattfinden.

12. Die Harmonie der Sphären

111 (Pythagoras) lauschte auf die Harmonie des Alls. Denn er verstand die Harmonie der Sphären und der in ihnen sich bewegenden Gestirne, die wir nicht hören könnten, wegen der Dürftigkeit unserer Natur.

112 Aus diesem leuchtet ein, daß auch die Ansicht, es werde durch die Bewegungen der Gestirne eine musikalische Harmonie erzeugt, da die hierdurch entstehenden Töne einen Zusammenklang *(symphonía)* ergäben, von denen, die sie ausgedacht haben, hübsch und scharfsichtig dargestellt ist. Einigen Denkern erscheint es nämlich als notwendig, daß bei der Bewegung so gewaltiger Körper ein Ton entstehe. Denn dies ereignet sich ja auch hier auf Erden bei Körpern, die doch weder von gleichem Größenumfang sind, noch mit solcher (großen) Geschwindigkeit sich bewegen. Da sich aber Sonne und Mond und weiterhin eine solche Menge so gewaltiger Gestirne mit so ungeheurer Geschwindigkeit bewegten, sei es undenkbar, daß nicht ein Geräusch von unvorstellbarer Stärke erzeugt werde. Daher erklären sie auch, daß durch den Kreislauf der Gestirne ein symphonischer Zusammenklang von Tönen entstehen müsse. Da die Körper, die sich um die Mitte (des Kosmos) bewegen, von dieser in ganz bestimmten Zahlenverhältnissen entfernt sind, so verursachen die langsameren von ihnen durch ihre Bewegung einen tieferen, die schnelleren einen hohen Ton, und diese Töne, die entsprechend dem Zahlenverhältnis ihrer Entfernungen (von ihrem gemeinsamen Mittelpunkt) erfolgen,

bringen diesen zufolge ein Geräusch hervor, das eine musikalische Harmonie ist.

13. Der Kosmos

113 Hippasos von Metapont, auch er ein Pythagoreer, erklärte, daß die Zeit der Umwandlung der Welt (des Kosmos) begrenzt und das All begrenzt und ewig bewegt sei.

114 Hippasos aus Metapont und Herakleitos, der Ephesier, nehmen an, daß das All ganz einheitlich, in (steter) Bewegung und begrenzt sei (= 116).

Lehren einzelner Pythagoreer

I. Petron[4]

115 Es gibt einhundertdreiundachtzig, in Form eines Dreiecks geordnete Welten. Jede Seite hat ihrer sechzig. Von den drei übrigen ist jede an einer der drei Ecken gehalten. Die in jeder Reihe einander folgenden Welten berühren einander, indem sie wie in einem Reigen ruhig umherkreisen.

II. Hippasos

Lehrberichte

116 Hippasos aus Metapont und Herakleitos, der Ephesier, nehmen an, daß das All ganz einheitlich, in (steter) Bewegung und begrenzt sei (= 114). Das Feuer aber halten sie für den Urgrund *(arché)* und aus dem Feuer seien die Dinge durch Verdichtung und Auflockerung entstanden und einmal würden sie sich wieder in dieses auflösen, da Feuer eine einzige Ursubstanz sei, die allem zugrunde liege.[5]

117 Beide Denker hielten das Feuer für eine Gottheit.

118 Auch die Seele ist nach ihrer Meinung von feuriger Substanz.

III. ALKMAION

Fragmente

119 Das hat Alkmaion[6] von Kroton ... ausgesprochen: Über das Unsichtbare gleichwie über das Irdische haben nur die Götter ein genaueres (Wissen). Den Menschen ist es nur verstattet, Mutmaßungen zu haben.

120 Die Menschen gehen deswegen zugrunde, weil sie es nicht verstehen, den Anfang an das Ende anzuknüpfen.

121 Der Mensch hat vor den übrigen Lebewesen den Vorzug, daß er allein denkt; die anderen können wohl wahrnehmen, aber nicht denken.

122 Es ist leichter, sich vor einem Feinde zu hüten als vor einem Freunde.

Lehrberichte

1. Die Lehre von den Gegensätzen

123 Andere unter ihnen (den Pythagoreern) erklären, daß es paarweise zusammengehörige Prinzipien gebe, Grenze und Unbegrenztheit, Ungerades und Gerades (von den Zahlen), Eines und Vieles, Rechtes und Linkes, Männliches und Weibliches, Ruhendes und Bewegtes, Geradliniges und Gebogenes, Licht und Dunkelheit, Gutes und Böses, Quadratisch und Oblong. Dieser Ansicht scheint auch Alkmaion von Kroton gefolgt zu sein. Entweder hat er von jenen oder jene haben von ihm diese Lehrmeinung übernommen. Alkmaion gelangte nämlich zur Mannesreife, als Pythagoras schon alt war, und so hat er sich ganz ähnlich wie diese (die

Pythagoreer) ausgesprochen. Er meint nämlich, daß sich die Vielheit menschlicher Dinge auf zwei (die Paarheiten) zurückführen lasse. Damit meint er die Gegensätze, aber nicht wie diese Denker nur ganz bestimmte, sondern beliebige, wie Weiß und Schwarz, Süß und Bitter, Gut und Böse, Groß und Klein. Über die übrigen Dinge hat er sich nur unbestimmt geäußert. Die Pythagoreer aber haben deutlich ausgesprochen, wieviele und was für Gegensätze (sie meinen). Bei beiden aber (sowohl Alkmaion als den Pythagoreern im allgemeinen) kann man soviel ersehen, daß die Gegensätze die Urgründe (Prinzipien) der Dinge sind.

2. Kosmologie

124 Der Mond und überhaupt die Dinge jenseits (des Mondes) haben eine ewige Natur.

125 Alkmaion erklärt, daß sich die Planeten gegen die Fixsterne hin von Westen nach Osten bewegen. – Die Sonne sei von flacher Gestalt.

126 Die Sterne hielt er für unsterblich, weil sie beseelt seien.

3. Unsterblichkeit der Seele

127 Eine ähnliche Ansicht wie diese (Thales, Diogenes und Herakleios) scheint auch Alkmaion von der Seele zu haben; er erklärt nämlich, daß sie unsterblich sei, weil sie den unsterblichen Wesen gleiche. Das komme daher, weil sie in ewiger Bewegung begriffen sei. Denn auch alle göttlichen Wesenheiten seien in ewiger Bewegung: Mond, Sonne, die Sterne und der gesamte Himmel.

128 Alkmaion meint auch, daß die Seele durch sich selber bewegt werde; und sie gleiche den göttlichen Wesen.

4. Physiologie

129 Alkmaion erklärt, daß, wenn das Blut sich in die Adern ergieße, der Schlaf eintrete, daß man erwache, wenn es sich wieder zurückziehe, und daß, wenn es ganz aus den Adern entweiche, der Tod eintrete.

130 Alkmaion fand, daß die Leibesfrüchte sich aus dem ganzen Körper (der Mutter) ernähren. Und zwar nähmen sie, gleich wie Schwämme, das für sie zur Nahrung Geeignete an Stoffen für sich auf.

131 Alkmaion nimmt an, daß der Samen aus Bestandteilen des Hirnmarks zusammengesetzt sei.

5. Denken und Wahrnehmen

132 Alkmaion gehört zu denen, die nicht annehmen, daß die Wahrnehmung durch das Gleiche (durch Bewirkung von Gleichem auf Gleiches) entsteht; er hat als erster Unterschiede (im Verhalten) der Lebewesen abgegrenzt. Der Mensch, so sagt er nämlich, unterscheide sich von den anderen Lebewesen dadurch, daß er allein vernunftmäßig denke, während die anderen zwar über Sinneswahrnehmung verfügen, aber nicht zu verstehen imstande seien. Denn (er hat entdeckt), daß das Denken etwas ganz anderes ist als das Wahrnehmen.

6. Das Gesetz der Isonomie

133 Alkmaion erklärt, die Gesundheit werde zusammengehalten durch das Gleichgewicht *(isonomía[7])* der Kräfte (in ihrer Gegensätzlichkeit): des Feuchten und Trockenen, des Kalten und Warmen, des Bitteren und Süßen, und so aller übrigen. – Die Alleinherrschaft des (einen oder des anderen Prinzips) bei ihnen errege Krankheit. Denn verderblich wirke die Alleinherrschaft einer der gegensätzlichen Kräfte. Krankheit ergebe sich, was ihre Ursache betrifft, durch das Übermaß von Wärme oder Kälte, ihr Anlaß aber aus dem

Übermaß oder Mangel an Speisen. – Der Ort der Krankheit (sei zu suchen) im Blut, dem Mark oder dem Hirn. Manchmal entstünden aber auch hier Krankheiten infolge äußerer Ursachen: infolge bestimmter Wasser (und deren Zusammensetzung), durch eine bestimmte Gegend, durch Überanstrengung, durch Not oder dergleichen. Gesundheit dagegen beruhe auf der gleichmäßigen Mischung der Qualitäten.

7. Sinneswahrnehmungen

134 Dann spricht er sich über jede (der Sinneswahrnehmungen) aus: Wir hörten mit den Ohren, weil in ihnen ein Hohlraum bestehe, der töne. (Auch sprächen wir mittels eines Hohlraumes.) Die Luft bewirke den Widerhall. Den Geruch empfinden wir durch die Nase zugleich mit der Einatmung, indem wir die Luft bis zum Hirn hinauf einziehen. Mit der Zunge unterscheiden wir die Arten des Geschmacks, sie sei nämlich warm und weich, und durch ihre Wärme schmelze sie (die Geschmacksstoffe), infolge ihrer lockeren und zarten Natur nehme sie sie dann auf und gebe sie (so zum Gehirn) weiter. Die Augen hätten ihr Sehvermögen infolge des sie umgebenden Wassers. Es sei aber offenbar, daß sie Feuer enthalten. Denn auf einen Schlag hin sprühe (das Auge) Funken. Wir sehen aber mittels des Leuchtenden und Durchsichtigen, wenn es (das Licht) widerstrahlt, dies aber umso mehr, je reiner es ist.

135 Alle Sinneswahrnehmungen aber, sagt Alkmaion, hängen in irgendeiner Weise mit dem Gehirn zusammen; daher leiden sie Schaden, wenn dieses (Gehirn) erschüttert oder aus seiner Lage gebracht werde. Denn so würden auch die Poren mitbetroffen, mittels derer die Sinneswahrnehmungen geleitet würden.

136 Alkmaion lehrt, daß im Gehirn das lenkende (Zentrum) der Wahrnehmungen sich befinde (= 139).

137 Daher soll auch die Natur des Auges klargelegt werden, über die soviele andere, vor allem aber ein in Naturerkenntnis sehr geübter Mann, Alkmaion von Kroton, der als erster es

wagte, eine Sektion auszuführen, und ebenso Kallisthenes, Schüler des Aristoteles und Herophilos, viel Ausgezeichnetes ans Licht gebracht haben: Es gebe zwei schmale Wege, die vom Gehirn als ihrem Sitze aus – im Gehirn ist nämlich die höchste und ursprüngliche Kraft der Seele – zu den Höhlungen der Augen leiten, die ein natürliches Pneuma enthalten. Indem diese Leitungen eines einzigen Ursprunges sind und von derselben Wurzel ausgehen und im innersten Grunde der Stirn eine gewisse Strecke verbunden sind (nebeneinander herlaufen), gelangen sie, nachdem sie sich gabelartig getrennt haben, zu den Augenhöhlen, dort, wo sich der Augenbrauen schräge Übergänge befinden. Dort biegen sie um, indem der Schoß von Häuten die natürliche Feuchtigkeit aufnimmt, und füllen Kugeln aus, welche von der Decke der Augenlider geschützt sind; deswegen nennt man sie Augäpfel. Daß aber die beiden lichtbringenden Leitwege von einem einzigen Orte her ausmünden, wird durch die Sektion ganz klar bewiesen; nicht weniger deutlich sieht man dies daraus, daß beide Augen nur zusammen bewegt werden können und nicht das eine oder das andere. Weiterhin hat man festgestellt, daß der Inhalt der Augen aus vier Häuten oder Umhüllungen verschiedenartiger Festigkeit besteht.

138 Ist es demnach das Blut, mittels dessen wir denken, oder die Luft oder das Feuer? Oder keines von diesen? Das Gehirn ist es vielmehr, das die Empfindungen des Hörens, Sehens und Riechens in sich faßt; und daraus entsteht dann Gedächtnis und Meinung; wenn sie sich ruhend (ausgeglichen) haben, entwickelt sich das Wissen.

139 Solange das Gehirn unversehrt ist, vermag der Mensch zu denken. Daher behaupte ich (mit Alkmaion), daß im Gehirn das lenkende (Zentrum) der Wahrnehmungen sich befinde (= 136).

IV. PHILOLAOS

Fragmente

140 Die Natur aber wurde innerhalb der Weltordnung aus Unbegrenztem und Begrenztem zusammengefügt: sowohl der Weltkreis selbst als Ganzes wie alles, was er enthält.[8]

141 Alles Seiende ist begrenzt oder unbegrenzt oder begrenzt und unbegrenzt. Denn es ist wohl nicht möglich, daß es nur unbegrenzt oder begrenzt ist. Da es also klar ist, daß das Seiende nur aus Begrenztem oder aus Unbegrenztem besteht, so wird damit erweislich, daß der Kosmos (die Weltordnung) aus Begrenztem und aus Unbegrenztem zusammengefügt ist. Das geht auch aus den (Verhältnissen) in der Wirklichkeit hervor. Denn ein Teil derselben, der aus Begrenztem gebildet wird, ist begrenzt, der aus Begrenztem und Unbegrenztem gebildete ist zugleich begrenzt und unbegrenzt, der aus Unbegrenztem gebildete dagegen wird unbegrenzt erscheinen.

142 Es würde nicht einmal das Objekt der Erkenntnis geben, wenn alles grenzenlos wäre.

143 Alles, was man erkennen kann, hat Zahl. Ohne diese kann man mit dem Gedanken nichts erfassen oder erkennen.

144 Die Zahl hat zwei besondere Formen: Ungerades und Gerades, und das dritte das aus der Mischung von beidem Entstandene, das Gerad-Ungerade. Jede dieser beiden Formen hat viele Gestalten, die jede (Erscheinung) von sich aus anzeigt.

145 Mit Natur und Harmonie aber verhält es sich folgendermaßen: Das Wesen der Seinsdinge, das ewig ist, und die Natur selbst erfordert göttliche und nicht menschliche Erkenntnis; allerdings würde nichts von der seienden Dingwelt von uns auch nur erkannt werden können, wenn dem Erkennen das Wesen der Seinsdinge, aus dem die Weltordnung entstand, nicht zugrunde läge, der begrenzten wie der unbegrenzten. Da aber diese beiden Prinzipien (die Eins und die

Zwei) als in sich ungleich (gerade und ungerade) und unverwandt zugrunde lagen, so wäre es sichtlich unmöglich gewesen, aus ihnen eine Weltordnung (den Kosmos) zu begründen, wenn nicht die Harmonie dazugetreten wäre, gleichgültig, auf welche Weise auch immer diese entstanden sein mag. Das einander Gleiche und das (unter sich) Verwandte bedurfte ja nimmer der Harmonie, dagegen muß notwendigerweise das Ungleiche und Unverwandte und ungleich Gerichtete durch eine solche Harmonie zusammengeschlossen werden, durch das sie imstande ist, im Kosmos zusammenzubleiben.

146 Das Eine (die Eins, *monás*) ist der Anfang (der Urgrund) von Allem.

147 Denn die Harmonie ist Einigung von Buntgemischtem und Zusammenstimmung von getrennt (verschieden) Gestimmtem.

148 Man muß über die Wirksamkeit und das Wesen der Zahl Betrachtungen anstellen gemäß der Kraft, die in der *Zehnzahl* liegt: denn sie ist mächtig, in sich vollendet, allbewirkend; sie hat als Urgrund und Anführerin Anteil am Göttlichen, am himmlischen und am menschlichen Leben. Ohne die Zehnzahl wäre alles unbegrenzt und unbestimmt und ohne Klarheit.

Die Natur der Zahl ist erkenntnisbewirkend, führend und belehrend für jeden in jedem Dinge, das ihm zweifelhaft oder unbekannt ist. Denn nichs wäre von den Dingen jemandem klar, weder in ihrem Verhältnis zu sich noch zu andern, wenn es nicht die *Zahl* gäbe und dieses ihr Wesen. Nun aber ist sie es, die innerhalb der Seele alle Dinge in Einklang mit der (äußeren) Wahrnehmung (setzt), sie dadurch der Erkenntnis zugänglich macht und sie in Entsprechung untereinander setzt nach dem »Richtmaße« (dem *gnómon*) der Natur, indem sie ihnen Körperlichkeit (körperliche Erfaßbarkeit) verleiht und die Kategorien in sich scheidet, eines jeden der Dinge, der unbegrenzten und der begrenzten.

Du wirst nicht nur in den übernatürlichen und göttlichen

Erkenntnisgegenständen die Natur der Zahl und ihre Kraft als wirksam erkennen, sondern ebenso überall in allen menschlichen Werken und Gedanken, bei allen handwerklichen (Verrichtungen) und Künsten und bei der Musik.

Keinerlei Täuschung nimmt die Natur der Zahl und die Harmonie in sich auf. Denn sie kann nicht zu ihnen gehören. Aber der Natur des Unbegrenzten und Unsinnigen und Unvernünftigen ist Täuschung und Mißgunst eigen.

Täuschung bläst niemals in die Zahl hinein. Denn ihrer Natur steht Täuschung als erbitterter Feind gegenüber, die Wahrheit aber ist in dem Zahlengeschlecht zuhause und ihm angeboren.

149 Der Körper (Elemente) der Weltkugel sind es fünf: in der Kugel Feuer, Wasser, Erde und Luft und als fünftes der Kugel Lastschiff(?).

150 Vier Prinzipien gibt es bei den vernunftbegabten Lebewesen: Gehirn, Herz, Nabel und Schamglied. Gehirn ist das Prinzip des Verstandes, Herz das der Seele und der Empfindung, Nabel das des Wurzelns und der Entwicklung der Leibesfrucht, Schamglied das der Samenentleerung und Zeugung. Gehirn bezeichnet das Prinzip des Menschen, Herz das des Tieres, der Nabel das der Pflanze, das Schamglied aber aller zusammen. Denn alle blühen, und sprossend wachsen sie.

151 Die alten Gottsucher und Seher bezeugen, daß die Seele wegen gewisser Strafen in den Körper gespannt wird und darin gleichsam wie in einem Grabmal begraben ist.

152 Gott hält alles wie in einem Gefängnis zusammen umschlossen, und die Menschen gehören wie zu den Besitztümern der Götter.

153 (Wir haben gewisse Vorstellungen und Leidenschaften nicht in unserer Macht, auch nicht Handlungen, die nach solchen Vorstellungen und Erwägungen vor sich gehen.) Es gibt vielmehr (erklärt Philolaos) gewisse Gedanken, die stärker sind als wir.

154 Die Weltordnung (der Kosmos) ist einheitlich. Sie fing an zu entstehen von der Mitte aus, und zwar von der Mitte aus

in denselben Abständen nach oben wie nach unten. Denn was von der Mitte aus oben (sich befindet), ist dem, was unten liegt, entgegengesetzt. – Für die ganz unten liegenden Dinge aber bilden die in der Mitte befindlichen das Oberste und die übrigen dementsprechend. Denn im Verhältnis zum Mittelpunkt sind beide Richtungen gleich, nur umgekehrt.

Lehrberichte

1. Die Zahl und die Zahlen

155 Die Seele fügt sich in den Körper ein durch die Zahl und durch die unsterbliche und unkörperliche Harmonie. Die Seele liebt den Körper, weil sie ohne ihn die Sinne nicht benutzen kann. Wenn sie nach dem Tode von ihm fortgerissen ist, führt sie im Weltall ein körperloses Dasein.

156 Die Zahl ist das beherrschende und selbstentstandene Band des ewigen Beharrens der im Kosmos enthaltenen Dinge.

157 Philolaos, der Pythagoreer, lehrte als Prinzipien das Begrenzte und das Unbegrenzte.

158 Archytas und Philolaos nannten ununterschiedlich die Eins auch Monade (umfassende Einheit eines Einzelnen) und die Monade Eins.

159 Von den göttlichen Dingen werden die geringeren beherrscht und ein einziger Kosmos vollendet, zusammengefügt aus entgegengesetzten (Prinzipien), nach der Lehre des Philolaos aus Begrenztem und Unbegrenztem gebildet.

2. Die Dekade · Die Vielzahl

160 Danach aber widmet Speusippos (Philolaos folgend) den übrigen Teil seines Buches der Zehnzahl, und macht sie (dabei) zum natürlichsten und vollendetsten aller Dinge, gleichsam als Urbild für die kosmischen Schöpfungen, aus sich selbst gestaltet, und nicht nur auf Grund unserer Ansichten oder aus Zufall, sondern weil sie eine Grundlage darstellt

und als vollkommenstes Vorbild dem das Weltganze gestaltenden Gotte vor Augen steht. Er lehrt aber folgendes von ihr: Es ist die Zehnzahl die vollendete Zahl, und mit Recht und natürlicherweise begegnen wir uns, Griechen und Menschen aller Länder, auf alle mögliche Weise zählend, indem wir dabei nichts mit Absicht tun. Denn sie hat vieles nur ihr Eigenes, wie das eben einer so vollendeten Zahl zukommt. – Vieles (andere) aber ist ihr nicht ausschließlich eigentümlich; aber auch dieses muß sie als vollkommene Zahl besitzen. Erstens muß sie eine gerade Zahl sein, damit gleiche und ungleiche Zahlen in gleicher Weise in ihr enthalten sind, nicht aber solche, die nur aus ungleichen sich zusammensetzen. Da nämlich immer die ungerade Zahl früher als die gerade ist, wird, wenn die schließende Zahl nicht gerade wäre, die andere etwas voraus haben. Ferner muß sie die ersten und unzusammengesetzten und die zweiten und zusammengesetzten in gleicher Weise enthalten. Die Zehnzahl aber erfüllt dies, dagegen keine andere Zahl, die kleiner ist als 10, wohl aber bei einer größeren wie bei 12 und einigen anderen – aber Grundzahl von ihnen ist die Zehnzahl ... und das ist ihr gewissermaßen eigentümlich, daß in ihr als erster unzusammengesetzte und zusammengesetzte Zahlen in gleicher Anzahl in Erscheinung treten.

161 Die dreidimensionale mathematische Größe wird dem Seienden in der Vierzahl zuteil.[9]

3. Kosmologie

162 Philolaos, des Pythagoras Schüler, lehrt, das Feuer sei in der Mitte – denn dieses sei der Herd des Weltalls – als zweites (komme) die Gegenerde, als drittes die (von uns) bewohnte Erde, die ihr (antipodisch) gegenüberliege und mit der Gegenerde zusammen sich herumbewege. Aus diesem Grunde würden auch die (Bewohner) jener, von denen, die auf dieser (leben), nicht gesehen werden. Das leitende (Prinzip) befinde sich im Zentralfeuer, das gleich einem Schiffskiel der schöpferische Gott der Kugel des Alls zugrunde legte.

163 Philolaos erklärt, daß das Feuer in der Mitte um das Zentrum (des Alls) herum sich befinde; so nennt er es Herz des Alls und Haus des Zeus und mütterlichen Altar der Götter und Zusammenhalt und Maß der Natur. – Und ferner (gebe es) ein anderes (zweites) Feuer, das ganz oben (also ganz außen) die Welt umgebe. Von Natur aus sei aber zuerst die Mitte (entstanden); um diese kreise der Tanz von zehn göttlichen Körpern: der Fixsternhimmel, die fünf Planeten, danach die Sonne, unter ihr der Mond, unter ihm die Erde, unter ihr die Gegenerde und nach all diesem das Feuer, das den Rang des Herdes um den Mittelpunkt (des Weltganzen) einhält. Die oberste Region des Umkreises also, wo sich die Reinheit der Urstoffe (finde), nennt er Olympos, den Bezirk aber unterhalb des Umlaufs des Olympos, in dem die fünf Planeten mit der Sonne und dem Mond verteilt seien, Kosmos. Die Region unter dem Monde und in der Umgebung der Erde, in der sich die Dinge des zu (steter) Wandlung neigenden Werdens befinden, nennt er Himmelsraum. Und von der Welt der Ordnung aus, hoch oben, entstehe die Weisheit, aus der Wirrnis jedoch der Welt des im Werden Begriffenen die Tugend; sie sei (daher) unvollkommen, jene aber (die Weisheit) vollkommen.

164 Philolaos war der Ansicht, daß alles Geschehen sich auf Grund der Notwendigkeit und der Harmonie ereigne; auch habe er zuerst erklärt, daß die Erde sich im Kreis (in kreisförmiger Bahn) bewege.

4. Erdbewegung · Erdbahn

165 Die anderen (Denker) erklären, die Erde verharre (ohne Bewegung); Philolaos aber, der Pythagoreer, behauptet, sie schwinge sich in einem Kreis von schiefer Lage, gleich wie das bei der Sonne und dem Monde der Fall ist (Ekliptik).

166 Philolaos erklärte, es gebe einen zweifachen Untergang des Kosmos, den einen dadurch, daß Feuer sich aus dem Himmel ergieße, den anderen durch eine Sintflut (von Wasser) vom Monde her, das sich infolge des Wirbels der Luft

ergossen habe. Und die Ausdünstungen dieser (Wassermassen) seien die Nahrung des Kosmos.

167 Pythagoras und Philolaos behaupten, die Seele sei Harmonie.[10]

V. ARCHYTAS

Fragmente

168 Schön erscheinen mir die Erkenntnisse, die die Mathematiker erworben haben, und es braucht nicht zu verwundern, daß sie über die einzelnen Dinge, so wie sie wirklich sind, in richtiger Weise denken. Denn da sie sich über die Natur aller Dinge richtige Einsicht verschafft haben, mußten sie folglich auch über die Beschaffenheit der einzelnen Dinge den rechten Blick gewinnen. Daher haben sie uns auch über die Geschwindigkeit der Gestirne und ihre Auf- und Untergänge ein klares Wissen überliefert und ebenso über Geometrie, Arithmetik und Sphärik und nicht zum geringsten über Musik. Denn diese Wissenschaften scheinen verschwistert zu sein. Beschäftigen sie sich doch mit den beiden verschwisterten Urgestalten des Seienden (Zahl und Größe).[11]

169 Es gibt in der Musik drei Mittel: erstens das arithmetische, zweitens das geometrische, drittens das reziproke, das man das harmonische nennt. Das arithmetische (liegt vor), wenn drei Zahlbegriffe im Verhältnis zueinander folgende Differenzen aufweisen: um wieviel der erste den zweiten übertrifft, um so viel übertrifft der zweite den dritten. Bei dieser Proportion fällt das Intervall der größeren Terme kleiner aus, das der kleineren größer. Das geometrische, wenn der erste Term zum zweiten sich verhält wie der zweite zum dritten. Die beiden größeren schließen dann dasselbe Intervall ein wie die kleineren. Das reziproke Mittel endlich, das wir das harmonische nennen, wenn die Terme sich so verhalten: der erste übertrifft den zweiten um denselben Teil seiner selbst, um welchen Teil des dritten der mittlere den dritten

übertrifft. Bei dieser Proportion wird das Intervall der größeren Terme größer, das der kleineren kleiner.[12]

170 Man muß zum Wissen gelangen, entweder indem man das, wovon man nichts wußte, von einem andern erlernt oder es selbst findet. Das Erlernen geschieht also von anderer Seite, von einem anderen her und mit fremder Hilfe, das Finden dagegen durch einen selbst und durch eigene Kraft. – Finden aber ohne Suchen ist schwierig und selten; mit Hilfe des Suchens aber ist es aussichtsvoll und leicht; dem aber, der nicht zu suchen versteht, ist (das Finden) unmöglich.

Zwietracht verhindert es, Eintracht fördert es, wenn sich ein vernünftiger Ausgleich finden läßt. Denn dann kann das eine nicht über das andere Oberhand nehmen, sondern es herrscht Gleichheit. Denn auf Grund dessen (der Überlegung) setzen wir uns über die gegenseitigen Verpflichtungen auseinander. Daher nehmen also die Armen von den Vermögenden und die Reichen geben den Bedürftigen ab, weil beide (dank der Ausgleichsüberlegung) sich darauf verlassen, daß sie so das gleiche besitzen werden. So ist sie (die Überlegung des Ausgleichs) Richtschnur und Hemmschuh der Ungerechten und veranlaßt diejenigen, die vernünftig abzuwägen verstehen, Halt zu machen vor der Ausführung des Unrechts, indem es sie überzeugt, daß sie bei der Abrechnung sich doch nicht verborgen halten können. Die aber dies nicht verstehen, hindert es an (weiterem) Unrechttun, indem es ihnen ihr eigenes Unrecht (durch die Wirkung des Ausgleiches auf sie selber) offenbart.

171 Und es scheint so, daß sich die Arithmetik von den anderen Künsten (der Erkenntnis) in bezug auf Wissenschaft stark unterscheide, aber auch von der Geometrie, da sie deutlicher (als diese) darzulegen versteht, was sie (zu erklären) beabsichtigt ... und wo wiederum die Geometrie versagt, da bringt die Arithmetik Beweise zustande, ebenso wie auch die Darlegung der Formen (Prinzipien?), wenn es überhaupt eine Wissenschaft von den Formen gibt.

Lehrbericht

172 Die Tonleiter *(harmonía)* ist himmlisch: sie hat eine göttliche, herrliche, wunderbare Natur. Sie wird von vier Gliedern hervorgebracht und weist zwei Mittel auf, das arithmetische und das harmonische. Die Größen und Überschüsse ihrer Glieder erscheinen (aufeinander abgestimmt) nach der Zahl und nach der Geometrie. Denn sie gliedert sich in zwei Tetrachorde.

VI. HIKETAS

Lehrberichte

1. Die Rotation der Erde

173 Hiketas[13] von Syrakus ist nach der Aussage Theophrasts der Ansicht, daß der Sternenhimmel, sowie Sonne, Mond und Sterne (Planeten) wie überhaupt die ganze Welt in der Höhe stillestehe und daß sich nichts im Weltall außer der Erde bewege. Da diese sich mit höchster Geschwindigkeit um ihre Achse im Kreise herumdrehe, so werde dadurch das gleiche (der gleiche Eindruck) erzeugt, als wenn die Erde stillstände und dafür der Himmel sich bewege.

2. Erde und Gegenerde

174 Thales und die von ihm abhängigen Denker nahmen nur eine Erde an, der Pythagoreer ihrer zwei, sie und die Gegenerde.[14]

VII. EKPHANTOS

Lehrberichte

175 Ein gewisser Ekphantos[15] aus Syrakus erklärte, es sei unmöglich, eine wahrheitsgemäße Erkenntnis von der Seinswelt zu gewinnen, wohl aber für die Art der (gewonnenen) Ansichten Abgrenzungen herzustellen.

Die Urkörper nun seien unteilbar, und es gebe drei Unterschiede bei ihnen: Größe, Gestalt und Kraft. Aus ihnen entstünden die wahrnehmbaren Dinge. Ihre Menge sei begrenzt und nicht unendlich. Die Körper bewegten sich weder infolge von Schwere noch infolge eines (äußeren) Anstoßes, sondern vermittels einer göttlichen Kraft, die er als Geist und Seele bezeichnet. Ihr Abbild (ihre geistige Spiegelung) sei die Welt; daher sei sie unter Einwirkung der göttlichen Kraft kugelförmig geworden.

176 Die Erde aber bewege sich im Mittelpunkte der Welt um ihr eigenes Zentrum (von Westen) nach Osten.

Atomismus

177 Ekphantos erklärte, die Welt (der Kosmos) setze sich aus Atomen zusammen, regiert aber werde sie von einer Vorsehung (durch göttliche Absicht).

XENOPHANES

Fragmente

AUS DEN ELEGIEN[1]

178 Rein ist jetzo der Boden und rein sind die Hände und Becher,
schön gewundenen Kranz setzt uns der Jüngling aufs Haupt,
duftendes Salböl in einer Schale bietet ein anderer uns.
Freudigen Inhalts voll steht uns der Mischkrug bereit,
auch noch ein anderer Wein, der nie zu versagen verspricht,
harret in seinem Gefäß, milde und Blütendufts voll.
Heiligen Wohlgeruch sendet inmitten der Weihrauch empor,
kühlendes Wasser nicht fehlt, süß aus lauterer Quelle.
Weißbrot gibt es und Käse, dazu den saftigen Honig,
und so beugt sich der Tisch unter des Köstlichen Last.
Ringsum mit Blumen geschmückt steht in der Mitte der Altar
und von Jubelgetön schallet das festliche Haus.
Wohlgesinnten Männern geziemt es, die Götter zu preisen,
ihnen heil'gen Gesang reiner Worte zu weihn.
Ist die Spende gebracht, gebetet um Kraft und Gelingen
rechten Tuns (denn dies soll allem andern vorangehn),
Sünde nicht darf man es heißen, soviel vom Wein zu genießen,
daß nach Hause noch kommt, wer nicht vom Alter gebeugt ist.
Lobes wert ist der Mann, der frisch nach dem Trunke noch zeigt,
daß für Tugend ihm glühn Wort und Kraft des Gedankens.
Weder Giganten besing' ich noch der Giganten Kämpfe,
auch der Kentauren nicht. Märchen sind's aus der Vorzeit.

Auch nicht der Bürger tobenden Zwist: ohn' Nutzen ist das!
Aber der Himmlischen stets eingedenk sein ist gut.
179 Siebenundsechzig Jahre verflossen, seitdem ich den Kummer
auf und nieder begleit' weit durch hellenisches Land.
Fünfundzwanzig vom Tag der Geburt schon waren verstrichen,
als ich das Wandern begann: Wahres bericht' ich fürwahr!

Aus den Spottgedichten[2]

180 Jedermann hat ja von Anfang her an Homer sich geschult.
181 Alles hingen den Göttern sie an, Hesiod und Homer,
was bei den Menschen als Schande gilt und Tadel hervorruft:
Stehlen, Untreue gegen den Gatten, einander Betrügen.
182 Aber die Sterblichen wähnen, die Götter würden geboren,
und sie hätten Gestalt und Tracht und Sprache wie sie.
183 Hätten die Ochsen, Rosse und Löwen Hände und könnten
malen und Werke sie schaffen und bilden gleiche Menschen, dann
würde das Pferd wie ein Roß und ähnlich dem Ochsen der Ochse
seine Götter gestalten und Körper würden sie bilden,
so wie jegliches selbst das eigene Aussehen kennt.
184 Äthiopier sehn ihre Götter stumpfnasig, schwarz;
glänzenden Augs, rothaarig stellen die Thraker sie dar.
185 Wahrlich nicht alles enthüllten die Götter den Menschen von Anfang,
Erst im Laufe der Zeit und suchend finden sie Beßres.

Aus dem Buche ›Über die Natur‹

186 *Ein* Gott ist unter Göttern und unter den Menschen der größte,
nicht an Gestalt den Sterblichen gleich und nicht in der Einsicht.
187 Gott ist ganz Auge, ganz Denken und alles vernimmt er.

188 Mühelos lenkt er das All, allein mit der Kraft des Gedankens.
189 Ewig verharrt er am nämlichen Orte, sich nirgends bewegend,
kommt es doch nimmer ihm zu, bald hierhin, bald dorthin zu wandern.
190 Denn aus Erde ist alles geworden, zur Erde wird alles einst werden.
191 Dieses obere Ende der Erde zu unseren Füßen
sieht an die Luft man grenzen, während der untere Teil
ins Unbegrenzte sich dehnt.
192 Erde und Wasser ist alles, was wird und entsteht.
193 Quell ist das Meer für das Wasser, und Quell ist es auch für den Wind.
Weder gäbe es Wolken ohne den großen Pontos,
noch die Fluten der Ströme. Nicht regnete es aus dem Äther.
Pontos ist der Erzeuger der Wolken, Winde und Ströme.
Weder würden die strömenden Flüsse sich bilden noch das
Regenwasser des Äthers. Nur das gewaltige Meer
ist der Erzeuger von Wolken, Winden und Flüssen.
194 Über die Erde hin schwingt sich die Sonne, Wärme ihr spendend.
195 Und was Iris sie nennen, auch das ist nur eine Wolke,
Purpurn, hellrot und gelbgrün in ihrer Farbe zu schaun.
196 Nie noch lebte ein Mann noch wird es ihn geben, der
von den Göttern und dem, was ich sage, Sicheres wüßte.
Denn geläng' es ihm auch, das Vollendete einmal zu sagen,
nur ein Zufall hätt' ihn geführt, selbst wüßt' er es nicht.
Ist doch dem Menschen in allem nichts andres gegeben als Wahn.
197 Dies soll zwar der Meinung nach gelten als gleichend dem Wahren
(wahr aber ist es darum noch nicht).
198 Hätte nicht Gott den gelblichen Honig erschaffen, wir hielten die Feigen für süßer.

Lehrberichte

199 Xenophanes erklärt, die Gestirne bestünden aus zu Feuer erhitzten Wolken; mit jedem Tage verlöschten sie und glühten nachts wieder auf wie Kohlen. Die Auf- und Untergänge der Gestirne seien Aufglühen und Erlöschen (des Feuers).

200 Theophrast aber berichtet in seiner Physik (von der Ansicht des Xenophanes), daß die Sonne aus Feuerteilchen entstehe, die sich aus der feuchten Ausdünstung sammelten und so die Sonne zusammensetzten.

201 Die Sonne sei von Nutzen für die Welt und für die Entstehung und Betreuung der in ihr befindlichen Lebewesen; der Mond aber wirke dabei mit.

202 Xenophanes erklärt, der Mond sei eine verdichtete Wolkenmasse.

203 Xenophanes erklärt, daß infolge der Sonnenwärme als bewegender Ursache sich das ereigne, was in der Luftschicht vor sich gehe; wenn nämlich aus dem Meer die Feuchtigkeit nach oben gelange, dann schieden die süßen Bestandteile sich aus und bildeten, sich wie Nebel verdichtend, Wolken; infolge von Verdichtung ließen sie dann Regen herunterstürzen und die Winde sich entfachen.

204 Einige Philosophen behaupten, daß der untere Teil der Erde sich ins Unermeßliche erstrecke, da sie, wie Xenophanes von Kolophon, annehmen, daß sie (die Erde selbst) im Unendlichen wurzle.

205 Xenophanes nimmt an, daß eine Vermischung der Erde mit dem Meere stattfinde und daß diese mit der Zeit durch das feuchte Element aufgelöst werde. Er sagt, er habe für diese (Vorgänge) Beweise, da sich mitten im Lande und auf den Bergen Muscheln befänden, und er erzählt, daß man in Syrakus in den dortigen Latomien (höhlenartigen Steinbrüchen) Abdrucke von Fischen und Robben gefunden habe, in Paros in der Tiefe des Gesteins den Abdruck einer Sardelle und auf Malta die Abdrucke von allen möglichen Seetieren. Dies sei geschehen, meint er, als alles einmal von Schlamm

überdeckt war, und der Abdruck im Schlamm sei dann hart geworden. Alle Menschen kämen aber dereinst um, wenn die Erde in das Meer abgleite und dann zu Schlamm werde. Dann aber beginne sie wieder von neuem zu entstehen, und so ereigne sich (periodisch) für sämtliche Welten die nämliche Wandlung.

206 (Der Fremde aus Elea spricht): Die aber von uns gebildete eleatische Sekte, die von Xenophanes und noch von früher her ausgeht, nimmt in ihren Lehren an, daß das, was die Gesamtheit der Dinge genannt wird, ein einziges (Wesen) sei.

207 Xenophanes lehrte, daß alles ein einziges Ganzes sei und daß diesem ein grenzenlos Göttliches zugrunde liege, voll Geistes, unwandelbar.

208 Nach Xenophanes ist es die gleiche Irreligiosität zu sagen, die Götter würden geboren, wie zu behaupten, sie stürben. Denn in beiden Fällen folgt, daß sie zu einer gewissen Zeit nicht sind.

209 Als die Eleaten Xenophanes fragten, ob sie der Leukothea opfern und sie als (Tote) betrauern sollten, riet er ihnen, wenn sie sie für eine Göttin hielten, sie nicht zu beklagen, wenn aber für einen Menschen, ihr nicht zu opfern.

210 Xenophanes hat als erster sich so geäußert, daß alles, was (einmal) entstanden ist, vergänglich und daß die Seele ein Hauch *(pneuma)* sei.

211 Xenophanes bei Timon[3] von Phleus:

Wohin ich auch meinen Geist wandte, er löste sich in ein und dieselbe Allnatur auf. Das All in seinem ewigen Sein, nach allen Seiten in der Schwebe gehalten, schloß sich mir zu einem einzigen, in sich gleichartigen Wesen zusammen.

THEAGENES

Lehrbericht

212 Die Lehre von den Göttern in ihrer Gesamtheit befaßt sich mit dem Schädlichen und gleichermaßen auch mit dem Unziemlichen. Denn er (Porphyrios) erklärt, daß die über die Götter (verbreiteten) Mythen unziemlich seien. Nun suchen die einen solche Beschuldigungen damit zu widerlegen, daß sie annehmen, daß (in den Mythen) alles allegorisch ausgedrückt ist, wenn zum Beispiel von den Gegensätzen zwischen den Göttern (gesprochen wird). Sie erklären, daß ja auch das Trockene mit dem Feuchten und das Warme mit dem Kalten kämpfe und das Leichte mit dem Schweren. So sei auch das Wasser imstande, das Feuer zu löschen, das Feuer wiederum vermöge das Wasser auszutrocknen. Genau so liege sämtlichen Grundstoffen (Elementen), aus denen das All sich zusammensetze, ein Gegensatz zugrunde: zum Teil unterliege es mit einem Male der Vernichtung, während das Ganze in Ewigkeit fortbestehe. So lasse (der Mythendichter) Schlachten stattfinden, wobei er dem Feuer den Namen Apollon und Helios und auch Hephaistos beilegt, das Wasser aber Poseidon und Skamandros nennt, den Mond Artemis, die Luft Hera und so weiter. Ebenso verhält es sich, wenn er manchmal (geistigen) Zuständen und Fähigkeiten die Namen von Göttern beilegt. So verleiht er dem Nachdenken den Namen der Athene, dem Unverstand den des Ares; die Begierde nennt er Aphrodite; der Verstand wird symbolisiert durch Hermes ... Diese Art der verteidigenden Erklärung (der Mythenerzählungen über die Götter) ist uralt, sie stammt von Theagenes aus Rhegion, der als erster über Homer geschrieben hat. –

HERAKLEITOS

I. Die Weltanschauung des Herakleitos

1. Die Einheit des Seienden

Fragmente

213 Herakleitos sagt aber: Das All sei Alles in Einem: Getrenntes und Ungetrenntes, Gewordenes und Ungewordenes, Sterbliches und Unsterbliches, das Weltgesetz *(lógos)*, Ewigkeit *(aión)*, Vater, Sohn, Gott und das Prinzip der Gerechtigkeit.

214 Wenn ihr nicht mir, sondern der Weltvernunft euer Ohr öffnet, dann ist es weise, dem (Gedanken) zuzustimmen, daß alles ein Einziges ist (= 219).

215 Der Weg aufwärts und der Weg abwärts ist ein und derselbe.

2. Der Logos · Das Weltgesetz

Fragmente

216 Diesem Logos[1] gegenüber, der doch ewig ist, verhalten sich die Menschen ohne Verständnis, gleichgültig, ob sie es noch nicht erfahren oder ob sie es wirklich vernommen haben. Alles geschieht gemäß dem Weltgesetz. Sie aber gleichen Unkundigen, auch wenn sie es mit solchen Reden und Taten versuchen, über die ich mich verbreite, jedes nach seiner Natur erklärend, und indem ich darlege, wie es sich damit verhält. Die anderen Menschen aber wissen nicht, was sie im Wachen tun, genauso wie sie vergessen, was sie im Schlafe tun.

217 Daher muß man dem Gemeinsamen Folge leisten. Ob-

wohl aber das Weltgesetz allen Lebewesen gemeinsam ist, verhalten sich die meisten so, als ob sie eine eigene Welteinsicht besäßen.

218 Eines nur ist weise: Einsicht haben in den Geist, der alles durch alles zu lenken versteht[2] (= 265).

219 Wenn ihr nicht mir, sondern der Weltvernunft euer Ohr öffnet, dann ist es weise, dem (Gedanken) zuzustimmen, daß alles ein Einziges ist (= 214).

220 Sie entzweien sich mit dem Weltgesetz, mit dem sie doch ununterbrochen in Beziehung stehen; und die Dinge, die ihnen täglich begegnen, erscheinen ihnen fremd.

221 Der Seele ist der Logos eigen, der sich selbst mehrt (= 322).

Lehrbericht

222 Herakleitos aber, da es schien, daß der Mensch mit zwei Fähigkeiten zur Erkenntnis der Wahrheit ausgestattet sei, nämlich der sinnlichen Wahrnehmung und der erkennenden Vernunft *(lógos)*, hat gleich den vorhergenannten Physikern die Sinneswahrnehmung für unzuverlässig gehalten, die reine Vernunft dagegen hält er für den Prüfstein (der Wahrheit) ... Die Vernunft aber erweist er als den Prüfstein der Wahrheit, nicht jedoch jede beliebige, sondern (nur) die gemeinsame und (darum) göttliche ... Diese göttliche Vernunft ziehen wir nach Herakleitos durch die Atmung in uns ein und werden dadurch denkfähig; im Schlafe zwar unbewußt, im Wachen dagegen mit Bewußtsein.[3] Denn da sich im Schlafe die Öffnungen *(póroi)* unserer Sinnesorgane schließen, hält die Vernunft in uns, vom Umgebenden getrennt, die Verbindung nur durch die Atmung, gleich wie einer Art Wurzel, aufrecht. Durch diese Trennung verliert sie die Gedächtniskraft, die sie vorher besaß. Im Wachzustande dagegen beugt sie sich durch die Öffnungen unsrer Sinnesorgane gleich wie durch eine Art Fenster hinaus und tritt so wieder mit dem *Umgebenden* in Verbindung und gewinnt ihre Denkkraft zurück. Wie die Kohlen, wenn sie sich dem Feuer nähern, durch Änderung feurig werden, von ihm getrennt aber verlö-

schen, so werden auch die Teile, die in unseren Körper aus der Umwelt als Gast gekommen sind, in der Trennung fast unvernünftig, in der Verbindung durch die meisten Zugänge werden sie aber dem All gleichartig.

Diese gemeinsame Vernunft göttlichen Ursprungs, an der teilnehmend wir vernunftbegabt werden, bezeichnet nun Herakleitos als Prüfstein der Wahrheit. Deswegen sei das, was gemeinsam allen einleuchte, überzeugend (zuverlässig) (denn es würde durch den allen gemeinsamen und göttlichen Logos erfaßt); was aber nur einem einzigen einfalle, das sei aus dem entgegengesetzten Grunde unglaubwürdig.

3. Das Feuer als Urstoff

Fragmente

223 Diese Weltordnung, die dieselbe ist in allen Dingen, hat weder der Götter noch der Menschen einer geschaffen, sondern sie war immer und ist und wird immer sein ein ewig lebendes Feuer, nach Maßen erglimmend und nach Maßen verlöschend.

224 Feuers Wandlungen aber sind: erstens das Meer, des Meeres eine Hälfte Erde, die andere Hälfte aber Gluthauch. (Daraus geht hervor, daß das Feuer durch die Macht des das All regierenden Weltgeistes und Gottes durch die Luft hindurch in wässeriges Element verwandelt wird, gleichsam als dem Samen der Weltbildung, von ihm Meer genannt. Aus diesem entsteht hinwieder die Erde, der Himmel und das, was dazwischen sich befindet. Wie aber die Welt wieder in den Urzustand zurückkehrt und wie der Weltbrand entsteht, sagt er klar mit Folgendem). Als Meer zerfließt das Feuer nach Maßgabe desselben Weltgesetzes, das schon galt, bevor es Erde ward.

225 Er sagt auch, daß es eine Auferstehung des sichtbaren irdischen Fleisches gebe, in dem wir entstanden sind, und daß Gott diese Auferstehung bewirke, so wie er es ausdrückt: Vor dem, der dort ist, erhöhen sie sich und auferweckt würden sie zu Wächtern der Lebendigen und der Toten. Auch

sagt er, daß ein Gericht der Welt und von allem, was in ihr west, durch das Feuer käme, indem er sich so darüber ausdrückt: Alles regiert der Blitzstrahl. Der Blitzstrahl aber sei das ewig wesende Feuer.

Er sagt auch, dieses Feuer sei vernunftbegabt und sei die Ursache der Lenkung des Alls. (Er sagt aber auch, dieses Feuer sei vernunftbegabt und Ursache der gesamten Weltregierung). (Er nennt es) Darben und Sattheit. (Darben ist ihm die Weltbildung, Weltbrand Sattheit.) Denn alles (sagt er) wird das Feuer, wenn es herankommt, richten und erfassen.[4]

226 Es lebt das Feuer der Erde Tod und die Luft des Feuers Tod, das Wasser lebt der Luft Tod und die Erde des Wassers Tod.

227 Sich wandelnd, ruht (das ätherische Feuer im menschlichen Körper). (Solche Wandlung ist notwendig, denn es ist) Ermattung, immer demselben zu fronen und zu gehorchen.[5]

228 Austausch für Feuer sind alle Dinge und Feuer für alle Dinge, wie Waren für Gold und Gold für Waren.

Lehrberichte

229 Aus Feuer aber sei alles entstanden und in Feuer löse es sich auf, alles aber erlebe sein Entstehen gemäß dem Schicksalswalten und durch gegenläufige Gewalt werde die Seinswelt hinweggetilgt. Und alles sei erfüllt von Seelenwesen und Gottheiten.

230 Herakleitos sagt, alles sei ein Sichumsetzen des Feuers.

231 Herakleitos und Hippasos von Metapont (nennen) den Uranfang aller Dinge das Feuer. Aus Feuer sei nämlich alles entstanden, und ins Feuer, so sagen sie, gelange alles einmal wieder (zurück). – Wenn dieses (das Feuer) aber verlösche, dann schlössen sich alle Dinge zum Weltgefüge zusammen. Als erstes zögen sich nämlich die schwersten Teile des Feuers, sich verdichtend, zusammen, und so entstehe die Erde. Wenn dann aber die Erde durch das Feuer sich auflockere, werde durch die Natur das Wasser geschaffen, aus dem durch Ausdünstung die Luft entstehe. Der Kosmos und alles

Leibliche würden aber wieder vom Feuer im Weltbrande aufgelöst.

4. Der Kampf Vater der Dinge

Fragmente

232 Der Kampf ist Vater aller Dinge, aller Herrscher ist er, die einen lehrt er Götter, die anderen Menschen werden, diese macht er zu Sklaven, jene zu Freien.

233 Man muß aber erkennen, daß der Kampf das (allen) Gemeinsame ist und daß Streit zu Recht besteht und daß alles nur entsteht gemäß dem Streit und der Notwendigkeit.

234 Kämpfen soll das Volk um das Gesetz gleichwie um eine Mauer.

235 Götter und Menschen ehren im Kriege Gefallene.

236 Seelen, die im Kriege gefallen sind, sind reiner als jene, die Krankheiten erlegen sind.

Lehrberichte

237 Kampf und Streit führen zum Werden der Welt.

238 Herakleitos tadelt den Dichter[6] wegen des Ausspruchs: Oh, daß doch der Streit aus Göttern und Menschen sich verzöge! Denn Harmonie könne es doch nicht geben ohne das Bestehen hoher und tiefer (also gegensätzlicher) Töne, und Lebewesen könnte es nicht geben ohne das Bestehen des Weiblichen und des Männlichen, die doch einander gegensätzlich seien.

5. Fluss und Wechsel der Dinge

Fragmente

239 Die Sonne ist jeden Tag neu.

240 Wer in denselben Fluß steigt, dem strömt immer wieder neues Wasser zu.

241 Für die Seelen bedeutet das Wasser den Tod, für das Wasser die Erde; aus Erde wiederum entsteht Wasser, aus Wasser entsteht Seele (Leben, Lebenskraft).

242 Wir steigen in dieselben Fluten und tun es doch wieder nicht; denn wir sind und sind nicht.

243 Beides und das nämliche ist immer in uns: Lebendiges und Totes, das Wache und das Schlafende, und Junges und Altes (= 351). Das eine wird durch Verwandlung das andere, und in neuem Wechsel wird dieses wieder zu jenem.

244 Man kann nicht zweimal in denselben Fluß steigen (– auch nicht ein sterbliches Wesen zweimal berühren und in seiner Beschaffenheit fassen –) es zerfließt, strömt wieder zusammen, kommt herzu und entfernt sich.

Lehrberichte

245 Alles strömt, und nichts dauert.

246 Daß die Welt entstanden sei, erklären nun alle; die einen aber nehmen nun an, sie sei entstanden und dabei ewigwährend, die anderen jedoch, daß sie trotz ihrer Entstehung vergänglich sei wie irgend etwas anderes, was die Natur zusammengefügt hat; andere aber nehmen an, daß sie (periodischem) Wechsel unterworfen sei, und daß sie sich einmal so, einmal anders verhalte bei ihrem Untergang und daß sich dies ewig so fortsetze; solcher Meinung sind Empedokles von Akragas und Herakleitos von Ephesos.

6. Gegensatz und Harmonie

Fragmente

247 Das Gegensätzliche strebt zur Vereinigung, aus dem Unterschiedlichen entsteht die schönste Harmonie, und der Streit (der Kampf) läßt alles so entstehen.

248 (Nach dem Gegensätzlichen strebt doch auch die Natur und aus diesem, nicht aus dem Gleichartigen vollbringt sie das Zusammenklingen. Denn so führt sie beispielsweise das Männliche mit dem Weiblichen zusammen und nicht etwa ein jedes von ihnen mit dem Gleichgeschlechtlichen; und die erste einträchtige Verbindung stellte sie durch die Vereinigung des Gegensätzlichen, nicht etwa des Gleichartigen her ...)

Sich verbindend (fassen sich zusammen) Ganzes und Nicht-Ganzes, Zusammenstrebendes und Auseinanderstrebendes, Zusammenklingen und Verschiedenklingen, und aus allem wird Eines und aus Einem Alles.

249 Das Wort für Bogen *(biós)* ist Leben *(bíos)*, der Tat nach Tod.[7]

250 Sie verstehen nicht, wie (das Eine), auseinanderstrebend, in sich übereinstimmt: gegenstrebige Vereinigung wie ein Bogen und Leier.

251 Unsichtbare Harmonie ist stärker als die sichtbare (= 278).

252 Gut und Schlimm ist dasselbe. Die Ärzte, die überall schneiden und brennen, beanspruchen einen Lohn und verdienen doch keinen, da sie ein und dasselbe bewirken (die schmerzhafte Operation und die erwünschte Heilung).

253 Der Schraube Weg, gerade und gekrümmt, ist einer und derselbe; denn gerade hinauf und im Kreise herum geht er zugleich.

254 Meerwasser ist zugleich ganz rein und ganz unsauber: die Fische können es trinken und es erhält sie am Leben, für Menschen aber ist es ungenießbar und todbringend.

255 Unsterbliche sterblich, Sterbliche unsterblich: Jeder lebt des einen Tod und stirbt des andern Leben.

256 Beim Kreisumfang fallen Anfang und Ende auf einen gemeinsamen Punkt.

7. Das Weltall

Fragmente

257 Die Sonne wird ihre Maße nicht überschreiten oder die Erinnyen, die Helfer der Dike, werden sie ausfindig machen.

258 Wenn die Sonne nicht wäre, herrschte trotz der übrigen Gestirne Nacht.

259 (Alles geht in kreisenden Umläufen. Die Sonne als Leitgestirn und Wächterin läßt Veränderungen vor sich gehen, erscheinen und kund werden und) die Horen, die alles bringen.

Lehrbericht

260 Ein und derselbe aber sei der Weg aufwärts und der Weg abwärts. Denn von der Erde und vom Meere aus entständen Ausdünstungen, die einen hell und rein, die anderen aber voll Dunkelheit. Das Feuer aber nähre sich von den hellen, das Feuchte von den andern (Ausdünstungen). Aus was aber das rings Umgebende bestehe, enthüllt er nicht. In diesem aber befänden sich Nachen, die ihre Hohlseite uns zukehren; in ihnen sammelten sich die hellen Ausdünstungen an und entzündeten sich, das aber seien die Gestirne. Der Sonne Feuerkraft sei jedoch am hellsten und wärmsten. Die anderen Gestirne seien nämlich weiter von der Erde entfernt und deswegen leuchteten und wärmten sie weniger. Der Mond aber, der der Erde sich näher befinde, bewege sich nicht durch die reine Region. Die Sonne hingegen befinde sich in den hellen und reinen Sphären und halte dabei von uns eine gleichmäßige Entfernung ein. Daher wärme und leuchte sie stärker. Finsternis von Sonne aber und Mond ereigne sich dadurch, daß ihre Nachen nach oben gekehrt würden. Die monatlichen Gestalten (Gestaltveränderungen) des Mondes aber entstünden dadurch, daß in ihm der Nachen sich mählich nach oben drehe. Tag und Nacht jedoch, die Monate, die Jahreszeiten, Jahre, Regen und Winde und all dem ähnliches entständen gemäß den verschiedenen Ausdünstungen. Die helle Ausdünstung bewirke, indem sie sich zu Brand entzünde, im Kreise der Sonne den Tag, wenn aber die entgegengesetzte (Ausdünstung) die Macht gewinne, die Nacht. Die Wärme aber, aus dem Hellen sich speisend, erzeuge den Sommer, das Feuchte jedoch, aus dem Dunklen sich mehrend, bewirke den Winter. In gleicher Weise wie diese erklärt er auch die übrigen Erscheinungen.

8. Die Gottheit

Fragmente

261 (Mag einer verborgen bleiben vor dem sichtbaren Lichte, vor dem geistigen Lichte ist das unmöglich, oder wie Herakleitos das ausdrückt): Wie könnte jemand verborgen bleiben vor dem, was nie untergeht? (= 275)

262 Den Namen der Dike würde man nicht wissen, wenn nicht das Entgegengesetzte wäre (= 329).

263 Eines, das allein Weise, will nicht und will doch auch Zeus genannt werden.

264 Gesetz ist es, dem Willen des Einen zu folgen.

265 Eines nur ist weise: Einsicht haben in den Geist, der alles durch alles zu lenken versteht (= 218).

266 Gott ist Tag/Nacht, Winter/Sommer, Krieg/Frieden, Sattheit/Hunger ... Er wandelt sich wie das Feuer, das mit Räucherwerk vermischt, nach dem Duft eines jeglichen heißt.

267 Die Sibylle, die aus rasendem Mund Ungelachtes, Ungeschminktes und Ungesalbtes ertönen läßt, reicht mit ihrer Stimme durch tausend Jahre, denn so treibt sie der Gott an.

268 Der Herrscher, dem das Orakelheiligtum von Delphi gehört, spricht nichts aus und verbirgt nichts, er deutet (nur) durch Zeichen.

269 Wer der Vernunft gemäß reden will, muß sich auf das allen Gemeinsame stützen wie die Stadt auf das Gesetz und noch viel stärker als sie. Denn alle menschlichen Gesetze nähren sich aus dem einen göttlichen (= 285); denn dieses hat Macht, soweit es nur will, und tut allem Genüge und ist allem überlegen.

Lehrbericht

270 So wird erzählt, daß Heraklit zu Fremden, die ihn besuchen wollten und stutzten, als sie bemerkten, daß er sich eben am Herde wärmte, gesagt habe, sie sollten nur getrost hereinkommen, denn auch hier weilten ja Götter.

9. Die Gottheit und der Mensch

Fragmente

271 Umsonst versuchen sie sich von vergossenem Blute zu reinigen, indem sie sich mit Blut besudeln, als ob einer, der in Schmutz getreten ist, sich mit Schmutz abwaschen wollte. Verrückt würde ihn doch halten, wer ihn bei solchem Tun beobachtete. Da beten sie aber zu diesen Götterbildnissen, als ob einer mit Häuserwänden schwatzen wollte; denn sie haben keinen Begriff von dem wirklichen Wesen der Götter und Heroen.

272 (Was lebt, erblüht und vergeht, den ewigen Gesetzen gehorchend.) Alles was kriecht, weidet unter Gottes Peitschenschlag.

273 (Wem prophezeit Herakleitos von Ephesos?) Den Nachtschwärmern, Magiern, Bakchen, Mänaden und Mysten. (Diesen droht er mit Strafen nach dem Tode, ihnen kündigt er das Feuer an.) Denn die Weihung in die Mysterien, wie sie bei den Menschen üblich sind, ist unheilig.

274 Wenn es nicht Dionysos wäre, dem man die Prozession veranstaltet und das Phalloslied singt, dann wäre es eine ganz schamlose Handlung. Nun ist aber Hades und Dionysos, zu dessen Ehren sie schwärmen und Feste feiern, ein und dasselbe.

275 Wie könnte jemand verborgen bleiben vor dem, was nie untergeht? (= 261)

276 Der Erprobteste gelangt durch Erkenntnis zu einer richtigen Ansicht, und weiß sie zu behüten (= 295). Dike aber wird wahrlich die Lügenschmiede und ihre Helfershelfer zu fassen bekommen.

277 Überheblichkeit *(hýbris)* muß man noch mehr löschen als Feuersbrunst.

278 Unsichtbare Harmonie ist stärker als die sichtbare (= 251).

279 Es gibt zwei Arten von Opfern: die von ganz gereinigten Menschen, wie es selten einmal bei einem einzigen oder wenigen Menschen, die man an den Fingern abzählen mag, der Fall ist, und die materiellen Opfer.

280 Menschliches Wesen besitzt keine wahre Erkenntnis, dem göttlichen Wesen aber ist sie zu eigen.

281 Unmündig ist der Mann vor der Gottheit wie das Kind vor dem Manne.

282 Der allerweiseste Mensch erscheint gegen Gott verglichen als Affe an Weisheit, Schönheit und allem anderen.

283 Viele Erkenntnis des Göttlichen entflieht dem Verständnis, weil es am rechten Glauben fehlt.

284 Gott ist alles schön und gut und recht, nur die Menschen halten das eine für unrecht, das andere für recht.

285 Alle menschlichen Gesetze nähren sich aus dem einen göttlichen (= 269).

286 Seine Sinnesart (sein Wesen) ist dem Menschen sein göttliches Geschick *(daímon)* (= 339).

Lehrbericht

287 Tatsächlich verknüpft Herakleitos – die Stoiker stimmen ihm hierin zu – unsere Menschenvernunft mit der göttlichen, die das Weltgeschehen lenkt und ordnet: so werde ihr, kraft ihrer unlöslichen Verbindung (mit dem Göttlichen) das Bewußtsein vom Gesetze der Weltvernunft zuteil und den Seelen enthülle sich so ohne Hilfe der Sinne das Zukünftige. Dadurch werde auch bewirkt, daß (im Schlafe) Bilder unbekannter Orte und die Gestalten von Menschen, Lebender wie Abgeschiedener, erschienen. Er fügt noch hinzu, wie die Weissagung (Weissagungskunst) gehandhabt würde, und daß durch Belehrung von seiten göttlicher Mächte würdige Menschen vorausgewarnt würden.

II. Der Mensch

1. Das Erkennen

Fragmente

288 Die Sonne ist einen Fuß breit.

289 Würden alle Dinge zu Rauch, könnte man sie mit der Nase unterscheiden.

290 Die Esel würden dem Gold Häcksel vorziehen.

291 Solches verstehen viele nicht, so viele auch darauf stoßen, noch erkennen sie es, wenn sie es lernen. Sie bilden es sich nur ein.

292 Ungläubige! Ihr versteht nicht zu hören und auch nicht zu reden!

293 Sie werden geboren, um zu leben und dem Tode zu verfallen (oder vielmehr zur Ruhe einzugehen), und sie hinterlassen Kinder, damit auch sie dem Tode verfallen.

294 Die Goldsucher graben viel Erde und finden wenig.

295 Der Erprobteste gelangt durch Erkenntnis zu einer richtigen Ansicht und weiß sie zu behüten (= 276).

296 Toren bleiben sie, auch wenn sie zuhören, denn sie sind wie Taube. Ihnen bezeugt es der Ausspruch: anwesend sind sie doch abwesend.

297 Männer, die nach der Weisheit suchen, müssen gar vieler Dinge kundig sein.

298 Vielwisserei lehrt (noch) nicht, Erkenntnis besitzen. Sonst hätte sie den Hesiod gelehrt (gemacht) und Pythagoras und weiter auch Xenophanes und Hekataios.

299 Homer verdient es, von den Festspielen ausgeschlossen und gegeißelt zu werden, und Archilochos desgleichen.

300 Alles, was Auge, Ohr und Lernbegier erfassen kann, dem gebe ich den Vorzug.

301 Die Menschen lassen sich täuschen bei der Erkenntnis der sichtbaren Dinge, gleich dem Homer, der doch vor allen Griechen ein weiser Meister war: junge Burschen, die Läuse erjagt und abgetan hatten, täuschten ihn und sagten: was wir

gesehen und erwischt haben, das ließen wir da. Was wir aber weder gesehen noch erfaßt haben, das tragen wir bei uns.

302 Hesiod ist der Lehrer der meisten Leute. Er, so meinen sie, wisse am meisten, der das Wesen von Tag und Nacht nicht erkannte; denn beide sind eins.

303 Kinderspiele nannte er die Meinungen der Menschen.

304 Gedenket dessen, der nicht weiß, wohin der Weg führt.

305 Man soll nicht handeln und reden wie Schlafende. (Denn auch im Schlaf glauben wir zu handeln und zu reden.) (= 348)

306 (Man soll es auch nicht tun) als Kinder des Erzeugers.

307 Ein blöder Mensch pflegt bei jedem Wort dazustehen, erschrocken dazustehen.

308 Ich habe mich selbst erforscht.

309 Die Augen sind aber verläßlichere Zeugen als die Ohren.

310 Worin aber besteht ihr Sinn und ihr Verstand? Auf Bänkelsänger hören sie und den Pöbel wählen sie sich zum Lehrer; sie wissen nicht, daß die meisten schlecht und nur wenige gut sind (= 337).

311 Schlechte (unverläßliche) Zeugen sind die Augen und Ohren für diejenigen Menschen, die (nur) Barbarenseelen haben.

312 Keiner unter allen denen, deren Reden ich vernahm, gelangte zur Erkenntnis, daß Weisheit etwas ist, was von allem anderen sich scheidet.

313 Krankheit läßt Gesundheit süß empfinden, Übel das Gute, Hunger den Überfluß, Mühsal die Muße.

314 Das Denken ist größter Vorzug und höchste Zucht, Weisheit, die Wahrheit zu sagen und so zu handeln, daß man auf die Natur hört.

315 Gemeinsam ist allen das Vermögen, zu denken.

316 Alle Menschen haben Anteil an der Fähigkeit, sich selbst zu erkennen und vernunftmäßig zu denken.

317 Die schönste Welt ist wie ein planlos aufgeschütteter Kehrichthaufen (= 341).

318 Pythagoras, des Mnesarchos Sohn, hat sich am meisten von allen Menschen mit Forschung abgegeben, und nach-

dem er diese Schriften auserlesen, schuf er für sich daraus eine eigene Weisheit: Vielwisserei, schlechte Künste!

Lehrbericht

319 Man soll nicht mehr bei Dingen, die man nicht kennt, Dichter und Sagenerzähler (Mythenschreiber) als Zeugen zitieren, wie es die Früheren bei den meisten Dingen getan haben; denn nach Herakleitos haben sie dabei in strittigen Dingen unzuverlässige Bürgen angerufen.

2. Die Seele

Fragmente

320 Der Seele Grenzen wirst du nicht ausfindig machen, wenn du auch jeden Weg abschrittest, so unergründlich tief ist ihr Wesen.

321 Die Seele ist eine Ausdünstung aus dem Feuchten.

322 Der Seele ist der Logos eigen, der sich selbst mehrt (= 221).

323 Wenn ein Mann betrunken ist, kann er von einem unmündigen Kind geführt werden, weil er taumelt und nicht weiß, wohin er seinen Fuß setzt; denn seine Seele ist feucht.

324 Glänzend trockene Glut – weiseste und beste Seele!

Lehrberichte

325 Herakleitos erklärt die Seele für einen Funken aus der Substanz der Gestirne.

326 (Herakleitos erklärt die Seele für unsterblich.) Wenn sie den Körper verlasse, kehre sie in die Allseele, dem ihr Verwandten, zurück.

3. Ethisches

Fragmente

327 Wenn das Glück in den Freuden des Leibes bestünde, so könnte man ja auch Ochsen glücklich nennen, wenn sie Erbsen zu fressen finden.

328 Schweine erfreuen sich mehr am Dreck (als am Wasser).

329 Den Namen der Dike würde man nicht wissen, wenn nicht das Entgegengesetzte wäre (= 262).

330 (Eines ziehen die Besten allem andern vor: den ewigen Ruhm den vergänglichen Dingen.) Die Vielen liegen gesättigt da wie das Vieh.

331 Schweine baden im Schmutz, Geflügel in Staub und Asche.

332 Einer wiegt mir tausend auf, wenn er nur der Beste ist.

333 Die Lebenszeit (der Aion) ist ein Knabe, der spielt und Brettsteine hin und hersetzt: Knabenherrschaft.

334 Mit seiner Begierde zu kämpfen hält schwer. Denn was du begehrst, (nur) auf Kosten des Lebens wird es erkauft.

335 Verbergen sollte man lieber seine Unwissenheit, als sie offen zur Schau tragen.

336 Hunde pflegen anzubellen, was sie nicht kennen.

337 Worin aber besteht ihr Sinn und ihr Verstand? Auf Bänkelsänger hören sie und den Pöbel wählen sie sich zum Lehrer; sie wissen nicht, daß die meisten schlecht und nur wenige gut sind (= 310).

338 Es ist für die Menschen nicht gut, daß alles geschieht, was sie wünschen.

339 Seine Sinnesart (sein Wesen) ist dem Menschen sein göttliches Geschick *(daímon)* (= 286).

340 Die Natur liebt es, sich zu verbergen.

341 Die schönste Welt ist wie ein planlos aufgeschütteter Kehrichthaufen (= 317).

342 Man soll nicht so spaßhaft sein, daß man selbst zum Spaß wird.

343 Die Bildung ist die zweite Sonne denen, die erzogen sind.

4. Schlaf und Tod

Fragmente

344 Tod ist all das, was wir im Wachsein sehen, und was wir im Schlummern schauen (ist) Schlaf.

345 Größeres Todeslos gewinnt größeren Schicksalslohn.

346 Der Mensch zündet sich nachts ein Licht an, (gleichsam) wie tot und doch noch lebend, im Schlummer berührt er den Toten, wenn sein Augenlicht ausgelöscht ist; im Wachsein berührt er den Schlummernden.

347 Der Menschen harren nach ihrem Tode Dinge, die sie nicht erwarten und die sie nicht wähnen.

348 Man soll nicht handeln und reden wie Schlafende. (Denn auch im Schlaf glauben wir zu handeln und zu reden.) (= 305)

349 Von den Schlafenden sagt, glaube ich, Heraklit, daß sie an dem, was im Weltbereich geschieht, mitschaffen und mitwirksam sind.

350 Für die Seelen erweist es sich als Lust oder als Tod, im Feuchten zu entstehen. Ihre Lust aber bestehe im Durchbruch zum Geborenwerden. Andernorts aber meint er: Wir leben jener (der Seelen) Tod und jene leben unsren Tod.

351 Beides und das nämliche ist immer in uns: Lebendiges und Totes, das Wache und das Schlafende, und Junges und Altes (= 243).

352 Für die Wachenden gibt es eine und allen gemeinsame Welt, im Schlafe aber wendet sich jeder zu seiner eigenen Welt ab.

353 Leichen sollte man eher wegwerfen als Mist.

354 Die Seelen atmen den Geruch im Hades.

PARMENIDES

Fragmente

I. Aus dem Lehrgedicht vom Sein

Die mich tragen dahin, die eilenden Rosse, soweit mein
Sinn es verlangt, sie zogen auch jetzt mich wiederum fort,
Göttinnen zeigten führend den vielbesungenen Weg, der
hoch über alle Städte den wissenden Mann dahin führt.[1]
Auf ihm fuhr ich. Es trugen mich verständige Rosse,
zogen den Wagen, die Sonnenmädchen wiesen den Weg.
Pfeifend knirscht' in den Naben die heißgelaufene Achse,
von zwei wirbelnden, runden Rädern zur Eile getrieben,
wenn die Mädchen, vom Haupt mit der Hand den Schleier entfernend,
aus den Reichen der Nacht zu denen des Lichtes hin lenkten.
Dort ist das Tor, durch das die Pfade von Nacht und Tag gehn.
Türsturz, steinerne Schwelle fügt es in eines zusammen.
Mächtige Flügel füllen den Raum der strahlenden Pforte,
Rächerin Dike besitzt zu ihr die wechselnden Schlüssel.
Freundlich sprachen die Sonnentöchter Dike an,
klug sie beredend, vom Tor uns den sperrenden Riegel zu stoßen.
Auf sprang es da, es klafften weit auf die mächtigen Flügel,
als sich die ehernen Angeln, gefügt mit Zapfen und Nägeln,
eins nach dem anderen wechselnd in ihren Lagern gedreht.
Wagen und Rosse lenkten die Mädchen gerade durchs Tor.
Gütig empfing mich die Göttin und, meine Rechte ergreifend,
sprach sie und redet' mich an: O Jüngling, sei mir gegrüßt,
der du, unsterblichen Wagenlenkern gesellt, mit Rossen,

die dich sicher getragen, zu unserem Hause gelangt bist.
Diesen Weg zu beschreiten, bestimmt' dich kein böses Geschick,
– denn er liegt weitab vom Pfade der Menschen –, sondern es waren
Dike und Themis, Recht und Gesetz! – Nun hör', was ich sage:
wohlgerundeter Wahrheit nicht zu erschütterndes Herz, doch
auch der Sterblichen Meinen, dem Glaube und Treue nicht zukommt.
Du aber sollst nun wissen, wie forschend nach jeglicher Seite
ganz zu erprüfen es gilt, was nur der Scheinwelt gehört.
356 Auf, ich künde dir nun mein Wort, bewahr' es im Herzen,
welche Wege des Forschens allein dem Denken gemäß sind:
Eines nur gilt: das Seiende ist, unmöglich ist Nichtsein.[2]
Zur Überzeugung ist das der Weg! Folgt er doch der Wahrheit.
Wer vom Nichtseienden spricht, als gebe es dieses notwendig,
geht einen unerkundbaren Weg, das künde ich dir.
Weder kannst du erkennen, was nicht ist – das ist unmöglich –
noch vermagst du, es zu verkünden.
357 Denn das Denken und Sein ist ein und dasselbe.
358 Mit dem Geiste erschau, was – fern – dir deutlich doch nah' ist.
Denn das Seiende kann er vom Seienden nimmermehr trennen.
Nie vermag es sich je aus der Ordnung zu lösen,
nie sich von neuem zusammenzuballen.
359 Es (das Seiende) ist mir gemeinsam.
Dorthin kehre ich immer wieder von neuem zurück.
360 Dies mußt du sagen und denken: *daß nur das Seiende ist!*
Sein des Seins, das ist möglich, Nichtseiendes kann es nicht geben;
Daß es so ist, das heiße ich dich im Ernst zu bedenken!
Warnen will ich dich gleich vor diesem Wege des Forschens.

Aber vom anderen halte dein Denken nicht weniger fern,
den, nichts wissend, die Doppelköpfigen irrend begehn,
die, wie Toren, ratlos schwanken auf unsicherer Bahn,
stumm und blind, ein unentschiedener Haufen, dem
blöde das Sein und Nichtsein als Gleiches nur gilt
und für die es bei allem rückgewandten Weg gibt.
361/2 Niemals kann man erweisen, daß es Nichtseiendes gibt,
Halte dein Denken entfernt vom Pfade derartigen Forschens,
laß von Gewohnheit nicht, der vielerfahrenen, dich
zwingen auf irrenden Weg. Vertrau' nicht ziellosem Blick
noch der Ohren schallendem Brausen oder der Zunge.
Mit der Denkkraft allein entscheide den Kampf um die Frage,
die ich vor dich gebracht – dann bleibt allein noch die Rede
von dem einen Wege zurück.
Sieh, wie nun auch das Ferne verläßlich dem Geiste sich naht,
nie wird das Seiende er von dem Seienden trennen.
Weder vermag es sich aus dem Gefüge des Ganzen zu lösen,
noch ballt Seiendes sich aus anderem Sein zusammen.
Welchen Ursprung des Seins vermöchtest du je zu finden?
Wie, woraus soll es wachsen?
Nicht auch verstatte ich dir, zu sagen oder zu denken,
daß aus Nichtsein einst Seiendes wäre entsprossen.
Weder darf man sagen noch denken: »Nichtseiendes ist«.
Denn was zwang, was trieb es dazu, ob eher, ob später,
in dem Nichts zu beginnen, als Sein dem Nichts zu
entwachsen?
So muß es also unbedingt sein oder gar nicht sein.
Niemals wird es die Kraft der Überzeugung gestatten,
aus Nichtseiendem könne ein andres entstehen als Nichtsein.
Drum hat die Göttin des Rechts nicht das Werden, nicht das
Vergehen
aus ihren Banden befreit, fest hält sie sie darin gebannt.
Doch die Entscheidung hierüber, sie ruhet in folgendem
Satze:
»Es ist« oder »nicht ist es!«
So entschieden ist nun, wie es die Notwendigkeit will:
Von den Wegen der eine ist undenkbar und unnennbar,

ihn zu verlassen es gilt, führt er zur Wahrheit doch nicht.
Nur der andere Pfad ist wirklich vorhanden und echt.
Denn wie könnte das Seiende auch in der Zukunft bestehn?
Wie ist möglich es auch, daß Seiendes einmal entstand?
Wäre es wirklich entstanden, dann gäbe es niemals »Es ist«,
darum auch gibt es kein Sein, das erst in Zukunft entständ'.
So ist Entstehen verlöscht und der Dinge Vergehen getilgt.
Aber auch teilbar, gewiß, ist das Seiende nicht,
da es ein Ganzes stets ist und immer selber sich gleich,
Nirgends ist stärkeres Sein, das es zu hindern vermöchte,
in sich zusammenzuhängen, nirgends ist schwächer das Sein.
Denn von Seiendem allüberall ist das Sein ja erfüllt!
Darum in seinem Ganzen hängt völlig mit sich es
zusammen,
denn an Seiendes stößt allseits nur Seiendes an.
Unbeweglich es ruht in den Schranken gewaltiger Bande,
Sein ohne Anfang und End, sind doch Entstehn und
Vergehen
weit in die Ferne verscheucht, von Gewißheit und Wahrheit
vertrieben.
Selbst sich gleich, verharrt es in sich und ruht in sich selber,
fest an dem nämlichen Platz. Denn die starke Ananke[3]
hält es
in den Banden der Schranke, die rings das Seiende
einschließt.
Drum nach innrem Gesetz darf nicht ohne Abschluß es sein.
Mangellos ist es, denn hätt' es nur einen, so fehlte ihm alles.
Ein und dasselbe ist Denken jedoch mit dem Ziel des
Gedankens:
ohne das Seiende nämlich findest das Denken du nicht,
weil nur in dem Seienden jeder Gedanke sich ausspricht.
Außer dem Seienden aber ist nichts und wird es nichts
geben,
ganz muß es bleiben und ohne Bewegen, vom Schicksal
gebunden.
Bloße Namen nur sind's, die der Sterblichen Sprache
erfunden,

Trug nur ist es und Wahn, was sie für Wirklichkeit halten:
Werden sowohl als Vergehn, das Sein und das Nichtsein und weiter
die Veränderung des Orts und das Wechseln der leuchtenden Farbe.
Da dem Seienden aber sind letzte Grenzen errichtet,
hat es nach allen Seiten vollendeten Abschluß, an Masse und
Umfang einer wohlgerundeten Kugel vergleichbar,
wo von der Mitte her überall hin es gleichmäßig stark ist.
Darf es doch weder ein Größeres noch ein Schwächeres geben.
Weder gibt es ein Nichts, das sein Gleichmaß zu hindern vermag,
Noch ein Seiendes, das hier mehr, dort weniger wäre.
Nur ein Seiendes ist, ein Alles und unverletzlich.
Denn von der Mitte, wohin es von allen Seiten gleich weit ist,
zielt das Seiende hin in Gleichheit nach seinen Grenzen.
Damit endet mein zuverlässiges Reden und Denken.
Beides die Wahrheit umschloß, nun magst du weiter vernehmen
Sterblicher Meinung und Wahn im trüglichen Bau meiner Worte.
Zweierlei Formen setzten sie fest auf Grund ihrer Lehren.
Eine verdient keinen Namen (und darin besteht auch ihr Irrtum).
Gegensätzlich jedoch an Gestalt, so schieden sie beide,
suchten, sie trennend, für jede von ihnen besondere Zeichen.
Hier des Feuers ätherischen Brand, sehr leicht und gar milde,
selbst sich überall gleich, doch ungleich ist er dem andern.
Diesem entgegengesetzt das Dunkel der lichtlosen Nacht,
dicht an Masse und derb, ein lastend schweres Gebilde.[4]
Diese Ordnung der Welt, ganz Schein nur, will ich dir künden,
daß dir menschliches Meinen nicht irgend einmal zuvorkommt.
363 Aber als alles nun als Licht und als Dunkel benannt war

und nach ihren Kräften die Dinge die Namen erhielten,
voll ist zugleich das All von Licht und nächtlichem Dunkel.
Gleichviel wert sind sie beide, doch keins hat am anderen Anteil.

364 Wissen sollst du des Äthers Natur und die Zeichen am Himmel
und auch das sengende Wirken der reinen, klarleuchtenden Sonne,
und woher sie entstand. Des Mondes rundäugiges Wesen
und sein wanderndes Wirken sollst du erfahren, wissen,
auch von dem allumfassenden Himmel, woraus er erwuchs,
wie ihn Ananke führend band, der Gestirne Grenzen zu halten.

365 Sagen will ich dir auch, wie Erde und Sonne und Mond,
wie der allumfassende Äther, die himmlische Milchstraß',
wie der äußerste Ring des Himmels und wie der Sterne
brennende Kraft zu entstehen gestrebt.

366 Ungemischten Feuers voll sind die inneren Ringe,
die darauf folgenden aber mit Nacht, dazwischen entstürzt der Anteil der Flamme.[5]
Mitten darin thront, alles regierend, die Gottheit.
Alles ruft sie zu schmerzerfüllter Geburt und Paarung,
sendet dem Männlichen Weibliches zu und Weibliches zur
Paarung dem Männlichen ...

II. Andere Fragmente

367 Von allen Göttern zuerst ersann sie, die Göttin, den Eros.

368/9 Nachterhellendes, Erde umirrendes, fremdes Licht,
immer schauest du, Mond, hinauf zu den Strahlen der Sonne.

370 Im Wasser wurzelt die Erde...

371 Je nachdem sich die Mischung vollzieht in den irrenden Sinnen,
So tritt der Geist den Menschen zur Seite. Das Gleiche nur ist es,
was bei den Menschen beobachtend denkt, bei allen und jedem.

Was aber mehr wiegt ist der Gedanke.

372 Auf der Rechten (der Gebärmutter läßt der Same) die Knaben, auf der Linken die Mädchen entstehen.

373 Vereinigen Frau und Mann die Keime der Liebe, dann formt die Kraft, die sie aus verschiedenem Blute in den Adern bildet, wohlgestaltete Körper nur dann, wenn sie gleichmäßige Mischung bewahrt. Streiten sich in dem vermischten Samen verschiedene Kräfte und schaffen sie in dem gemischten Körper keine Einheit, werden sie das keimende Leben durch Doppelgeschlechtlichkeit heimsuchen.

374 So entstanden einst nach der Meinung der Menschen die Dinge,
sind so und finden, von nun an gewachsen, verbraucht, ihr Ende.
Jedem von ihnen gaben die Menschen bezeichnende Namen.[6]

ZENON

Aus dem Werk ›Über die Natur‹

Fragmente

375 Das der Größe nach Unendliche legte er vorher nach demselben Beweisgang dar. Zunächst erweist er, daß das Seiende, wenn es keine Größe besitze, überhaupt nicht vorhanden sei. Dann leitet er ab, wenn das Seiende aber existiert, dann muß jeder Seinsteil Größe und Dicke (Masse) und einen gewissen Abstand vom andern haben. Und genau so verhält es sich mit dem vor jenem liegenden Seinsteil. Denn auch dieser wird Größe haben, und ein anderer wird wieder vor ihm liegen. Dies gilt nun in der gleichen Weise ein für alle Male und setzt sich immer so fort. Denn niemals wird irgendein Seinsteil der äußerste (der letzte des Ganzen) sein und niemals wird der eine ohne Beziehung zum anderen sein. Wenn eine Vielheit (der Dinge) existiert, dann muß sie notwendigerweise zugleich klein und groß sein: nämlich klein bis zur Nichtigkeit, groß aber bis zur Unendlichkeit.

376 Zenon will zeigen, daß, wenn es eine Vielheit gibt, diese zugleich Größe und Kleinheit (besitzt). Das Große müsse unendliche Größe besitzen, das Kleine müsse so klein sein, daß es (schließlich) überhaupt keine Größe mehr habe. Damit aber will er beweisen, daß, wenn etwas weder Größe noch Dicke noch Masse besitze, es überhaupt nicht sein könne. Denn so sagt er: Würde ein solches (größenloses) Etwas einem anderen Seienden zugefügt, würde er dieses um nichts vergrößern. Denn etwas, was keine Größe besitzt, zu einem anderen zugefügt, kann, da es ein Nichts ist, jenem auch nichts an Größe hinzugeben. Denn das damit Hinzugefügte wäre ja damit Null.

377 Und was bedarf es da langer Auseinandersetzung? In der

Schrift des Zenon ist es ja selbst (schon) bezeugt: er zeigt dort nämlich, daß, wenn eine (Vielheit der Dinge) existiert, dieselben Dinge zugleich begrenzt und unbegrenzt seien, und dazu sagt er wörtlich das Folgende: Gibt es eine Vielheit der Dinge, so müssen es notwendigerweise gerade soviele sein, als Dinge wirklich vorhanden sind, nicht mehr und nicht weniger. Gibt es aber so viele Dinge, als wirklich sind, dann dürften sie ihrer Anzahl nach begrenzt sein. Gibt es eine Vielheit, so ist die Zahl der Seinsdinge unbegrenzt. Denn zwischen den Seinsdingen befinden sich immer noch andere und zwischen jenen wieder andere. Somit ist das Seiende (der Zahl nach) unbegrenzt. Auf diese Weise also bewies er, daß wegen der (ewig fortführbaren) Aufteilung das Seiende unbegrenzt ist.

378 Zenon schafft die Bewegung ab, wenn er erklärt: Das Bewegte besitzt weder Bewegung an dem Ort, an dem es sich gerade befindet, noch bewegt es sich an dem Ort, wo es sich nicht befindet.

Lehrberichte

379 *Zenon zu Sokrates, im Dialog ›Parmenides‹ des Platon:* Meine Schrift ist wahrhaftig eine Hilfeleistung für die Lehre des Parmenides, gegen die nämlich, die beabsichtigen, ihn ins Lächerliche zu ziehen, (mit der Begründung), daß, wenn nur ein Einziges (Seiendes) existiere, vieles Lächerliche der Lehre zugefügt würde und sie mit sich selbst in Widersprüche gerate. Meine Schrift widerlegt diejenigen, die von der Vielheit der Dinge sprechen, und vergilt es ihnen mit dem gleichen und mit noch viel mehr; denn das will ich darin klarlegen, daß die Annahme der anderen, es gebe eine Vielheit, zu noch lächerlicheren Resultaten führt, als die Lehre von dem einen Seienden, wenn es einer nur in geeigneter Weise untersucht.

380 *Eudemos, ein Schüler des Aristoteles, erzählt:* Zenon, der Anhänger des Parmenides, versuchte nachzuweisen, daß es unmöglich ist, daß das Seiende eine Vielheit ist, und zwar,

weil keines der Seinsdinge eine Einheit darstellt, die Vielheit aber (nichts anderes) als eine Summe von Einheiten ist. (Da es demnach keine solchen Einheiten gibt, kann es auch keine Vielheit geben.)

381 Zenon fragte: Wenn der Raum etwas ist, worin befindet er sich? Die Lösung ist nicht schwer zu finden. Nichts hindert, daß der erste Raum in einem andern sich befindet, allerdings nicht wie in einem Raum (der von nämlicher Art ist wie der erste). Zenons Bedenken *(aporía)* erfordert eine gewisse Erwägung: Denn wenn alles Seiende sich im Raume befindet, dann muß es offenbar einen Raum des Raumes geben, und das muß sich bis ins Unendliche fortsetzen.

382 Auf dasselbe scheint auch Zenons Untersuchung hinauszulaufen: Er erklärt nämlich, daß alles Seiende sich irgendwo befinden müsse. Wenn es aber einen Raum für das Seiende gibt, wo befindet sich dieser? Offenbar wird dieser Raum sich in einem anderen befinden und so fort bis ins Unendliche...

383 Hinsichtlich der Bewegung gibt es vier Beweise des Zenon, die denen, die sie umstoßen wollen, Schwierigkeiten machen. Der erste Beweis dafür, daß Bewegung nicht stattfindet, ist der, daß das Bewegte vorher zur Hälfte des Weges gelangt sein muß als zu dessen Ende.

384 Zenon (beweist), daß keine Bewegung möglich ist und daß man das Stadion nicht durcheilen kann.

385 Der zweite Beweis ist der sogenannte »Achilleus«. Er zielt dahin, daß das langsamste Wesen im Laufe niemals von dem schnellsten eingeholt werden kann. Der verfolgende Teil muß immer erst zu dem Punkte gelangen, von dem der fliehende schon aufgebrochen ist. Das langsamere Wesen muß also immer einen gewissen Vorsprung haben.[1]

386 Der dritte Beweis ist der: daß der fliegende Pfeil ruht.[2]

387 Zenon fragte Protagoras: »Sage, bringt das einzelne Hirsekorn beim Herabfallen ein Geräusch hervor oder das Zehntausendstel eines Hirsekorns?« Dieser verneinte es. Da fuhr er fort: »Bringt ein Scheffel Hirsekörner beim Herabfallen ein Geräusch hervor oder nicht?« Protagoras gab zu, daß der

Scheffel das tue. Da sagte Zenon: »Besteht nun aber nicht ein bestimmtes Verhältnis zwischen dem Scheffel Hirsekörner und dem einen Korn und seinem Zehntausendstel?« Jener bejahte es, worauf Zenon fortfuhr: »Werden nun also nicht auch zwischen den Geräuschen Verhältnisse vorliegen?... Und wenn dem so ist, dann muß, wenn der Scheffel Hirse ein Geräusch verursacht, auch das einzelne Korn und sein Zehntausendstel es tun.«[3]

388 Melissos und Zenon behaupten, daß die Einheit und das All (ein Göttliches) und daß allein die Einheit ewigwährend und unbegrenzt sei.

MELISSOS

Aus dem Werke ›Über die Natur‹ oder ›Über das Seiende‹

Fragmente

389 Immer war, was da war, und es wird immerdar sein. Wäre es entstanden, müßte vor dem Entstehen nichts sein. Wenn nichts war, kann unmöglich etwas aus dem Nichts entstehen.[1]

390 Weil es nicht geworden ist, ist es, war es immer und wird immer sein. Es hat keinen Anfang und kein Ende, sondern ist ohne Grenzen. Wäre es entstanden, hätte es einen Anfang (denn, einmal geworden, müßte es angefangen haben) und ein Ende (denn es müßte einmal geendet haben, wenn es geworden wäre). Da es aber weder begonnen noch geendet hat, war es immer, wird immer sein und hat weder Anfang noch Ende. Denn unmöglich kann immer sein, was nicht ganz und gar ist.

391 Wie es immer ist, so muß es auch hinsichtlich der Größe immer unendlich sein.

392 Nichts, was Anfang und Ende hat, ist ewig oder unendlich.

392 Es ergibt sich, daß wir das Seiende weder sehen noch erkennen können.

394 Wenn das Seiende geteilt ist, bewegt es sich (auch). Wenn es sich aber bewegt, kann es nicht mehr sein.

EMPEDOKLES

A. Aus dem Werke ›Über die Natur‹

I. Die vier Elemente

Fragmente

395 Daß vierfach aller Dinge Wurzel ist, höre als erstes: Zeus, der Schimmernde, Here, die Lebensspenderin, und Aidoneús, und Nestis, die aus ihren Tränen sterblichen Lebensquell entströmen läßt.[1]

396 Wohlan, so will ich dir künden die ersten und ihrem Ursprung gleichen (Elemente); aus ihnen entsprossen ist, was wir jetzt vor uns sehen, die Erde, das wogenreiche Meer, der feuchte Luftkreis und der Titan Äther, der im Kreise alles zusammenschließt.

397 Da waren die Erdmutter und die weitblickende Sonnengöttin, die blutrünstige Zwietracht und die ernstblickende Harmonie, der Schönheit (Göttin), der Dämon des Häßlichen, der Geist der eiligen (Jugend) und des zaudernden (Alters), die liebliche Wahrhaftigkeit und der Sinnesverwirrung dunkelstarrender (Dämon).

Lehrberichte

398 Empedokles, von dem man nicht weiß, ob man ihn zu den Dichtern oder den Philosophen rechnen soll, da er in Versform über das Wesen der Dinge geschrieben hat, wie Lukrez und Varro bei den Römern, hat (die Lehre) von den vier Elementen aufgestellt.

399 Empedokles stellt das Prinzip der vier (Elemente) auf. Zu den bereits genannten (Wasser, Luft und Feuer) fügt er als viertes die Erde hinzu. Diese (die Elemente) dauern nach

seiner Ansicht ewig und sind nie entstanden, sondern vereinigen sich lediglich in größerer oder geringerer Menge zur Einheit oder spalten sich wieder aus der Einheit auf.[2]

400 Denn (der Äther) stieß in seinem Laufe (mit den übrigen Elementen) bald so, vielfach aber anders zusammen.

401 Empedokles hält nicht etwa einen Teil der Dinge für vergänglich, einen anderen dagegen für unvergänglich, sondern alle für vergänglich, mit Ausnahme der Urstoffe (Elemente).

2. Mischung und Entmischung

Fragmente

402 Ein anderes will ich dir künden: Entstehung gibt es bei keinem der sterblichen Dinge noch auch ein Enden im verderblichen Tode. Nur eines gibt es: Mischung und Austausch des Gemischten. Nur bei den Menschen gibt es dafür die Benennung: Geburt *(phýsis)*.

403 Sie freilich behaupten, wenn sich beim Menschen die Elemente mischen und zum Lichte gelangen oder auch beim Geschlechte der reißenden Tiere oder der Bäume und Vögel, dann würde etwas entstehen; wenn sich aber die Elemente wieder voneinander trennen, dann reden sie von unseligem Tode. Ganz zu Unrecht reden sie so, (manchmal) allerdings spreche auch ich so, weil es so Brauch ist.

404 Toren sind sie! Ihr Denken reicht keine Elle weit, sie wähnen ja, es könne etwas entstehen, was (vorher) nicht vorhanden war, oder etwas könne gänzlich sterben und vollständig ausgelöscht werden.

405 Es ist unmöglich, daß aus dem gar nicht Vorhandenen etwas entstehen könne; ebenso unmöglich und unverständlich ist es aber, daß etwas, was einmal existiert, je zugrunde gehen kann. Immer nämlich wird es da sein, wohin einer es stellt.

406 Nie im Weltall gibt es ein Leeres noch etwas, was übervoll ist.

407 Da im Weltall kein Leeres sein kann, von woher sollte (noch) etwas hinzukommen?

408 Es wird aber kein weiser Mann sich derartiges in seinem Sinn erträumen: solange sie leben – Leben nennen wir es nun einmal –, solange seien sie, und es begegne ihnen Schlimmes und Gutes; bevor die Sterblichen (aus den Elementen) zusammengefügt und nachdem sie aufgelöst würden, seien sie gar nichts.

409 Zweierlei will ich dir künden. Einmal nämlich wächst ein einziges Sein aus Mehrerem heran, ein andermal scheidet es sich wieder und wird so aus Einem zu Mehrerem. Zweifach ist also der sterblichen Dinge Entstehung, zweifach auch ihre Abnahme. Denn der Zusammenschluß aller Stoffe wirkt zeugend und zerstörend auf die eine, die andere aber, eben zusammengewachsen, verfliegt, wenn (die Elemente) sich wieder trennen. Und diese ständige Wandlung kommt nimmer zur Ruhe: bald vereinigt sich alles zu Einem durch die Liebe, bald aber trennen sich wieder die einzelnen Stoffe im Haß des Streites. Insoweit nun Eines aus Mehrerem zu entstehen gelernt hat und aus dem Zerfall des Einen wieder Mehreres entwächst, entstehen sie, und ihr Leben bleibt nicht unverändert, da aber ihre ständige Umwandlung nie aufhört, bleiben sie während des Kreislaufs unveränderlich (= 434).

Vernimm nun meine Worte! Denn Lernen wird den Geist dir stärken! Wie ich dir nämlich vorher sagte, als ich die Ziele meiner Lehren dir aufwies, will ich ein Zweifaches dir künden: Bald wächst also eines zu einem einzigen Sein aus der Mehrheit (der Dinge) heran, bald scheidet es sich wieder, um aus Einem Mehrheit (zu werden); Feuer, Wasser, Erde und der Luft unendliche Höhe; von diesen (Elementen) aber abgesondert der unselige Streit, der überall gleich gewichtige, und inmitten die Liebe[3], in Länge und Breite die gleiche. Die sollst du mit deinem Geiste betrachten – verweile dich nicht, bestürzt vor dich blickend –, denn auch sterblichen Gliedern ist sie eingeboren und gelangt in ihnen zur Geltung. Durch sie wird Liebe empfunden, und werden freundschaftliche Werke vollbracht. Daher bekam sie den Namen Freudenbringerin oder auch Aphrodite. Wie sie kreist unter ihnen (den Elementen), hat noch kein sterblicher Mann geschaut. Du aber vernimm den untrüglichen Weg des Gedankens!

Diese (Elemente) sind alle gleichstark und von gleicher Entstammung. Jedes aber von ihnen hat ein anderes Amt und sein besonderes Wesen, eines ums andere gewinnen sie Macht im Umlauf der Zeiten. Und außer ihnen gebiert nichts sich hinzu und es hört auch nicht auf. Denn wenn sie allesamt zugrunde gingen, wäre nichts mehr vorhanden. Was aber sollte dies All noch vermehren und von woher hätte es dann seinen Ursprung? Wie aber sollte es überhaupt zugrunde gehen, da nichts leer ist von diesen (Elementen)? Nein, nur sie sind, und durch ihren gegenseitigen Wettkampf entsteht einmal dies, einmal jenes, und so setzt es sich fort immer gleich in ewige Zeiten!

410 Der (Wettstreit beider Kräfte) liegt klar vor in der ausgezeichneten Masse menschlicher Glieder: Bald vereinigen sich auf Antrieb der Liebe alle Glieder, die Körper angenommen haben, in eins, auf der Höhe strotzenden Lebens, dann aber wieder, auseinandergetrieben durch die bösen Mächte der Zwietracht, irren sie, voneinander getrennt, umher am Gestade des Lebens (=431).

411 Abwechselnd gewinnen (die Elemente) die Oberhand im Umlauf des Kreises, vergehen ineinander und wachsen im Maße ihrer Bestimmung (= 434).

412 Feuer vermehrt sich durch Feuer, die Erde mehrt ihre eigene Gestalt, der Äther den Äther.

413 Die mildglänzende Flamme erhielt (bei der Schaffung der Augen) nur eine geringe Beifügung von Erde.

Lehrberichte

414 Nach Empedokles aber muß die Zusammenfügung der Elemente wie eine aus Ziegeln und Steinen (aufgebaute) Mauer sein. Und diese Mischung wird aus den Elementen bestehen, die in sich selbst unveränderlich, in kleine Teilchen (aufgespalten), eines ans andere gefügt sind. Genau so verhält es sich mit der Substanz des Fleisches und jedem anderen Stoff.

415 Auch Empedokles behauptet, daß wir (Menschen) und alle anderen Körper auf Erden aus denselben Elementen, wie es Hippokrates annimmt, geworden seien, die nicht etwa durcheinander (chemisch) gemischt wären, sondern in kleinen Teilchen nebeneinander lägen und sich berührten.

416 Empedokles, Anaxagoras, Demokritos, Epikuros und diejenigen Physiker, die die Welt aus einer Ansammlung von aus feinteiligen Stoffen bestehenden Körpern entstehen lassen, führen das Prinzip von *Vereinigung* und *Aufspaltung* ein: Entstehen und Vergehen aber gebe es in gültiger Weise (überhaupt) nicht. Diese Vorgänge nämlich erfolgten nicht durch (qualitative) Veränderung, sondern infolge von Ansammlung (feinster Stoffteilchen).

417 Es wird (von den Anhängern des Empedokles) behauptet, daß Feuer, Wasser, Erde und Luft allesamt der Natur und dem Zufall *(týche)*[4] ihr Dasein verdanken, keiner von diesen (Urstoffen) dagegen sei einer bewußten Absicht entsprungen: und ebenso seien die nach ihnen entstandenen Körper, wie Erde, Sonne, Mond und Sterne infolge dieser (Ursachen) geworden, da sie durchaus unbeseelt seien. Und alle die einzelnen (Stoffe) seien durch den Zufall der ihnen innewohnenden Triebkraft in Bewegung geraten, so wie sie eben gerade zusammengetroffen seien und irgendwie gut zueinander paßten; warme mit kalten oder trockene mit feuchten und weiche mit harten und alle, die infolge Mischung der Gegensätze zufällig, aus innerer Notwendigkeit sich vereinigt hätten; sie hätten nun in dieser Art und dementsprechend das ganze Weltgebäude geschaffen und alles, was auf der Welt existiert, wie sämtliche Lebewesen und Pflanzen, nachdem aus diesen (Kräften) alle Jahreszeiten entstanden waren – aber nicht durch den Geist – so sagen sie –, auch nicht durch irgendeinen Gott oder auf Grund einer vorgefaßten Absicht, sondern, wie bereits gesagt, durch Natur und Zufall.

418 Das Feuer aber, das etwas unterhalb des Himmels geblieben war, hat sich selbst zu den Sonnenstrahlen zusammengeballt. Die Erde dagegen, die sich an einem Punkte zusam-

menfand (fixierte) und infolge einer gewissen Notwendigkeit sich verfestigte, nehme den sichtbaren Mittelpunkt ein.

419 Wo sich nun alles zusammenfügte, wie wenn es zu einem bestimmten Zwecke so geschähe, da blieb es zusammen (lebensfähig), da es aus sich selber in passender Weise so zusammengekommen war; alles, was aber nicht so (sich gebildet hat), geht unter und wird zugrunde gehen.

420 Eine Entstehung gibt es für nichts, was ist, sondern nur eine Mischung und eine Trennung des Gemischten. Die Menschen nennen es aber Werden (vgl. 402).

3. Die Poren-Theorie

Fragmente

421 (Nach Empedokles) finden von allen Dingen, die einmal entstanden sind, Abflüsse statt[5] (= 429).

422 Folgendermaßen atmet alles ein und aus: alle haben blutarme Fleischröhren über der Oberfläche des Körpers, und an ihren Mündungen ist die äußerste Oberfläche der Haut mit vielen Ritzen durchbohrt, so daß das Blut drinnen geborgen bleibt, die Luft aber durch die Öffnungen freien Zugang hat. Stürzt nun das dünne Blut von hier weg, dann stürmt die Luft in rasendem Schwall, springt es zurück, weht die Luft wieder heraus.

Lehrberichte

423 Im ganzen läßt er die Mischung (der Stoffe) durch die Symmetrie der Poren stattfinden. Daher könnten sich auch Öl und Wasser[6] nicht miteinander mischen, dafür aber die anderen Flüssigkeiten und die Substanzen, von denen er die (ihnen) eigenen Mischungsverhältnisse aufzählt ...

424 Den einen (Denkern nämlich wie Empedokles) scheint es, daß jedes Ding (Veränderungen) erleide, weil durch gewisse feinste Öffnungen (Poren) das letztlich entscheidende (Wichtigste) als Wirkung in dasselbe eindringe, und daß wir

mittels solcher Vorgänge sowohl sehen wie hören und zum Bewußtsein aller anderen Sinnesempfindungen kommen, und daß man durch die Luft und das Wasser und die durchsichtigen Substanzen hindurch sehen kann, weil diese (Stoffe) Poren enthalten, wegen ihrer Kleinheit unsichtbar, aber ganz dicht und reihenweise (gelagert), und daß, je durchsichtiger der Stoff sei, um so mehr (solcher Poren) sich in ihm befänden.

425 Wie Aristoteles sagt, muß Empedokles zugeben, daß es gewisse feste, unteilbare (Stoffe) gibt, da es nicht überall in einem ganzen Körper miteinander zusammenhängende Poren gibt. Denn das ist ganz unmöglich. Solcherart nämlich bestehe ja ein Körper nur aus Poren und leerem Raum. Wenn aber das widersinnig ist, dann müssen die sich gegenseitig berührenden Teilchen eines Körpers fest und unteilbar sein, die Zwischenräume aber zwischen ihnen Hohlräume, die (eben) Empedokles als Poren bezeichnet ... Es unterscheiden sich aber diese Poren vom leeren Raum, da diejenigen, die zuerst (die Lehre) von den Poren aufbrachten, die Existenz eines leeren Raumes in Abrede stellten.

426 Wir wissen nämlich, daß diejenigen, die (wie Empedokles) die Existenz der Poren annehmen, diese nicht für leere (Hohlräume) hielten, sondern glaubten, sie seien gefüllt mit einer allerfeinsten (ganz verdünnten) Substanz, wie etwa der Luft. Durch diese Ansicht unterschieden sie sich von denen, die annahmen, es gebe etwas Leeres (leeren Raum).

427 In allen Körpern, die unter dem Monde existieren, so erklärt Empedokles, in wäßrigen, öligen und anderen Substanzen, seien *Poren* und *feste Körperteilchen* (miteinander) vermischt, und die Poren bezeichnete er als Hohlräume, die festen Körperchen als dichte (massive) Substanzen.

428 Wodurch setzt der Herakleische Stein[7] das Eisen in Bewegung? Empedokles erklärt es so, daß durch gegenseitig stattfindende Abflüsse (zwischen Magnetstein und Eisen) und infolge der Symmetrie der Poren beim Magnetstein und dem Eisen das Eisen zum Stein hinbewegt werde.

429 (Betrachte die Dinge wie Empedokles, der) erkannte, daß von allen Dingen, die (einmal) entstanden sind, Abflüsse

stattfinden. (Denn es erfolgen viele [solche] Abflüsse ununterbrochen, nicht nur von Tieren und Pflanzen oder von Erde und Meer, sondern ebenso auch von Steinen, von Kupfer und Eisen. Denn alles vergeht ja auch dadurch, daß ständig etwas von ihm abfließt und ununterbrochen abgeht.)

4. Liebe und Streit

Fragmente

430 Denn wie diese beiden Kräfte (der Streit und die Liebe) schon vorher da waren, so werden sie es auch in Zukunft sein, und ich glaube, die unermeßliche Lebenszeit wird niemals von ihnen entblößt sein.

431 Bald vereinigen sich auf Antrieb der Liebe alle Glieder, die Körper angenommen haben, in eins, auf der Höhe strotzenden Lebens, dann aber wieder, auseinandergetrieben durch die bösen Mächte der Zwietracht, irren sie, voneinander getrennt, umher am Gestade des Lebens (= 410). Genau so verhält es sich mit den Pflanzen, den im Wasser hausenden Fischen, den bergbewohnenden Tieren und den (über die Wogen) hinstreichenden Tauchervögeln.

432 Wohlan denn, schau hin auf die weiteren Zeugen meiner vorigen Worte, wenn überhaupt noch ein Mangel in meiner früheren Beschreibung der Gestaltung (der Elemente) geblieben sein sollte: schaue die Sonne, die alles erwärmt und erleuchtet, und all die unsterblichen (Himmelskörper), von Wärme und Strahlenglanz durchtränkt, und auf das Naß, das dunkel und kühl in allem sich offenbart, und aus der Erde entströmet das Dauerhafte und Feste. Und all dies wird durch den Streit zu verschiedener Gestaltung getrieben und voneinander getrennt; durch die Liebe aber sehnt es sich nacheinander und vereinigt sich. Denn aus ihnen (den Elementen) entspringt alles, was war und was ist und was sein wird; Bäume entsprossen und Männer und Weiber und Tiere, Vögel und wasserbehausende Fische, dazu langlebige Götter, aufs höchste geehrte. Denn *sie* nur gibt es (die Ele-

mente) und, eins mit dem andern sich mengend, entstehen die verschiedensten Gestaltungen. So groß ist die Wandlung (der Dinge) durch ihre Mischung untereinander.

433 Denn freundschaftlich verbunden mit ihren Teilen sind ja all die (Elemente), die Strahlensonne, die Erde, der Himmel und das Meer, so wie sie, weitverschlagen, in der irdischen Welt entstanden sind. Und ebenso ist alles, was zur Mischung besser geeignet ist, einander verwandt und durch Liebe verbunden. Einander feindlich dagegen ist alles, was nach Ursprung, Mischung und ausgeprägten Gestalten am weitesten voneinander geschieden ist, (daher) völlig ungewöhnt, sich zu verbinden, und sehr unglücklich nach den Eingebungen des Streits, dem es seinen Ursprung verdankt.

434 Abwechselnd gewinnen (die Elemente) die Oberhand im Umlauf des Kreises, vergehen ineinander und wachsen im Maße ihrer Bestimmung (= 411). Denn nur *sie* sind (diese vier Elemente): Ineinander kreisend, werden sie zu Menschen oder Geschlechtern anderer Lebewesen. Bald vereinigen sie sich in Liebe zu einer Weltordnung, bald aber, getrieben vom Hasse des Streites, trennen sie sich wieder, bis sie erneut zum All-Einen zusammenwachsen, erneut unterliegen. Insoweit nun Eines aus Mehrerem zu entstehen gelernt hat und aus dem Zerfall des Einen wieder Mehreres entwächst, entstehen sie, und ihr Leben bleibt nicht unverändert, da aber ihre ständige Umwandlung nie aufhört, bleiben sie während des Kreislaufs unveränderlich (= 409).

435 Aber als der mächtige Streit in den Gliedern (des Sphairos) großgezogen und zu Ehren emporgewachsen war, als die Zeit erfüllt war, die ihnen (dem Streit und der Liebe) wechselseitig von einem starkversiegelten Eide gezogen ist ...

436 (Nachdem wieder der Streit die Übermacht zu gewinnen begann, da entstand wieder Bewegung im Sphairos). Denn sämtliche Glieder des Gottes (des Sphairos) wurden da der Reihe nach erschüttert.

437 Doch nun will ich aufs neue beginnen und mich zu jenem Pfade der Gesänge zurückwenden, den ich schon früher beschritt, aus einer Rede eine andere ableitend: Wenn der Streit

in die unterste Tiefe des Strudels gelangt und die Liebe in der Mitte des Wirbels angekommen ist, dann vereinigt sich in ihr dies alles, um ein Einziges zu sein, nicht auf einmal, sondern das eine von hier, von dort das andere fügt sich willig zusammen. Aus dieser Mischung ergossen sich unzählige Scharen von sterblichen Lebewesen. Vieles aber stand noch ungemischt unter dem sich Mischenden, soviel als der Streit in der Schwebe zurückhielt. Denn nicht makellos entwich er gänzlich aus ihnen an die äußersten Grenzen des Kreises, sondern zum Teil verharrte er noch darin, während er teilweise bereits aus den Gliedern (des Alls = den Elementen) herausgewichen war. Je weiter er aber nun vorauslief, um so viel rückte immer der holdgesinnte göttliche Drang der makellosen Liebe nach. Alsbald entstanden da sterbliche Wesen, die früher unsterblich zu sein pflegten, und gemischte, die vorher ungemischt waren, nachdem sie ihre Pfade gewechselt hatten. Aus diesem Gemische ergossen sich nun unzählige Scharen von sterblichen Wesen, zu tausenderlei Formen gefügt, ein Wunder zu schauen.

438 (In diesem Stadium des Kampfes, als der Streit noch nicht völlig gewichen war) irrten die Glieder, wegen ihrer Trennung durch den Streit, noch vereinzelt umher, (indem sie eins zum andern, nach Vereinigung strebten).

439 Als aber Gottheit und Gottheit immer heftiger in Kampf gerieten, da kamen diese (Glieder) zusammen, so wie eben das eine gerade auf das andere traf, und noch vieles andere entstand so in ewiger Folge.

440 Wehe dir, bejammernswertes Menschengeschlecht, unglückseliges, aus solchen Zwisten und Seufzern seid ihr geworden (= 509).

Lehrberichte

441 Später waren ionische und sizilische Musen (gemeint sind Herakleitos und Empedokles) übereinstimmend der Ansicht, daß es am zuverlässigsten sei, beides miteinander zu verknüpfen und zu erklären: Das Seiende sei (zugleich) Viel-

heit und Einheit und werde von Feindschaft und Liebe zusammengehalten.

442 Empedokles aus Akragas nennt vier Urstoffe (Elemente), Feuer, Wasser, Äther und Erde. Deren Erzeuger seien die Liebe und der Streit. Als erstes habe sich aus der Mischung der Elemente die Luft abgesondert und sich ringsum kreisförmig ausgebreitet. Nach der Luft sei das Feuer hervorgebrochen und, da es keinen anderen Raum fand, sei es nach oben unter das die Luft umgebende Himmelsgewölbe ausgebrochen. Kreisförmig bewegten sich aber um die Erde zwei Halbkugeln, die eine völlig aus Feuer, die andere aus Luft und wenig Feuer gemischt; die letztere hält er für die Nacht. Der Anfang der Bewegung aber sei dadurch erfolgt, daß sich irgendwo das Feuer angesammelt habe, das mit unwiderstehlicher Wucht vordrang. Die Sonne ist aber ihrer Natur nach kein Feuer, sondern nur ein Widerschein des Feuers, ähnlich dem, wie er im Wasser hervorgebracht wird. Der Mond aber habe sich für sich selber aus der von dem Feuer abgesonderten Luft zusammengesetzt. Denn diese habe sich verfestigt, gleich dem Hagel. Sein Licht aber habe er von der Sonne.

443 Es scheint aber, daß Empedokles annimmt, daß über die Dinge kraft der Notwendigkeit die Liebe und der Streit abwechselnd herrschen und sie in Bewegung setzen, während sie sich in der Zwischenzeit im Ruhestand befinden.

444 So behauptet Empedokles, daß sich die Welt im jetzigen (Zeitalter) unter der Herrschaft des Streites in dem gleichen Zustande befinde wie früher einmal unter der (Macht) der Liebe.

445 Empedokles behauptet, die Welt gehe unter infolge der abwechselnden Herrschaft des Streites und der Liebe.

446 Die anderen geben an, daß es dieselbe Welt sei, die abwechselnd entstehe und wieder zugrunde gehe. Einmal entstanden, werde sie wieder zerstört, und ein Wandel, wie ihn Empedokles in der wechselweisen Herrschaft von Liebe und Streit beschreibt, sei ewig. Die erstere leite alles zur Vereinigung in eines, zerstöre die Welt des Streites und gestalte aus

ihr den Sphairos, während der Streit die Elemente sondere und eben diese Haßwelt erzeuge.

Fragmente

447 Wenn dein Glaube darüber unsicher blieb, wie durch Mischung von Wasser, Erde, Äther und Sonne so viele Gestalten und Farben der irdischen Dinge entstanden, wie sie nun geworden sind, zusammengefügt durch Aphrodite, (dann höre).

448 So gab damals Kypris die Erde, in Naß getränkt, um Gestalten sich mühend, dem schnellen Feuer, um sie zu kräftigen.

449 Mit Liebesnägeln stellte Aphrodite (die Vereinigung) her.

450 Eins wird beider Blick.

451 Als aber die Erde in den vollkommenen Häfen der Aphrodite Anker geworfen hatte, da mischte sie sich mit dem Feuer, dem Wasser und dem glanzstrahlenden Äther so ziemlich im gleichen Verhältnis; sei es ein wenig stärker, sei es der Mehrzahl gegenüber geringer. Daraus entstanden das Blut und die anderen Arten des Fleischlichen.

5. Urzeugung – Urwesen

Fragment

452 Da wuchsen viele Lebewesen heran mit Doppelantlitz und doppelter Brust, Geschöpfe mit dem Rumpf eines Rindes, aber dem Haupt eines Mannes, andere kamen umgekehrt hervor, Menschenleiber mit Stierhäuptern, Mischwesen, die teils mit Männer-, teils mit Frauengestalt, mit beschatteten Gliedern versehen, ausgestattet waren.[8]

Lehrberichte

453 Empedokles lehrt, daß von (allen) Lebewesen zuerst die Bäume aus der Erde emporgewachsen seien, noch bevor sich

die Sonne ringsum ausbreitete und (noch) bevor Tag und Nacht sich voneinander geschieden hatten. Und infolge des gleichen Verhältnisses *(symmetría)* in der Mischung ihrer Stoffe enthielten sie das Wesen des männlichen und des weiblichen Geschlechtes. Sie wuchsen aber, emporgetrieben von der in der Erde enthaltenen Wärme. Daher seien sie Teile der Erde, gleichwie die Frucht im Mutterleibe Bestandteil der Mutter ist.

454 Empedokles behauptet, daß die Pflanzen einer Urzeugung entsprangen, als die Welt noch verkleinert und in ihrer Ganzheit noch unfertig war; erst als sie vollendet war, sei die Tierwelt entstanden.

455 Empedokles meint, daß die ersten Entstehungen von Tieren und Pflanzen durchaus nicht vollkommene (Wesen) erzeugten, sondern aus nicht zusammengehörigen Teilen nicht zueinander passende. In der zweiten Generation seien jedoch durch Zusammenwachsen der Teile abenteuerliche Bildungen entstanden; in einer dritten (Zeit) aber aus ganzen Körpern bestehende Bildungen, im vierten Stadium solche, die nicht mehr (nur) aus der Mischung von Ähnlichem (?), wie Erde und Wasser, sondern bereits aus (Verschiedenem) durcheinander, bei den einen infolge reichlicher Nahrung, bei den anderen dadurch, daß die Wohlgestalt der Frauen zur Begattung anreizte.

Die Gattungen sämtlicher Lebewesen seien voneinander geschieden infolge der besonderen Mischungen (der sie zusammensetzenden Elemente); den einen sei mehr der Trieb zum Wasser angeboren; andere aber, weil sie mehr vom feurigen Wesen enthielten, hätten sich in die Lüfte erhoben, die schwereren sich dem Leben auf der Erde zugewandt; die aber einen gleichmäßigen Zusammenwuchs (der Elemente) besäßen, seien dazu geeignet, in allen Regionen zu leben.

456 Empedokles bestätigt es uns in seinen erhabenen Versen: Zuerst seien einzelne Glieder allenthalben aus der Erde, als ob diese schwanger sei, hervorgegangen, danach hätten sie sich (durch Paarung) vermischt und so hätten sie den Stoff

eines ganzen Menschen gebildet, (in seiner Zusammensetzung) zugleich aus Feuer und Wasser gemischt.

457 Nach Empedokles seien männliche und weibliche Wesen entsprechend dem Einfluß von Wärme oder Kälte entstanden. Daher sein Bericht, daß die ersten männlichen Wesen mehr im Osten und Süden entstanden seien, die weiblichen dagegen (mehr) im Norden.

6. Zeugung

Fragmente

458 Nun wohlan, vernimm, wie das Feuer, als es sich ausschied, die in Nacht gehüllten Sprößlinge von beweinenswerten Männern und Frauen ans Licht gebar! Denn meine Rede ist nicht ohne Ausblick und nicht unsinnig. Als erstes lösten sich aus der Erde roh geballte Formen. Von beidem, Wasser und Wärme, enthielten sie den rechten Anteil. Diese (Gebilde) schleuderte das Feuer nach oben, wobei es zu dem (ihm) Gleichen (Himmelsfeuer) hinstrebte. Noch zeigten sie aber nicht der Glieder liebliche Gestalt noch Stimme oder Schamglied, wie es zu den Menschen gehört.

459 In den reinen Schoß ergoß sich (der männliche und der weibliche Samen). Trifft er (dort) Kälte an, dann entstehen Mädchen, trifft er Wärme an, werden Knaben geboren.

460 Denn in wärmerem (Schoße) gebiert der Leib männliches Geschlecht. Darum sind auch die Männer dunkler gefärbt, mannhafteren Wesens und mehr behaart.

461 Wie aber damals Kypris die Erde, nachdem sie sie im Naß getränkt, für ihre Erwärmung besorgt, dem stürmischen Feuer übergeben hatte, damit sie sich festige ...

462 Das (ist der Fall) bei den schwerrückigen Schalen der Meeresgeschöpfe, besonders der Meerschnecken und der steinschaligen Schildkröten. Da kannst du den Erdstoff ganz oben auf der Hautfläche lagern sehen.

463 Aus denselben Grundstoffen bilden sich Haare und

Blätter und der Vögel dichtes Gefieder und Schuppen auf starken Gliedern.

464 So faßte Süßes nach Süßem, Bitteres stürmte auf Bitteres los, Saures stieg auf Saures und Heißes fuhr auf Heißem.

465 Als unter den Händen der Aphrodite die Augen zusammengesetzt wurden, (ergab sich bei ihrer Bildung auch der Unterschied, daß die einen bei Tage und die anderen bei Nacht besser sehen).

Lehrbericht

466 Das Blut (im Körper) bewegt sich seiner Natur nach auf- und abwärts.

7. Kosmogonie

Fragmente

467 Da kann man weder der Sonne hurtige Glieder noch die zottige Kraft der Erde noch das Meer unterscheiden. So liegt im festen Gewahrsam der Harmonie der kugelförmige Sphairos festgebannt, der ringsum herrschenden Einsamkeit stolz sich erfreuend.

468 Nicht Zwietracht noch unschicklicher Streit herrscht in seinen Gliedern (des Sphairos).

469 Aber von allen Seiten war er sich gleich und nach allen Seiten unbegrenzt, der kugelgestaltige Sphairos, der ringsum herrschenden Einsamkeit stolz sich erfreuend.

470 Denn nicht schwingen sich (dem Sphairos) vom Rücken zwei Arme, nicht Füße oder behende Knie oder zeugende Glieder, sondern er war eine Kugel und von allen Seiten sich selbst gleich.

Lehrberichte

471 Empedokles hält das All=Eine für kugelförmig, ewigwährend und unbeweglich; das All-Eine sei die Notwendigkeit,

ihr Stoff die vier (Ur-)Elemente ... Er nennt aber auch die Elemente Götter und die Mischung unter diesen (die) Welt und außerdem den Sphairos, in den sich alles dies auflösen wird, das einförmige (Wesen).

472 Wiederum sagt Empedokles, daß durch die Macht der Liebe alle Dinge zu einem einzigen Ganzen werden und (dadurch) den Sphairos bilden, der keine bestimmte Qualität (mehr) besitzt, da in ihm weder von Feuer noch von irgendeinem anderen (Stoffe) etwas Eigentümliches übrigbleibt und jedes der Elemente sein eigenes Wesen verliert.

8. Astronomie und Physik

Fragmente

473 Das Sonnenfeuer, in sich gesammelt, umwandelt den gewaltig (sich dehnenden) Himmelsbau.[9]

474 Der Mond verdeckte der Sonne die Strahlen, während sie über ihn hinwegging, und verdunkelte soviel von der Erde, als die Breite des helläugigen Mondes ausmacht.

475 Sobald das Sonnenlicht den weiten Kreis des Mondes erreicht hat, (wird es zurückgeworfen und durcheilt wieder den Himmelsraum).

476 Das kreisrunde, fremde Licht (des Mondes) dreht sich um die Erde.

477 Denn (der Mond) schaut hin auf den heiligen Kreis des Herrn ihm gegenüber.

478 Die Erde erzeugt Nacht, indem sie sich den Strahlen der Sonne von unten entgegenstellt.

479 Iris bringt aus dem Meer Wind oder gewaltigen Regen.

Lehrberichte

480 Empedokles sagt, der Umlaufsbereich der Sonne sei die Umschreibung der Grenze der Welt.

481 Empedokles behauptet, daß das Licht von der Sonne her früher in die Zwischenregion (zwischen Sonne und Erde) als in unser Auge oder auf die Erde gelange.

482 Auch sagte er, das ausströmende Licht sei eine körperliche (Substanz), die aus einem leuchtenden Körper (der Sonne) austrete, zuerst in den Zwischenbereich zwischen Erde und Himmel eindringe und dann erst zu uns gelange; eine solche Bewegung des Lichtes werde von uns wegen der zu großen Geschwindigkeit (der Fortpflanzung) nicht wahrgenommen.

483 Wenn der Mond unter (der Sonne) durchlaufe, verfinstre sie sich.

484 Empedokles behauptet, die Sonne sei doppelt so weit von der Erde entfernt als der Mond.

485 Die Sonne sei eine gewaltige Ansammlung von Feuer und größer als der Mond, der Mond scheibenförmig, der Himmel selbst dem Kristall ähnlich.

9. Erkenntnistheorie

Fragmente

486 Denn eng begrenzt sind die Greifer (die Sinnesorgane des Menschen[10]) über die Glieder des Körpers gebreitet. Viel Unseliges bricht über die Menschen herein, was ihre Gedanken abstumpft. Haben sie erst einen kleinen Teil ihres Lebens überschaut, dann fliegen sie eines frühen Todes davon, gleich wie Rauch in die Höhe getragen. So ist jeder von dem einen überzeugt, auf das er (zufällig) auf seinen Irrfahrten stieß. Und doch rühmt sich ein jeder, das Ganze der Wahrheit entdeckt zu haben. So wenig ist dies von den Menschen erschaubar oder vernehmbar oder mit ihrem Geist zu erfassen. Du aber wirst nun, da du einmal von ihnen entfernt bist, erfahren, wenn auch nicht mehr, als (wozu) ein menschlicher Geist sich zu erheben vermag.

487 Dieser Männer Wahn, o Götter, lenkt ab von meiner Zunge. Laßt aus heiligem Munde reine Quellen strömen. Und dich, vielbesungene, weißarmige, jungfräuliche Muse, flehe ich an, sende mir von der Göttin der Frömmigkeit den leicht zu lenkenden Wagen (des Gesanges), soviel davon den kurzlebigen Menschen zu hören zukommt ... Wohlan, betrachte

mit jedem Werkzeug der Sinne, wie jedes Einzelne klar liegt. Halte nicht irgend einen Blick mit mehr Vertrauen fest als es dem Gehör zukommt, stelle das brausende Ohr nicht höher als die Wahrnehmungen der Zunge, vernachlässige nichts von dem andern, soweit es einen Weg des Erkennens gibt. Stelle auch die Glaubwürdigkeit der übrigen Organe nicht zurück, soweit es einen Weg der Erkenntnis gibt; erkenne jedes einzelne, soweit es klar sich zeigt!

488 Wie wenn ein Mann, der einen Ausgang unternehmen will, sich dazu einen Leuchter rüstet durch die winterliche Nacht, den Glanz eines brennenden Feuers, indem er Laternen entzündet, die vor allen denkbaren Winden schützen, denn sie zerteilen das Wehen der blasenden Winde, während ihr Licht nach außen dringt, weil es viel dünner ist und emporleuchtet mit unermüdlichen Strahlen, so barg sich (als das Auge sich bildete) das urewige Feuer, in Häute eingeschlossen und in dünnen Gewändern hinter der runden Pupille. Sie waren mit göttlich-wunderbaren Kanälen durchbohrt, die das tiefe, ringsum fließende Wasser abhielten, aber das Feuer hinausließen, weil es so viel feiner war.

489 Alles hat so nun Anteil erfahren am Atmen und am Geruch.

490 Alle Wesen sind nach dem Ratschluß der Tyche mit Bewußtsein versehen.

491 In den Strömen des Blutes, das ihr entgegenrauscht, nährt sich die Denkkraft (dort), wo sich vor allem das eine befindet, das bei den Menschen Denken genannt wird. Denn Blut, das um das Herz (ihnen kreist), ist für die Menschen die Denkkraft.

492 Je nach Verhältnis des Körpers (in seinem Zustand) wächst auch der Menschen Verstand.

493 Denn aus diesen (Elementen) ist alles in harmonischer Fügung gebaut, durch diese denken, freuen und betrüben sich die Menschen.

494 (Empedokles erklärt, daß die Erkenntnis des Gleichen durch Gleiches erfolge.) Mit der Erde in uns erkennen wir Erde, mit dem Wasser das Wasser, mit dem Feuer das ver-

derbliche Feuer, mit der Liebe die Liebe, den Haß mit dem betrüblichen Haß.

495 Wenn du sie (die Lehren des Meisters?) fest einfügst in deinen Geist und (das, was hier ausgesprochen ist) wohlgesinnt und reinen Bemühens betrachtest, alle deine Lebenszeit wird es dir dienen, nicht dies allein, viel anderes wirst du daraus noch gewinnen. Denn in das innere Wesen eines jeden wächst es von selber hinein, ganz nach eines jeden Natur. Wenn du jedoch nach anderm begehrst, (Gütern) der Art, wie sie bei Menschen gewohnt sind, tausendfältig, armseliger Natur, (klaren) Verstand mit Stumpfheit bedrohend, werden sie im Umschwung der Zeit von dir sich kehren. Denn es verlangt sie, zum eignen vertrauten Geschlecht zurück sich zu wenden. Denn du mußt wissen, daß alles Bewußtsein hat und Anteil am Denken.

496 Alle Heilmittel wirst du kennenlernen, soviele es gibt, um Krankheit und Alter zu bannen, denn für dich allein will ich dies alles erfüllen. Stillen wirst du der unermüdlichen Winde Gewalt, die gegen die Erde losstürzen und mit ihrem Wehen die Saaten verdorren machen. Und umgekehrt wirst du, wenn du es willst, Winde herbeiführen (können), die (diesen Schaden) wieder ausgleichen. Den dunklen Regen wirst du verwandeln in den Menschen förderliche Trockenheit, schaffen wirst du auch aus sommerlicher Dürre baumernährenden Regenguß, der dem Himmel entströmt, und aus dem Hades wirst du gestorbene Manneskraft wieder heraufführen.

Lehrberichte

497 Der vorherrschende Teil (der Seele, des Denkvermögens) befindet sich weder im Kopfe noch in der Brust, sondern im Blut. Daher zeichnen sich die Menschen je nach dem Körperteil aus, in dem dieses (das Blut) am meisten verbreitet ist.

498 Das Hören geschieht durch den Laut von innen, indem die Luft von der Stimme bewegt wird und innen tönt. Das Hören ist nämlich wie eine Glocke, die gleiche Töne hervor-

bringt, wenn das fleischige Holz sie anschlägt. Indem (die Glocke) schwingt, stößt sie die Luft zu den festen Körpern hin und macht den Schall.

499 Ist es (aber) das Blut, mit dem wir denken (Empedokles), oder die Luft (Anaximenes) oder das Feuer (Herakleitos)?

500 Parmenides, Empedokles und Demokritos halten das Denkvermögen *(nus)* und die Seele für ein und dasselbe.

501 Die frühen Denker behaupten, daß Denken und Wahrnehmen dasselbe bedeute; so hat sich auch Empedokles ausgedrückt.

B. Aus dem Werke ›Katharmoi‹

›Entsühnungen‹

I. Der Weg der Seelen

Fragmente

502 Freunde, die ihr die mächtige Stadt bewohnt, die an dem gelblichen Akragas sich hinabzieht, (dort) am Burgberg hinauf, ihr Hüter vortrefflichen Tuns, von Alters her der Fremdlinge Hort, ohne Bosheit und Arg, seid mir gegrüßt! Unter euch wandle ich jetzt als unsterblicher Gott, nicht mehr ein Sterblicher bin ich. Wie es gebührt, werde ich göttlich verehrt, Binden flicht man ums Haupt mir und blühende Kränze. Wenn ich zu ihnen, Männer und Frauen, komme, die prangenden Städte besuche, wird mir Verehrung zuteil. Tausende eilen mir nach, um den Weg des Heils zu erfahren; wünschen die einen (von mir) ein Orakel, so suchen die andern um Rat wegen verschiedener Krankheit, sie flehen um lösenden Spruch, denn lange schon winden sie sich in quälenden Schmerzen.

503 Doch was soll ich euch viel davon reden, als ob ein großes Werk ich vollbringe? Stehe ich doch weit über ihnen, den sterblichen, unheilgeweihten Menschen!

504 Freunde, wohl weiß ich, daß in den Worten, die ich euch künden werde, die Wahrheit wohnt: aber den Menschen wird es so sauer, sie sich zu erringen, und gar schwer nur findet das gläubige Bemühen den Weg in die Seele.

505 Es ist der Notwendigkeit Spruch und der Götter uralter urewiger Urteilsspruch, mit gewaltigen Schwüren besiegelt: Wer seine Glieder befleckt mit dem Verbrechen des Mordes, wer als Gefolgsmann des Zwietrachtdämons sich mit Meineid besudelt aus der Schar der Geister, die ein ewig währendes Leben sich erlost, die müssen dann dreimal zehntausend Jahr von den Seligen entfernt umherirren und des irdischen Lebens mühevolle Pfade durchwandeln; und im Wechsel der Zeit werden sie wiedergeboren, in aller Geschöpfe sterbliche Form sich verwandelnd. Des Äthers Gewalt hetzt sie (hinunter) zum Meer, aber die Flut speit sie zur Erde (zurück), diese wirft sie den Strahlen der leuchtenden Sonne zu, die wiederum schleudert sie in die Wirbel der Luft. So nimmt sie das eine vom andern, allen zusammen sind gleich sie verhaßt. Dieser (Unseligen) einer bin ich nun geworden, von Göttern verbannt und in die Irre gesandt, da ich der rasenden Zwietrachtsgöttin vertraute.

506 Ich wurde schon einmal Knabe, Mädchen, Pflanze, Vogel, aus dem Meere auftauchender, stummer Fisch.[11]

507 (Als ich geboren wurde), weinte und wehklagte ich, angesichts des ungewohnten Ortes.

508 Aus welchen Ehren, welcher Größe des Glücks (geworfen weile ich auf Erden).

509 Wehe dir, bejammernswertes Menschengeschlecht, unglückseliges, aus solchen Zwisten und Seufzern seid ihr geworden.

510 (Bei der Seelenwanderung) werden die Menschen unter den Tieren (am besten) zu Löwen, die die Berge bewohnen und auf der Erde schlafen, unter den Bäumen jedoch, den schön belaubten, zum Lorbeer.

511 Wollt ihr nicht aufhören mit dem widrig tönenden Morden? Seht ihr nicht, wie ihr einander zerfleischt in der Nachlässigkeit eures Denkens?

512 Den eigenen Sohn, der die Gestalt nur verändert hat, hebt der Vater empor und schlachtet ihn, während er dazu noch betet, der Tor! Ebenso faßt der Vater den Sohn, die Mütter fassen die Kinder, nehmen ihnen das Leben und verzehren das Fleisch ihrer Lieben.

513 Weh mir, daß nicht früher mich wegnahm der unbarmherzige Tag, ehe er schreckliche Frevel des Fraßes um meine Lippen spielte.

514 Man soll sich gänzlich der (dem Phoibos geweihten) Lorbeerblätter enthalten.

515 ... Vom Übeltun sich nüchtern halten ...

516 Darum aber, weil ihr verwirrt seid in lastenden Übeltaten, werdet ihr nie das Gemüt zu erleichtern verstehen von unseligem Gram.

Lehrberichte

517 Von göttlicher Natur aber hält er die Seelen, göttlich aber auch diejenigen, die, *gereinigt am Reinen*, an ihnen teilhaben.

518 Mit den mühevollen Pfaden der Seelen meint er ihr wechselndes Eingehen in die verschiedenen Leiber ... denn die Seelen wechseln ja einen Leib nach dem anderen, weil sie vom Streite umgepflanzt und bestraft und nicht in der Ruhe des Ur-einen belassen werden. Vielmehr würden die Seelen von dem Streit mit aller Art Strafen gezüchtigt. Körper um Körper, Gestalt um Gestalt müssen sie wechseln.

519 Pythagoras und Empedokles erklären, daß ein einziges (für alle verbindliches) Rechtsverhältnis bestehe[12], und verkünden feierlich, daß denen unabbüßbare Strafen drohen, von denen ein Lebewesen verletzt worden sei.

520 Die (Philosophen) um Pythagoras und Empedokles und die übrige Reihe der italischen Denker behaupten, daß nicht allein für uns Menschen untereinander und zwischen uns und den Göttern eine Gemeinschaft existiert, sondern genau so auch mit den vernunftlosen Lebewesen. Denn nur ein einziges Pneuma (allbelebender Geisthauch) gebe es, das die

ganze Welt wie das Wesen einer Seele durchziehe und uns auch mit jenen verbinde. Daher tun wir unrecht und handeln gottvergessen, wenn wir sie töten und uns von ihrem Fleische nähren, weil wir (auf solche Weise) unsere (eigenen) Verwandten morden.

2. Das Goldene Zeitalter

Fragmente

521 Bei ihnen (den Menschen des goldenen Zeitalters) gab es den Gott des Krieges noch nicht und der (männermordenden) Schlacht, weder regierte (die Welt) Zeus König noch Kronos oder Poseidon. Einzig als Königin herrschte die Göttin der Liebe. Ihr brachten sie sühnende Weihung dar mit frommen Götterbildern, gemalten Opfertieren und köstlich duftenden Salben, mit Spenden von lauterer Myrrhe und wohlriechendem Weihrauch; aus den bräunlichen Waben sprengten sie weihend den Boden der Erde. Nicht mit frischem Stierblut wurden Altäre benetzt, denn dies galt den Menschen als schrecklicher Frevel, das Leben zu vernichten und (das Fleisch) edler Glieder zu verschlingen.

522 Damals waren noch alle Geschöpfe zahm und den Menschen zutraulich, wildes Getier und Vögel, es strahlte die Flamme der Freundschaft (von einem Wesen zum andern).

3. Die Gottheit

Fragmente

523 Glücklich, wer göttlichen Denkens Reichtum erworben, erbärmlich jedoch, dem ein finstrer Wahn über die Götter (die Seele) umfängt.

524 Denn nicht mit menschenähnlichem Haupte an seinen Gliedern versehen ist sie (die Gottheit) und nicht vom Rücken herab bewegt sich ein Paar Arme, nicht Füße (sind da) noch hurtige Knie oder von Haaren (begrenztes)

Schamglied, nein es durchwaltet den Weltbau allein ein Geist, von heiligem unaussprechlichem Wesen, der ihn durcheilt mit dem stürmischen Lauf der Gedanken.

525 Doch das allgütige Gesetz breitet weithin sich aus durch den herrschgewaltigen Äther und den unermeßlichen Glanz (des Himmels).

4. Die vergöttlichten Weisen

Fragmente

526 Es befand sich unter ihnen ein Mann von übermäßigem Wissen, ein Mann, der sich den größten Gedankenreichtum erwarb und vielerlei weiser Werke überaus mächtig war.

Reckte er sich mit allen Kräften des Geistes, leicht konnte er dann von allen Dingen der Welt ein jedes beschauen, in den zehn oder zwanzig Leben, die er geführt (= 105).

527 Aber zur End-(zeit) werden sie unter den irdischen Menschen zu Sehern, zu Sängern, Hymnendichtern und Vorkämpfern, und hieraus wachsen sie (endlich) empor noch zu Göttern, am höchsten geehrt.

528 Herdgenossen (werden sie) der anderen Götter, ihre Tischgefährten, ohne Anteil an menschlichen Leiden, unbezwinglich.

ANAXAGORAS

1. Die Stofflehre: Die Urgründe der Dinge

Fragmente

529 Alle Stoffe waren (ursprünglich) beisammen, unbegrenzt an Menge und Kleinheit. Denn die Kleinheit war unendlich. Als alle Stoffe noch vereint und beisammen waren, da konnte man wegen ihrer Kleinheit nichts deutlich erkennen. Denn alles wurde von der Luft und dem Äther, zwei grenzenlosen Stoffen niedergehalten. Denn diese sind in der Gesamtheit (des Seienden) die an Menge und Größe[1] mächtigsten Stoffe.

530 Luft und Äther scheiden sich von der Masse, die sie umgibt, und dieses Umgebende ist seiner Menge nach unendlich (ausgedehnt).

531 Nun gibt es aber beim Kleinen nicht ein Allerkleinstes, sondern immer ein noch Kleineres; denn es ist unmöglich, daß das Seiende (durch Teilung bis ins Unendliche) zu sein aufhöre. Aber auch bei dem Großen gibt es immer noch ein Größeres. Es hat also ganz gleich wie das Kleine eine (unendliche) Mengenausdehnung. An sich aber (absolut betrachtet) ist jedes Ding sowohl groß als klein[2].

532 Wenn das sich so verhält, muß man zur Annahme gelangen, daß in der Gesamtheit der Stoffe, die sich vereinigen, viele und vielgeartete (Stoffe) vorhanden sind, und Keime (Samen) aller jener Dinge, die mannigfache Gestaltungen, Farben und Sinnesempfindungen enthalten. Und so fügten sich auch Menschen zusammen und alle (übrigen) Lebewesen, soweit ihnen eine Seele innewohnt. Ebenso (ist anzunehmen), daß diese Menschen bewohnte Städte und bebaute Äcker besitzen wie bei uns und daß es für sie eine Sonne gibt und einen Mond und alles (übrige) wie bei uns und daß ihnen ihre Erde viel und mancherlei Pflanzen emporsprießen

läßt, wovon sie das Beste in ihre Behausungen tragen und sich davon ernähren. Dies ist also meine Meinung über die Ausscheidung (der Stoffe), daß nämlich eine solche nicht nur bei uns sich vollzogen hat, sondern auch anderswo.

Vor dieser Ausscheidung aber, als alles noch ganz beisammen war, war es auch unmöglich, irgendeine Farbe deutlich zu unterscheiden. Denn dies wurde verhindert durch die Vermischung der Dinge in ihrer Gesamtheit, des Feuchten und des Trockenen, des Warmen und des Kalten, des Hellen und des Dunklen, und da auch viel Erdstoff mit beigemengt war, und eine unendliche Menge von Urbestandteilen (der Dinge), von denen kein einziger dem anderen gleich war. Denn auch von den übrigen Stoffen ist keiner dem anderen gleich. Da dies nun einmal so ist, so muß angenommen werden, daß in dem Gesamten alle Stoffe mitenthalten sind.

533 (Daß nun nichts neu entsteht oder zugrunde geht von den gleichteiligen Stoffen, sondern immer dasselbe bleibt, sagt er klar mit folgendem:) Nachdem alles so geschieden wurde, muß man erkennen, daß alles weder weniger noch mehr ist (denn es ist unmöglich, daß es mehr ist als Alles). Sondern Alles ist (sich) immer gleich.

534 Da aber vom Großen wie vom Kleinen der Menge nach gleichviele (d.h. unendlich viele) Anteile bestehen, so ist alles in jedem enthalten.[3] Auch kann es kein gesondertes Sein (von Dingen) geben, sondern alles hat an allem Anteil. Da es kein Kleinstes geben kann, kann es sich auch nicht absondern oder für sich sein, sondern alles muß gleich wie am Uranfang auch jetzt zusammen sein. In allen Dingen aber sind viele (Grundstoffe) enthalten, und zwar eine gleiche Menge in den größeren wie in den kleineren der (aus der Urmischung) sich absondernden Dinge.

535 Die Menge des sich Abtrennenden vermögen wir auf keine Weise zu wissen.

536 Es gibt keine Umschichtung des einen vom anderen bei den (Stoffen), die das Weltganze enthält; sie sind auch nicht wie mit einem Beil scharf voneinander getrennt, weder das Warme vom Kalten, noch das Kalte vom Warmen.

Lehrberichte

537 Anaxagoras, des Hegesibulos Sohn aus Klazomenai, der an der Philosophie des Anaximenes teilnahm, hat als erster die Lehren über die Urgründe (Prinzipien der Dinge) umgestaltet und die fehlende (bewegende) Ursache hinzugefügt, indem er die stofflichen (Prinzipien) als unendlich (an Menge) annahm. Denn alle gleichteilig zusammengesetzten Substanzen, wie Wasser, Feuer oder Gold seien unentstanden und unvergänglich. Es scheine nur so, als ob sie entstünden und vergingen, es gebe aber einzig Vereinigung und Absonderung (von Urteilchen), da ja alles in allem enthalten sei und nur je nach dem Überwiegen des einen oder anderen Stoffes (von den Menschen einen Namen erhalte). Denn als Gold erscheine nur jener (Stoff), in dem überwiegend Goldteilchen enthalten sind, obgleich er viele Stoffe enthalte. Deshalb erklärt Anaxagoras: Alles enthält Anteil an allem, und je nach dem, wovon am meisten enthalten ist, das ist und war am offenbarsten jedes einzelne Ding. So sagt Theophrastos, Anaxagoras lehre dies ähnlich wie Anaximandros: es habe sich bei der Scheidung (der Stoffe) aus dem Unendlichen das einander Verwandte zusammengefunden und was im Gesamten (des Urstoffes) als Gold (enthalten) war, das sei zu Gold, was Erde, zu Erde geworden. Und genau so jeder andere Stoff, so daß sie eigentlich nicht entstanden, sondern schon vorher (im Urganzen) enthalten waren.

538 Diejenigen aber (unter den Denkern), die annehmen, daß es zahllose Elemente (Urstoffe) gebe, wie Anaxagoras und Demokritos, – der eine aus (der Tatsache) der gleichteiligen Stoffe, der andere wegen der Allverstreutheit (Allbeimischung der Seinsteilchen, Atome), – erklären, daß das Unendliche durch Anhaften (gegenseitige Verbindung) zusammenhänge. Und der eine (Anaxagoras) behauptet, daß, welches Stoffteilchen auch immer es gebe, es eine Mischung (von Substanzen) darstelle, gleichwie die Gesamtheit (der Stoffe), aus der Beobachtung heraus, daß jedes aus jedem entsteht.

539 Anaxagoras scheint aber angenommen zu haben, es gebe

zahllose (Urstoffe), da er die gemeinsame Lehre der Physiker für richtig hielt, daß nämlich nichts aus Nichts entstehe.

Deswegen hat er sich so ausgedrückt: Einmal waren alle Dinge (Stoffe) zusammen, und ein derartiges Entstehen bezeichnete er als ein Sich-Verändern.

2. Der grosse Wirbel

Fragment

540 Diese Stoffe werden herumgewirbelt und voneinander geschieden, infolge der Gewalt und der Geschwindigkeit. Denn die Geschwindigkeit selbst ist es, die (ihnen) die Gewalt verleiht. Ihre Geschwindigkeit läßt sich mit keiner Geschwindigkeit (überhaupt nur) vergleichen, die bei den jetzt in unserer Menschenwelt vorhandenen Dingen vorkommt, denn sie ist schlechthin viel größer als diese.

Lehrbericht

541 Wenn die Erde heute durch eine Gewalt gezwungen wird, in der Mitte zu verharren, ballte sie sich einmal zusammen, weil sie durch die Wirbelbewegung zur Mitte hin getrieben wurde. Denn diese Ursache (für die Zusammenballung in der Mitte) behaupten alle, wegen (der Analogie) dessen, was sich im feuchten Element und in der Luft abspielt. Denn in diesen (den Regionen der Feuchtigkeit und der Luft) drängt sich stets das Größere und das Schwerere gegen die Mitte des Wirbels hin. Deswegen erklären alle, die das Weltall als entstanden behaupten, daß sich die Erde gegen die Mitte zu zusammengeballt habe.

3. Die Bewegung

Fragmente

542 (Es ist ganz klar, daß Anaxagoras bei der Erklärung des Entstehens der Welt den Geist verwendet, wenn nämlich

nach seiner Ansicht Entstehung nichts anderes ist als Ausscheidung *(ékkrisis)*. Die Ausscheidung aber soll sich unter Wirken der Bewegung vollziehen. Ursache der Bewegung aber sei der Geist. Denn so spricht Anaxagoras:)

Und als der Geist mit der Bewegung den Anfang gemacht hatte, da begann die Ausscheidung von allem, was in Bewegung gesetzt wurde; und soviel nur immer der Geist in Bewegung gesetzt hatte, all das wurde voneinander geschieden. Während der Bewegung und Scheidung aber erzeugte der Umtrieb (die wirbelnde Bewegung) in noch viel stärkerer Weise eine Scheidung (der Dinge) voneinander.

543 Der Geist aber, der ewig besteht, ist wahrlich auch jetzt, wo auch alles andere ist, in der umgebenden (noch ungeschiedenen) Masse und in dem, was sich vom vorher Geschiedenen weiter ansetzt und in dem, was sich (früher schon) ausgeschieden hat.

544 Das Dichte und das Feuchte, das Kalte und das Dunkle (der Dunst) drängte sich an der Stelle zusammen, wo es auch jetzt ist. Das Dünne und Warme und Trockene jedoch entwich in die Weite des Äthers.

545 Aus diesen (Stoffen), die sich ausschieden, ballte sich die Erde zusammen. Denn aus den Wolken (die zur Luft gehören) scheidet sich das Wasser aus, aus dem Wasser (wiederum) die Erde, aus der Erde verdichten sich unter Einwirkung der Kälte die Steine, diese aber entweichen eher dem Wasser (als die Erde).

546 Von Werden und Vergehen haben die Griechen unrichtige Vorstellungen. Denn kein Ding entsteht, noch vergeht es, sondern es mischt sich aus bereits vorhandenen Dingen oder zerscheidet sich wieder (d.h. löst sich in die ursprünglichen Bestandteile wieder auf). Und so könnte man das Werden richtiger einen Mischungs- und das Vergehen einen Zerscheidungsprozeß nennen.

Lehrbericht

547 Was aber aus der Erde geworden, das kehrt zur Erde zurück, was aber aus ätherischer Zeugung entsprungen, eilt wieder zu seiner Himmelsheimat. Nichts von dem, was je entstanden, vergeht, es trennt sich nur eines vom anderen und zeigt dann eine andere Gestalt.

4. Geist und Materie

Fragment

548 In allem ist von allem ein Anteil von jedem enthalten, mit Ausnahme des Geistes *(nus)*. In einigen ist aber auch Geist enthalten.

Lehrberichte

549 Anaxagoras ... erklärte, daß der Urgrund des Alls Geist und Stoff (Materie) sei, der Geist aber sei es, der schaffe, die Materie sei es, die entstehe. Alle Dinge zusammen habe der Geist durch sein Dazutreten in die rechte Ordnung gebracht. ... An der Bewegung hätten alle Dinge Anteil, vom Geist bewegt kämen die gleichartigen Dinge zusammen. Das, was sich am Himmel befinde, sei infolge der kreisförmigen Bewegung in seine Ordnung gebracht worden. Das Dichte und Feuchte, Dunkle und Kalte und alle schweren Stoffe vereinigten sich gegen die Mitte hin. Die diesen entgegengesetzten Stoffe, das Warme und Leuchtende, das Trokkene und Leichte, sei in die Region weit ab vom Äther getrieben worden.

550 Anaxagoras erklärt die Materie als unbegrenzt; von ihr aber existieren ganz kleine, untereinander ähnliche Teilchen. Diese seien, nachdem sie anfangs wirr durcheinander gemischt gewesen seien, später vom göttlichen Geist in Ordnung gebracht worden.

5. Der Nus

Fragment

551 Das Übrige besitzt an allem Anteil. Aber der Geist *(nus)* ist etwas Unendliches und unbeschränkt Mächtiges und mit keinem Dinge vermischt, sondern allein, selbst, für sich. Denn wäre er nicht für sich, sondern irgend etwas beigemengt, hätte er an allen Dingen Anteil, wenn er mit irgend etwas vermischt wäre. Denn in allem ist ein Anteil von allem enthalten, wie ich es vorhin darlegte. Darum würden die beigemengten Stoffe ihn behindern, so daß er nicht auf dieselbe Weise über irgendein Ding herrschen könnte, wie wenn er allein nur für sich existierte. Denn von allen Dingen ist er (der Geist) das feinste und das reinste, hat von allem Kenntnis und ist am gewaltigsten an Kraft. Und über alles, was nur immer eine Seele besitzt, Größeres wie Kleineres, herrscht der Geist.

Es herrschte auch der Geist über die Gesamtheit der wirbelnden Bewegung, so daß er auch dieser Bewegung den ursprünglichen Antrieb verleiht. Und ganz zu Anfang nahm dieser Wirbel von einer kleinen (Stelle) seinen Ausgang, er greift aber weiter aus und wird noch weiter ausgreifen. Und alles, was sich da mischte und voneinander sonderte und sich schied, all das erkannte der Geist.

Und allem schuf der Geist seine Ordnung, so wie es in Zukunft werden sollte und wie es (vordem) war, und wie es jetzt nicht mehr besteht, und so wie es gegenwärtig ist; ebenso die Wirbelbewegung, die jetzt die Gestirne und die Sonne, der Mond und die Luft und der Äther, die sich voneinander (schieden), vollführen. Eben diese (Wirbel)-Bewegung ist die Ursache für ihre Ausscheidung. Und zwar scheidet sich vom Dünnen das Dichte, vom Kalten das Warme, vom Dunkeln das Helle und vom Feuchten das Trockene. Daran (an dieser Scheidung) haben viele Anteile vieler Stoffe teil. Vollständig aber scheidet sich nichts vom andern oder kann sich trennen voneinander, mit Ausnahme des Geistes. Geist ist aber ein und derselbe, immer sich gleich an Art; der größere wie der kleinere. Von allen übrigen (Wesenheiten) ist aber keine der anderen völlig gleich, aber das was am meisten in einem Dinge vorhanden ist, das ist und bildete auf ganz klar erkennbare Weise ein jedes Einzelding.

Lehrberichte

552 Das Gerechte bezeichnet Anaxagoras als Geist. Er habe, wie er es ausdrückt, seine Gewalt ganz aus sich selbst, sei mit nichts vermischt und ordne alle Dinge, indem er durch alles hindurchgehe (alles durchdringe).

553 Nur Anaxagoras behauptet, daß der Geist leidensunfähig sei und nichts mit etwas anderem gemein habe.

6. Der Kosmos

Fragment

554 Die Sonne ist es, die dem Monde ihren Glanz überträgt.

Lehrberichte

555 Von der Sonne sagte (Anaxagoras), daß sie ein in Glut befindlicher Metallklumpen und größer als der Peloponnes sei. Auf dem Mond gebe es bewohnte Orte, aber auch Hügel und Täler ... Auf der Erde, die von flacher Gestalt sei, sei das Meer zurückgeblieben, nachdem durch die (Wirkung) der Sonne das Feuchte zum Verdunsten gebracht worden war.

556 Die Sonne, der Mond und alle Gestirne seien glühende Steinmassen, die von dem Umschwunge des Äthers herumgetrieben würden. Aber auch unterhalb der Gestirne gebe es Sternkörper, die mit Sonne und Mond mitherumgetrieben würden, für uns (jedoch) unsichtbar

557 Der Mond besitze kein eigenes Licht, sondern (erhalte dieses) von der Sonne.

Der Mond verfinstere sich, wenn die Erde, manchmal aber

auch die Weltkörper unterhalb des Mondes, zwischen ihn und die Sonne gerate; die Sonne dagegen (werde verfinstert), wenn der Mond bei Neumond zwischen sie und die Erde trete.

558 Die Erde sei flach von Gestalt und verharre in schwebender Lage wegen ihrer Größe, weil es keinen leeren Raum gebe und die Luft, da sie außerordentlich stark (tragkräftig) sei, die Erde trage, die also auf ihr schwimme.

559 Die meisten Denker erklären, daß die Erde im Zentrum (der Welt) liege; so auch Empedokles und Anaxagoras.

7. Von Pflanzen und Tieren

Lehrberichte

560 Die Pflanzen, versichert Anaxagoras, sind beseelt, sie trauern und freuen sich.

561 Anaxagoras, den man einen Atheisten nannte, lehrte, die Tiere seien aus Samen entstanden, der vom Himmel (aus dem Äther) falle.

8. Vom Menschen

Fragment

562 (In allen diesen Dingen sind wir schwächer als die Tiere.) Wir benützen aber unsere Erfahrung, unser Gedächtnis, unsere Klugheit und Geschicklichkeit. (So nehmen wir ihnen den Honig und die Milch und bringen mit allen Mitteln in unseren Besitz, was sie haben.)

Lehrbericht

563 Anaxagoras behauptet, der Mensch sei das verständigste aller Lebewesen, weil er Hände habe.

9. Wahrnehmen und Denken

Fragmente

564 (Anaxagoras, der hochbedeutende Physiker, hat gesagt, um zu zeigen, wie unzulänglich unser Wahrnehmungsvermögen ist:) Infolge ihrer (der Sinne) Schwäche sind wir außerstande, die Wahrheit zu erkennen. (Und als Beleg für die Unzuverlässigkeit der Sinneswahrnehmung weist er auf die nur ganz allmählichen Veränderungen der Farben. Denn wenn wir zwei Gefäße mit Farben, das eine voll schwarzer, das andere voll weißer Farbe nehmen, und dann die Farbe vom einen Gefäß ins andere tropfenweise hinübergießen, nehmen unsere Augen die geringfügige Veränderung der Verfärbung nicht wahr, obwohl sie in Wirklichkeit stattfinde.)

565 Das Sichtbare (der Welt um uns) öffnet uns die Schau ins Unsichtbare.

10. Ethisches

566 Anaxagoras soll jemandem, der ihn gefragt habe, weswegen man vorziehen solle, geboren statt nicht geboren zu sein, geantwortet haben: Wegen der (denkenden) Betrachtung des Himmels und der gesamten Weltordnung.

567 Als erster scheint Anaxagoras den Satz aufgestellt zu haben, die Dichtung Homers bezwecke Unterweisung in Tugend und Gerechtigkeit.

DIOGENES VON APOLLONIA

Fragmente

568 Der Anfang seiner Schrift *(Perí phýseos)* lautet: »Bei Beginn jeder Darlegung muß man meines Dafürhaltens mit einer unbestreitbaren (Tatsache) beginnen; die Ausdrucksweise aber soll einfach und edel sein.«

569 Um gleich das Ganze zu umschreiben: meines Erachtens sind alle Seinsdinge Absonderungen aus demselben (Urstoff)[1] und (daher) ein und dasselbe. Und das liegt auf der Hand. Denn wenn von dem, was es jetzt in der Welt gibt, Erde und Wasser und Luft und Feuer und allem anderen, was sonst in dieser Welt in Erscheinung tritt, irgendein Ding anders wäre als das andere, nämlich anders beschaffen seinem Wesen (seiner Stoffnatur) nach und wenn es nicht wesenhaft dasselbe bliebe trotz vielfacher Wandlung und Veränderung, dann könnten die Dinge sich auf keine Weise miteinander vermischen noch das eine dem anderen nützlich oder schädlich werden; es könnte auch weder eine Pflanze aus der Erde sprießen, noch ein Tier oder etwas anderes entstehen, wenn die Dinge nicht so beschaffen wären, daß sie (ihrem Urstoff nach) immer dasselbe sind. Vielmehr sondern sich alle Dinge durch Veränderung aus demselben Urstoff ab, nehmen bald diese, bald jene Gestalt an und kehren (schließlich) in denselben Urstoff zurück.

570 Denn ohne Einwirkung des Geistes wäre eine solche Verteilung (des Urstoffes) unmöglich, daß er bei allen Dingen ein bestimmtes Maß einhielte, bei Winter und Sommer, bei Tag und bei Nacht, Regen, Wind und schönem Wetter. Auch von allem anderen, wenn man nur richtig darüber nachdenken will, wird man finden, daß es in einer Art geordnet ist, wie sie schöner nicht sein könnte.

571 Dazu gibt es auch folgende wichtige Beweise: Die Men-

schen und die übrigen Lebewesen existieren durch (Einatmen der) Luft. Das ist ihre Seele und ihre Geisteskraft ... Wird ihnen dies genommen, dann sterben sie, und ihre Geisteskraft erlischt.

572 Und meiner Ansicht nach ist das mit Geisteskraft ausgestattete Urprinzip das, was von den Menschen die Luft genannt wird. Von ihm werden alle geleitet, und alle beherrscht es. Nun, scheint mir, ist dieses (Urprinzip) Gott, ist allgegenwärtig, durchwaltet alles und ist in allem enthalten. Es gibt auch nicht das geringste, was an seinem Wesen nicht teilhätte. Es hat aber kein Ding in gleicher Weise an ihm teil wie das andere, sondern es gibt vielerlei Wesensarten, ebenso wie der Luft selber, so auch der Denkkraft.

Denn sie ist vielgestaltig (vielfach abgestuft), bald wärmer, bald kälter, bald trockener, bald feuchter, bald ruhiger, bald heftiger bewegt. Und so gibt es in ihr noch viele andere Veränderungen und unendliche Abstufungen von Geschmack und Farbe. Für alle Lebewesen ist die Seele dasselbe, nämlich Luft; sie (die Seelenluft) ist zwar wärmer als die Außenluft, in der wir leben, dafür aber viel kälter als die Luft in der Nähe der Sonne. Bei keinem der Lebewesen ist diese Wärme nun gleich (da das ja nicht einmal bei den Menschen der Fall ist), sondern unterschiedlich. Groß ist aber der Unterschied nicht. Er geht nur soweit, daß sie (einander) ähnlich bleiben. Freilich kann kein Ding, das sich ändert, genau dem anderen gleich werden. Da nun die (Art) der Veränderung vielgestaltig ist, so sind auch die Lebewesen von vielfältiger Art und zahlreich (an Typen), weder ihrer Gestalt nach noch an Lebensweise und Denkkraft vergleichbar. Trotzdem ist es ein und derselbe Urstoff, durch den sie leben, sehen und hören, und auch ihre sonstige Denkkraft haben alle (Wesen) von demselben (Geistesprinzip).

573 Mit den Adern[2] im menschlichen Körper verhält es sich so: es gibt zwei Hauptadern; diese durchqueren die Bauchhöhle entlang dem Rückgrat, die eine rechts, die andere links (davon), jede in den entsprechenden Schenkel; und nach oben hin verlaufen sie an den Schlüsselbeinen vorbei durch

die Kehle in den Kopf ... so gehen zwei besonders große Adern nahe dem Rückgrat selbst in das Herz. – Die Adern, die durch die Kehle zum Kopf laufen, treten am Halse stark in Erscheinung. Von beiden verästeln sich dort, wo sie enden, viele in den Kopf, und zwar so, daß die von rechts kommenden nach links, die von links kommenden nach rechts abzweigen. Neben der großen Ader am Halse liegt auf jeder Seite eine andere, etwas kleinere als diese; in ihr vereinigen sich die meisten Adern, die vom Kopf kommen. Nun laufen diese beiden durch die Kehle ins Innere des Leibes, und jede von ihnen sendet Abzweigungen unter das Schulterblatt und in die Hände. Überdies treten außer der Milzader und der Leberader (noch) andere, ein wenig kleinere hervor, die man (beim Aderlaß) öffnet, wenn sich ein Schmerz unter der Haut bildet; wenn aber Schmerzen im Unterleib auftreten, wird die Leber- und die Milzader geöffnet. –

574 Und eben dieser Urstoff ist an sich ein ewiger und unsterblicher Körper. Von den anderen Dingen aber sind die einen dem Entstehen, die andern wieder dem Untergang (dem Vergehen) unterworfen.

575 Das ist offenbar: (der Urstoff) muß groß und gewaltig, ewig, unsterblich und sehr weise sein.

Lehrberichte

576 Tatsächlich ist die Entwicklung der Dinge notwendigerweise auf ein einziges Prinzip zurückzuführen; so drückt sich Diogenes ganz richtig aus, wenn er meint: Wenn nicht alle Dinge aus einem einzigen Urstoffe hervorgingen, wäre es unmöglich, daß sie aufeinander einwirkten, so etwa, wenn ein warmes Ding kalt wird und sich wiederum erwärmt. Denn nicht die Wärme und die Kälte wandeln sich eines ins andere, sondern offenbar (wandelt sich) der zugrunde liegende (Zustand des Stoffes).

577 Diogenes und einige andere Denker erklären die Seele für Luft. Denn, meint er, die Luft sei das Feinste von allen

Dingen und ihr Urstoff. Darauf beruhe ihre Fähigkeit, zu erkennen und Bewegungen hervorzurufen. Weil sie das Erste und alles andere aus ihr entstanden sei, habe sie die Möglichkeit zu erkennen, und da sie das Feinste sei, Bewegungen hervorzurufen.

578 Wie Pythagoras und Anaxagoras erklärte Diogenes die Seele für unvergänglich.

KRATYLOS

Lehrberichte

579 Von Jugend an war Platon zuerst durch Kratylos mit den Lehren des Heraklit vertraut geworden, daß alle Sinnendinge sich in ewigem Flusse befinden und daß ein Wissen von ihnen unmöglich ist. An dieser Überzeugung hat er auch weiterhin festgehalten.

Aus Platons ›Kratylos‹:

580 Kratylos da behauptet, mein Sokrates, es gebe für jeden Gegenstand eine ihm von Natur zukommende richtige Bezeichnung. Nicht das sei ein Name, was einige nach Übereinkommen anwenden, indem sie einen Teil ihrer eigenen Sprache vorbringen. Es gebe vielmehr von Natur eine gewisse Richtigkeit in den Benennungen, für Hellenen wie für Barbaren.

581 Die Wörter sind dazu da, über die Dinge (Begriffe) zu belehren. Es ist ganz einfach: wer die Wörter versteht, versteht auch die Dinge.[1]

LEUKIPPOS

1. Atomistische Kosmogonie

Lehrberichte

582 Leukippos aus Elea (erklärt) ... die Welten entständen dadurch, daß Körper (Atome) in den leeren Raum stürzen und sich miteinander verflechten, und infolge der Bewegung, gemäß dem Wachstum (der sich aneinanderballenden Atome) entstehe die Substanz der Gestirne. Als erster hat er die Atome als Urgründe (der Dinge) bezeichnet, das All aber sei unendlich; zum Teil sei es voll (von Atomen), zum Teil sei es leer. Diese (Gegebenheiten) nennt er auch Urelemente. Und die Welten, die daraus (aus dem Leeren und aus den Atomen) beständen, seien unbegrenzt (viele) und lösten sich einmal wieder in dasselbe auf. Die Welten entständen folgendermaßen: Es bewegten sich infolge des Sichlosreißens aus dem Unendlichen viele Körper von allerlei Gestalt in einem gewaltigen leeren Raum. Diese ballten sich zusammen und erzeugten (so) eine einzige Wirbelbewegung. Infolge dieser Wirbelbewegung stießen sie miteinander zusammen und, da sie auf alle möglichen Weisen durcheinanderkreisen, sonderten sie sich einzeln für sich, das Gleiche zum Gleichen. Da sie aber wegen ihrer Fülle (der übergroßen Masse) nicht mehr im Gleichgewicht herumwirbeln (könnten), entwichen die feineren (Stoffteilchen) hinaus in das äußere Leere, als ob sie durch ein Sieb getrieben würden. Die andern (Massenteilchen) blieben zusammen und, miteinander verflochten, bewegten sie sich, untereinander verbunden, dahin und bildeten ein erstes kugelförmiges Ganzes. Dieses umfasse (in sich) wie in einer Haut (Schale) alle möglichen Körper. Da sie nun infolge des Gegendruckes (Abstoßungskraft) der Mitte herumzukreisen (gezwungen waren), wurde die rund-

um sich (bildende) Haut dünn, da die benachbarten (Körper) durch Berührungnahme mit dem Wirbel ewig (weiter) zusammenströmten. Und so sei die Erde entstanden, nämlich durch Zusammenballung der nach der Mitte zu getriebenen Massen. Wiederum sei eben diese ringsumgebende Haut gewachsen, infolge des weiteren Zuströmens der von außen kommenden Körper; und selbst durch die Wirbelbewegung herumgetrieben, riß sie alles, womit sie in Berührung kam, an sich. Von diesen Massen verflochten sich einzelne miteinander und bildeten ein zusammengeballtes Ganzes, das zuerst aus feuchten und schlammigen Bestandteilen sich zusammensetzte. Als sie aber austrockneten und mit dem Wirbel des Ganzen herumgetrieben wurden, seien sie in feurige (Glut) geraten und hätten (so) die Substanz der Gestirne gebildet. Der Kreis der Sonne aber sei der äußerst entfernte, der des Mondes (der Erde) am nächsten, dazwischen befänden sich die Kreise der anderen Gestirne. Alle Gestirne seien aber infolge der Geschwindigkeit ihrer Bewegung glühend; aber auch die Sonne werde durch die Bewegung der Gestirne in glühenden Zustand versetzt. Der Mond jedoch erhalte nur wenig Anteil vom Feuer.

Wie es Weltentstehung gebe, so gebe es auch ein Wachstum, ein Dahinschwinden und einen Untergang, gemäß einer gewissen Notwendigkeit; wie diese aber (die Notwendigkeit) beschaffen sei, erklärt er nicht.

583 Leukippos und Demokritos nahmen eine kugelförmige (Gestalt) der Welt an. Leukippos, Demokritos und Epikuros erklärten, daß die Welt weder beseelt noch von einem fürsorgenden (Geist) durchwaltet sei, sondern von einer Art vernunftloser Naturkraft aus den Atomen zusammengesetzt werde. Leukippos hält die Welt (den Kosmos) für vergänglich.

584 Die Welt, die eine runde Gestalt besitzt, hat sich auf diese Weise gebildet: Da die Atome, deren Bewegung bestimmungslos und in ganz zufälliger Art vor sich gehe, sich äußerst rasch fortbewegen, so träfen viele Körper, die sehr mannigfaltiger Gestalt und Größe seien, an einem Orte zu-

sammen. Als sie sich aber so an einem und demselben Punkte vereinigten, sanken alle die, die größer und schwerer waren, ganz nach unten. Alle aber, die klein und rundlich, glatt und schlüpfrig waren, wurden durch das Aufeinandertreffen der Atome herausgedrängt und nach oben emporgetrieben. Als nun die Kraft des Stoßes aufhörte, sie nach oben zu treiben, und der Stoß sie nicht mehr weiter emporwarf, sie aber daran gehindert wurden, herabzusinken, wurden sie an die Orte weitergetrieben, die imstande waren, sie aufzunehmen. Das waren aber die des Umkreises, und an diesem sammelte sich die Masse der Atome an. Da sie sich nun so miteinander verflochten, bildeten sie, sich im Kreise herumlagernd, das Himmelsgewölbe. Die Atome aber, die von gleicher Substanz, aber, wie oben geschildert, an Form und Größe mannigfach verschieden sind, bildeten, in die Höhe emporgeschossen, die Substanz der Gestirne. Die Masse der aufdünstenden Körper stieß auf die Luft und drängte sie heraus. Wie sich aber diese infolge der ihr (mitgeteilten) Bewegung in Wind umwandelte und die Gestirne mit sich trieb, führte sie diese im Kreise mit sich herum und hielt ihr gegenwärtiges sich im Kreise Herumschwingen in der Höhe (des Himmels) aufrecht. Danach entstand aus den herabsinkenden Atomen die Erde, aus den nach oben getriebenen das Himmelsgewölbe, das Feuer und die Luft.

2. Wesen und Bewegung der Atome

Lehrberichte

585 Leukippos und Demokritos erklären, daß die Atome in Bewegung gerieten, wenn sie sich gegenseitig stießen oder aneinander geschlagen würden. Woher aber die naturgemäße (ursprüngliche) Bewegung ihren Grund habe, das sagen sie nicht. Denn die Bewegung infolge gegenseitigen Stoßes ist durch eine Gewalt entstanden und nicht eine natürliche Bewegung; die gewaltsame Bewegung ist später (entstanden) als die natürliche.

586 Diejenigen aber (unter den Denkern), die die Möglichkeit aufgegeben hatten, die Teilung (der Stoffe) bis ins Unendliche fortzuführen, da wir ja nicht imstande seien, die Dinge bis ins Unendliche aufzuspalten und damit die Endlosigkeit der Teilung zu beweisen, erklärten, daß die Körper aus unteilbaren (Stoffteilchen) beständen und zu unteilbaren Bestandteilen zerlegt werden (könnten). Leukippos und Demokritos indessen erachteten als Grund für die Unteilbarkeit der Urkörper *(próta sómata)* nicht nur ihre Unverletzlichkeit (gegenüber dem Versuch der Teilung), sondern auch ihre Kleinheit und daß sie eben nicht mehr aus (weiteren) Teilen zusammengesetzt sind.

587 Die kleinsten und ersten Körper nannten sie Atome ... Die Urkörper hielten sie für unzerlegbar, unteilbar und unverletzbar, weil sie voll (massiv) seien und ganz und gar kein leerer Raum in ihnen sei. Denn die Zerteilung erfolge entsprechend dem in den Körpern befindlichen leeren Raum. Diese Atome aber, die in dem unendlichen Leeren voneinander getrennt seien und sich nach Gestalt, Größe, Lage und Anordnung voneinander unterschieden, bewegten sich in dem Leeren, sie stießen aufeinander, indem sie zusammenträfen, die einen aber prallten voneinander ab, wie es sich zufällig treffe, andere aber verflöchten sich miteinander, entsprechend der Symmetrie ihrer Gestalten, Größenverhältnisse, ihrer Lage und Anordnung und gewännen so Zusammenhalt; auf solche Weise erfolge die Entstehung der zusammengesetzten Körper.

588 Da sich die Körper (die Atome) durch ihre Form unterschieden, die Zahl der Gestalten aber unendlich sei, so seien auch die einfachen Körper (die Atome) unendlich an Zahl. Von welcher Beschaffenheit aber ein jeder der Urkörper ist, darüber machten sie keinerlei bestimmte Angaben, sie wiesen nur dem Feuer Kugelgestalt zu. Luft und Wasser und die anderen Elemente unterschieden sie entsprechend der Größe und Kleinheit (ihrer Atome) so, als ob ihre Natur (ihre Stoffzusammensetzung) eine Art von Gesamtkeim aller Grundstoffe darstelle.

589 Sie erklären (Leukippos und Demokritos), daß die von ihnen (so genannten) Urkörper, die Atome, im unendlichen Leeren, durch Gewalt (angetrieben), in ewiger Bewegung sich befänden.

590 Einige, wie Leukippos und Platon, nehmen eine ewige Tätigkeit an; sie erklären nämlich, die Bewegung sei ewig. Aber warum das so sei und welcher Art diese Bewegung ist, das erklären sie nicht, ebensowenig die Ursache, falls sie so oder so ist.

591 Wenn aber das All keinen Zusammenhang (keine feste Verbindung seiner Teile) besitzt, sondern – wie Demokritos und Leukippos erklären – durch den leeren Raum (in voneinander geschiedene Teile) getrennt wird, dann muß notwendigerweise die Bewegung aller Körper ein und dieselbe sein. Denn unterschieden ist das All durch seine Formen. Die Substanz aber (der Stoffe) sei ein und dieselbe, so, als ob ein jedes für sich selbst Gold wäre.

3. Die Einheit des Seins und das Leere

Lehrberichte

592 Leukippos glaubte aber Ansichten (aufgestellt) zu haben, die in Übereinstimmung mit den Sinneswahrnehmungen weder Entstehen noch Vergehen noch Bewegung und auch nicht die Vielheit der Seinsdinge ausschalten. Damit stimmte er nun mit der Erscheinungswelt überein. Mit denen, die die Einheit (des Seins) behaupten, ist er in Einklang durch seine Behauptung, daß es keine Bewegung gebe ohne ein Leeres (in dem ein sich bewegendes Ding sich bewegen könne). Das Leere aber erklärt er als nicht seiend, während aber vom Seienden nichts nichtseiend (sein kann). Denn das in gültiger Art Seiende sei eben das Volle (d. h. Körperliche). Dagegen sei ein solches Sein nicht eine Einheit, sondern unendlich an Menge und wegen der Kleinheit seiner Maße (ihrer kleinsten Teilchen, der Atome) nicht sichtbar. Diese (Seinsteilchen) bewegten sich im Leeren (denn ein Leeres gebe es nun ein-

mal) und wenn sie sich miteinander verbänden, erzeugten sie Entstehen, wenn sie sich voneinander trennten, Vergehen.

593 Leukippos und Demokritos nehmen an, daß ihrer Zahl nach unendliche Welten im unendlichen leeren Raum aus unendlich vielen Atomen sich zusammengesetzt hätten.

594 Die Menschen aber halten das Leere für einen Zwischenraum, in dem kein wahrnehmbarer Körper sich befindet. In der Annahme aber, daß alles Wirkliche körperlich sei, sagen sie, daß das, in dem sich ganz und gar nichts befindet, leerer Raum sei.

595 Demokritos und Leukippos erklärten, einen leeren Raum gebe es nicht nur im Kosmos, sondern auch außerhalb des Kosmos.

4. Die Seele und die Wahrnehmung

Lehrberichte

596 Demokritos erklärt die Seele (ihrem Wesen nach) für feurig und warm. Die allumfassende Mischung (der Atome) nennt er Ursubstanzen der gesamten Natur. Ebenso denkt auch Leukippos. Von diesen (den Atomen) bildeten die kugelförmigen die Seele[1], weil so gestaltete Körper am besten durch alles durchdringen und die anderen in Bewegung setzen können, da sie ja selbst in Bewegung seien. Sie nehmen nämlich an, daß es die Seele sei, die den Lebewesen die Bewegung mitteile. Und Leukippos erklärt, die Seele bestehe aus Feuer.

597 Demokritos sagt, Sehen bedeute, das Spiegelbild der gesehenen Dinge aufzufangen. Spiegelbild aber sei das sich in der Pupille widerspiegelnde Abbild, so wie das auch bei den anderen durchsichtigen (Substanzen) geschehe, die genau so imstande seien, das Spiegelbild in sich zu bewahren. Es glaubten aber Demokritos und vor ihm Leukippos . . . daß gewisse Bilder, die (von den Dingen) ausströmen und den Dingen gleichen, von denen sie ausströmen – das aber sind die sichtbaren Dinge –, auf die Augen der Sehenden treffen und daß auf solche Weise das Sehen entstehe.

598 Leukippos und Demokritos nehmen an, daß die Wahrnehmungen und die Denkkraft auf Umwandlungsvorgängen des Körpers beruhen.

599 Leukippos, Demokritos und Epikuros erklären, daß die Sinneswahrnehmungen und das Denken dadurch entstehe, daß von außen her Bildvorstellungen (an den Menschen) herankämen. Denn nichts falle jemandem zu, weder das eine noch das andere, ohne die auf ihn stoßende Bildvorstellung.

5. Die Notwendigkeit

Fragment

600 (Leukippos erklärt, daß alles nach der Notwendigkeit geschehe, die gleich sei mit dem Verhängnis [Schicksal]. Er sagt nämlich in seiner Schrift über den Geist): Nichts ereignet sich von selbst, sondern alles geschieht aus einem sinnvollen Grund und unter dem Druck der Notwendigkeit.

DEMOKRITOS

1. Die Atome und das Leere

Fragmente

601 In Wahrheit gibt es nur die Atome und das Leere.

602 Das Ichts existiert um nichts mehr als das Nichts.

Lehrberichte

603 Demokritos nimmt an, daß es die Natur der ewigen (Substanzen) sei, aus unzähligen kleinen Seinsbestandteilen (sich zusammenzusetzen). Für diese stellt er sich einen anderen, unendlich ausgedehnten Raum vor. Er gibt aber diesem Raum folgende Bezeichnungen: Das Leere[1], das Nichts, das Unendliche. Jeden dieser Seinsbestandteile nennt er das Irgendetwas, das Feste und das Wesende. Er glaubt, daß die Seinsbestandteile dermaßen klein seien, daß sie sich unserer Wahrnehmung entziehen. Ihnen eignet eine große Mannigfaltigkeit von Formen und Gestaltungen. Auch an Größe seien sie verschieden. Aus diesen (Seinsbestandteilen) läßt er, gleichwie aus Urelementen, die für unsere Augen erkennbaren und die überhaupt sinnlich wahrnehmbaren Körper entstehen und sich zusammensetzen. Sie befänden sich in unruhiger Bewegung und würden infolge ihrer Ungleichheit und wegen der anderen erwähnten Unterschiedlichkeiten im leeren Raum herumgetrieben. Bei ihrer Bewegung aber stießen sie aufeinander und verflöchten sich (dabei) zu einer derartig engen Verbindung, daß sie untereinander ganz nahe zusammengerieten. Aber er läßt dabei aus ihnen keinerlei wirkliche Einheit (völliges Verwachsen) entstehen. Denn es wäre doch völlig unsinnig, daß aus zwei oder mehreren (Seinsbestandteilen) jemals ein einziges werden (könne). Dafür aber, daß

sie (die Atome[2]) eine gewisse Zeit über miteinander vereinigt bleiben, sieht er den Grund in ihrer wechselseitigen Verbindung und in dem Aneinanderhaften (der Kohäsion) der Urkörper. Denn die einen von ihnen hätten Formen von ungleichseitiger Begrenzung, andere seien hakenartig gebogen, wieder andere muldenartig eingebuchtet oder (wiederum) nach außen gewölbt, noch andere zeigten unzählige (Varianten) unterschiedlicher Gestaltung.

Sie hafteten, so meint er, genau so lange Zeit über aneinander und blieben solange beisammen, bis von außen her irgendein stärkerer Zwang *(anánke)*[3] sich einstelle und durch sein Dazutreten (ihre Verbindung) erschüttere, sie trenne und sie endlich zerstreue.

Er erklärt (außerdem), daß es Entstehung und ihr Gegenteil, Auflösung (Vergehen) nicht nur bei Tieren, sondern auch bei Pflanzen und (ganzen) Seinswelten und überhaupt bei allen unserer Wahrnehmung (zugängigen) Körpern gebe. Wenn nun also Entstehung Vereinigung (Verbindung), Vergehen aber Trennung von Atomen ist, dann bedeutet nach Demokritos die Entstehung eine Veränderung.

604 Ähnlich wie Leukippos stellte auch sein Gefährte Demokritos als Urprinzipien das Volle und das Leere auf; das eine nannte er das Seiende, das andere das Nichtseiende. Sie nehmen nämlich die Atome als Stoff (Materie) der Dinge an und lassen alles andere aus deren Unterschieden entstehen. Deren gibt es drei: Gestalt, Lage, Ordnung (Gruppierung).

605 Demokritos erklärt, daß die Urkörper (er meint damit die »festen«) keine Schwere besäßen, sondern daß sie durch gegenseitiges Zusammenstoßen im unendlichen (Leeren) in Bewegung gehalten würden ... Er sagt, daß die Atome von Natur aus unbewegt seien, durch einen Stoß aber in Bewegung versetzt würden.

606 Demokritos nimmt an, daß die Atome ... im unendlichen Leeren, wo es kein Oben und Unten, keine Mitte und keine äußerste Grenze gibt, sich so bewegen, daß sie durch Zusammenstöße untereinander zusammenhängen, woraus dann alles das (an Dingen) entstehe, was in der sichtbaren

Welt bestehe; und diese Bewegung der Atome habe nie einen Anfang gehabt, sondern man müsse es so verstehen, daß sie seit urewiger Zeit erfolge.

607 Was sagt Demokritos? Im leeren Raume bewegten sich zerstreut Substanzen umher, die an Menge unendlich, unteilbar *(átomoi)*, nicht voneinander verschieden, ferner ohne Qualität *(ápoioi)* und für Einwirkungen unempfindlich *(apatheis)* seien. Wenn diese sich einander nähern, zusammenfallen oder miteinander verflechten, dann erscheint von den daraus gebildeten Aggregaten das eine als Wasser, das andere als Feuer, als Pflanze oder als Mensch. Alles bestehe aus Atomen oder Formen (Ideen, wie er sie auch nennt). Sonst gebe es nichts.

608 Die Denker um Demokritos und später Epikuros erklären, daß alle Atome, die von gleicher Natur seien, Schwere besäßen; da aber einige schwerer seien, würden durch sie, die nach unten sänken, die leichteren weggetrieben und nach oben gestoßen, und daher scheine es, als ob die einen leicht, die anderen schwer seien ... Sie glauben aber auch, daß alles (alle Körper) Schwere habe, das Feuer aber, da es weniger Schwere habe, von den ihm zuvorkommenden (Stoffen) weggedrängt und nach oben getrieben werde und daß es daher leicht zu sein scheine. Diese Denker halten dafür, daß es nur das Schwere gebe (daß alle Körper eine bestimmte Schwere hätten) und daß dieses (das Schwere, also die Schwerkraft) stets nach der Mitte zu sich bewege.

609 Demokritos glaubt, daß die sogenannte Verbindung (von Stoffen) durch die Aneinanderlagerung von Körperchen entstehe, daß von (erst) festverbundenen Stoffen sich kleinste Teilchen ablösen und durch Anlagerung untereinander die Mischung (verschiedener Stoffe) erzeugten. Er erklärt nämlich, daß es von Anfang in Wahrheit keine Verbindung von Körpern gebe. Die scheinbare Verbindung sei nur eine Aneinanderlegung kleiner Teilchen von Stoffen, von denen jedes seine eigene Natur bewahre, die sie bereits vor der Mischung besessen habe. Sie erscheinen aber unserer Sinneswahrnehmung fest verbunden infolge der Kleinheit der an-

einandergelagerten Teilchen, deren keines wir einzeln wahrzunehmen imstande sind.

2. Gleiches zu Gleichem

Fragment

610 Demokritos hat gelehrt, daß sich bei belebten und unbelebten Wesen derselbe Hang des Gleichen zum Gleichen ausdrücke: Denn alle Lebewesen, so sagt er, finden sich zueinander entsprechend gleicher Art und Herkunft, wie Tauben zu Tauben, Kraniche zu Kranichen und genau so bei den übrigen Tieren. Dasselbe (Verhalten) zeigen aber auch die leblosen Dinge, wie man es beobachten kann beim Durchsieben von Samen oder bei Kieseln in der Brandung. Dort nämlich ordnen sich durch das Durcheinanderwirbeln im Siebe Linsen zu Linsen, Gerste zu Gerste und Weizen zu Weizen. In der Brandungswelle werden die länglichen Kiesel zu den länglichen, die runden zu den runden gestoßen, als ob die Ähnlichkeit der Dinge eine gewisse Vereinigungskraft auf sie ausübe.

Lehrbericht

611 Demokritos erklärt, daß sich im feuchten (Elemente) das Gleiche zum Gleichen (finde) gleich wie im All, und so sei das Meer entstanden und alle andern salzhaltigen Gewässer, nachdem das, was gleicher Herstammung sei, sich zusammengefunden habe.

3. Notwendigkeit und Zufall

Lehrberichte

612 Demokritos aus Abdera erklärte das All für unendlich, weil es auf gar keine Weise von irgend jemandem geschaffen worden sei. Weiterhin bezeichnete er es als unwandelbar und macht es auch mit bestimmten (Worten) klar, wie über-

haupt das Ganze beschaffen sei. Für die ursächlichen Vorgänge aller Dinge, die jetzt (noch) geschehen, gebe es keinen Anfang. Denn von jeher, seit unendlicher Zeit, sei alles, was geschehen sei, was jetzt besteht und was künftig sein wird, in der Notwendigkeit vorausenthalten (vorausbestimmt).

613 Alles geht, gemäß dem Schicksal, so vor sich, daß dieses Schicksal die Kraft der Notwendigkeit besitzt. In dieser Auffassung (waren sich einig) Demokritos, Herakleitos, Empedokles u. a.

614 Demokritos, der es ablehnt, von einer Zweckursache zu sprechen, führt alles (Geschehen), dessen sich die Natur bedient, auf die Notwendigkeit zurück.

615 Unter dem Wesen der Notwendigkeit versteht er den (gegenseitigen) Zusammenstoß, die Bewegung und das Aufeinandertreffen der Materie.

616 Einige Denker befinden sich sogar im Zweifel darüber, ob der Zufall (überhaupt) existiere oder nicht. Denn sie behaupten, nichts entstehe durch Zufall, denn es gebe eine bestimmte Ursache von allem dem, was wir als Von-selbst oder durch Zufall entstanden betrachten.

617 Es gibt aber einige (wie Demokritos), die als Ursache des Himmels und aller Welten zusammen das Von-selbst setzen. Denn von selbst seien der Wirbel und die Bewegung entstanden, die (die Stoffe) voneinander sonderte und das All in diese Ordnung versetzt habe. Denn sie behaupten, daß die Tiere und Pflanzen weder durch Zufall so beschaffen noch entstanden seien, sondern daß vielmehr dafür Natur oder Geist oder irgend etwas anderes die Ursache sei (denn nicht etwas Zufälliges entsteht aus einem jeden Samen, sondern aus dem einen ein Ölbaum, aus dem anderen ein Mensch). Der Himmel aber und die göttlichsten unter den sichtbaren Dingen (die Gestirne) seien infolge des Von-selbst entstanden. Es handle sich also in keiner Weise um solche Ursache wie bei den Tieren und Pflanzen.

618 Einigen scheint es, daß der Zufall die Ursache (des Ent-

stehens) sei; der menschlichen Erkenntnis aber offenbare er sich nicht, gleichsam als ob er etwas Göttliches und Übernatürliches sei.

4. Der Weltenraum und die Welten

Lehrbericht

619 Demokritos spricht sich über die Urelemente, das Volle und das Leere ähnlich wie Leukippos aus. Das Volle bezeichnet er als das Seiende, das Leere als das Nichtseiende. Er erklärt dann, daß die seienden Dinge sich im Leeren (Raum) in ewiger Bewegung befänden. Es gebe aber unendliche Welten, die sich ihrer Größe nach unterschieden. In einigen gebe es keine Sonne und Mond, in manchen aber seien sie größer als die bei uns und in manchen sei ihre Anzahl größer. Die Entfernungen der Welten voneinander seien ungleich: an einer Stelle (des leeren Raumes gebe es) mehr Welten, an einer anderen weniger, die einen seien noch immer im Wachsen, die andern befänden sich auf dem Höhepunkt (ihrer Entwicklung), wieder andere seien im Schwinden, an einer Stelle seien Welten im Entstehen, an anderer in Auflösung begriffen. Ihr Untergang erfolge dadurch, daß sie (eine Welt mit der andern) zusammenstießen. – Es gebe aber auch einige Welten, die leer seien von Tieren und Pflanzen und wo Wasser vollständig fehle.

Von unserer Welt sei vor den Gestirnen die Erde entstanden. Der Mond befinde sich unten, darauf komme die Sonne und danach die Fixsterne. Auch die Planeten hätten keine gleiche Höhe. Die Welt aber bleibe auf dem Höhepunkt (ihrer Entwicklung) bis zu dem Zeitpunkt, wo es ihr nicht mehr gelinge, irgend etwas von außen her dazuzugewinnen.[4]

5. Gottheit und Gottesverehrung

Fragment

620 Einige der gelehrten Männer erheben ihre Hände dorthin, wo wir Hellenen sagen, daß jetzt Luft sei, und sprechen: Alles bedenkt Zeus bei sich, alles weiß, gibt und nimmt er, und König ist er über alles.

Lehrberichte

621 Demokritos erklärt, daß der Gott Geist im sphärischen Feuer ist.

622 Demokritos nimmt an, (zusammen) mit dem übrigen Feuer in der Höhe (an der Sphäre) seien die Götter entstanden.

623 Demokritos gefiel es, im ganzen nur zwei Götter anzunehmen: eine Göttin der Strafe und eine Gottheit der Wohltat.

6. Die Seele

Fragmente

624 Die Bänder der Seele sind festgewurzelt am Mark, und das Herz bewahrt den Funken des Lebens.

625 Wenn der Leib einen Prozeß anstrenge gegen die Seele, wegen all dessen an Schmerzen und Mißhandlungen, was er ein Leben lang von ihr ertragen hat, dann würde er (Demokritos), als Richter über die Anklage bestellt, die Seele gern verurteilen, weil sie einerseits den Leib durch Vernachlässigung zugrunde gerichtet und durch Trunksucht geschwächt, zum andern aber durch Wollust zerstört und ruiniert habe, so, wie er einen rücksichtslosen Benutzer eines Instrumentes oder eines Gerätes zur Verantwortung ziehen würde, der dieses nachlässig behandelt habe.

626 Für die Menschen ist es angemessen, sich mehr um ihre Seele als um ihren Leib zu kümmern. Denn Vollkommenheit

der Seele richtet die Schwachheit ihres Leibes auf, Leibeskraft aber ohne Geistesstärke macht die Seele um nichts besser.

Lehrberichte

627 Einige meinen, daß die Seele Feuer sei, denn dieses sei ebenfalls eine äußerst feingestaltete Substanz und unter den Elementen das am meisten unkörperliche. In erster Linie ist es auch das Feuer, das sich bewegt und andere Körper in Bewegung versetzt. Noch feiner hat Demokritos auseinandergesetzt, warum sich dies beides so verhält: Seele und Geist seien nämlich ein und dasselbe. Dieses (Geist, Seele) gehöre zu den Urkörpern, die unteilbar seien. Beweglich sei es wegen seiner Kleinteiligkeit und wegen seiner Gestalt: Unter den Gestalten (von Körpern) sei der kugelförmige am besten beweglich. So seien der Geist und das Feuer beschaffen.

628 Einige behaupten, daß die Seele den Körper bewege, in dem sie sich befindet, genau so wie sie sich selber bewegt ... Ähnlich spricht sich auch Demokritos aus: die unteilbaren Kugelkörperchen seien stets in Bewegung, weil sie ihrer Natur nach niemals verharrten und dadurch den ganzen Körper mit sich rissen und in Bewegung setzten.

629 Demokritos und Epikuros erklären die Seele für zweiteilig; der vernunftbegabte Seelenteil befinde sich im Brustkorb, der vernunftlose Teil aber sei über das ganze Gefüge des Körpers verteilt ... Hippokrates, Demokritos und Platon glauben, daß die Lenkung (der Seele) sich im Gehirn befinde.

630 Demokrit (erklärt) die Seele für vergänglich, da sie mit dem Körper zugrunde gehe.

7. Erkenntnistheorie

Fragmente

631 Der Mensch soll aus dieser Lehre erkennen, daß er fern ist von der Wirklichkeit (der Welt).

632 Aber auch diese Meinung offenbart, daß wir von nichts etwas wissen, sondern eines jeglichen Ansicht bildet sich (nur) aus dem Zustrom von Wahrnehmungseindrücken.

633 Und doch wird es klar werden, daß es seine Schwierigkeiten hat, zu erkennen, wie jedes Ding in Wirklichkeit beschaffen ist.

634 Wir nehmen aber von der Wirklichkeit nichts Untrügliches wahr, sondern nur, was sich ständig wandelt, je nach der Verfassung unseres Körpers und der ihm zuströmenden oder entgegenwirkenden (Atome).

635 Daß wir nicht erkennen können, wie (in Wirklichkeit) jedes Ding beschaffen ist, ist oft dargelegt worden.

636 Es gibt zwei Formen der Erkenntnis, die echte und die dunkle (verkehrte). Zur dunklen gehören die folgenden: Gesicht, Gehör, Geschmack, Tastgefühl. Die andere Form aber ist die echte, die von jener völlig geschieden ist ...

637 (Nachdem Demokritos sein Mißtrauen gegen die Sinneswahrnehmungen folgendermaßen ausgesprochen): Nach gewohnheitsmäßiger Bezeichnung gibt es Farbe, Süßigkeit, Bitterkeit, in Wirklichkeit nur Atome und Leeres, (läßt er die Sinne zum Verstand so sprechen): Armer Verstand, auf uns willst du dich stützen, um uns niederzuwerfen. Dein Sieg wird dir zur Niederlage.

638 Nimm dir nicht vor, alles verstehen (wissen) zu wollen, damit du nicht aller Dinge unkundig wirst.

Lehrberichte

639 Die Denker um Platon und Demokritos hielten nur das dem Denken Zugängliche für wahr (wirklich); und zwar Demokritos deshalb, weil kein sinnlich wahrnehmbares Ding der Wirklichkeit zugrunde liege, da die alles zusam-

mensetzenden Atome eine jeder sinnlichen Natur bare Substanz besäßen.

640 Von der Zeit behaupten sie, daß sie unentstanden sei, und daraus leitet Demokritos ab, es sei unmöglich, daß alles entstanden sei; denn die Zeit sei unentstanden.

641 Es scheint aber auf die Physiker Epikuros und Demokritos diese folgende Ansicht über das Wesen der Zeit zurückzuführen zu sein: Zeit ist eine tag- und nachtähnliche Trugvorstellung (*phántasma*).

642 Einige Denker aber, wie der Kreis um Demokritos, erklären alles sinnlich Wahrnehmbare für unwirklich.

643 Nach Demokritos gebe es drei Kriterien:

1. Für die Erfassung der unsichtbaren Dinge seien dies die sinnlich wahrnehmbaren.
2. Für die Untersuchung (Erforschung) sei es das Denken.
3. Für das Erwählen und das Meiden seien es die Gefühle.

Denn das, was wir als uns vertraut empfinden, das muß man wählen, was uns aber fremd ist, das soll man meiden.

644 Demokritos, Epikuros und die Stoiker erklären den Schall für etwas Körperliches.

645 Demokritos erklärt, daß die Luft (durch die Schallstöße) in gleichgeformte (Körperchen, Atome) zerfalle und sich zusammen mit den durch den Schall erzeugten Splitterchen fortwälze.

8. Dichter und Erzieher

Fragmente

646 Kein großer Dichter sei zu denken ohne Begeisterung und einen gewissen Wahnsinn.

647 Was immer ein Dichter aus innerer Verzückung und vom heiligen Anhauch getrieben schreibt, das ist sicherlich schön.

648 Die Arzneikunst heilt Krankheiten des Leibes, die Philosophie befreit die Seele von Leidenschaften.

649 Die Natur und die Erziehung sind sich ähnlich. Die Erziehung nämlich formt den Menschen um und schafft durch diese Umformung eine zweite Natur (= 654).

650 Als erfolgreicherer Erzieher zur Tugend wird sich erweisen, wer sich des aufmunternden und des überzeugenden Wortes als wer der Regel (des Gesetzes) und des Zwangs sich bedient. Heimlich wird wahrscheinlich fehlen, wen nur das Gesetz vom Unrechttun abhält. Wem Überzeugung den Weg zu der Pflicht weist, der wird weder im geheimen noch offen einen Fehltritt tun. Darum wird mannhaft und aufrecht zugleich, wer mit Verständnis und wissentlich richtig handelt.

9. Ethisches

Fragmente

651 Aus der Vernunft entspringen drei Gaben: Wohl denken, wohl reden und tun, was recht ist.

652 Wer sich wohl befinden will, soll nicht vieles zu unternehmen (versuchen), weder für sich noch für die Gemeinschaft, und was er auch immer unternehme, er soll nichts über seine Kraft und über die Natur hinaus wollen, sondern so sehr auf der Hut sein, daß, selbst wenn das Glück kommt und ihn zum Übermaß führen will, er dessen nicht achtet und sich nicht mehr übernimmt, als ihm gut tut. Mäßiger Wohlstand ist sicherer als Überfülle.

653 Lust und Unlust (Gefühl) bezeichnen die Grenze (des Zuträglichen und Abträglichen).

654 Natur und Erziehung sind sich ähnlich. Die Erziehung nämlich formt den Menschen um und schafft durch diese Umformung eine zweite Natur (= 649).

655 Der Mensch ist eine Welt im Kleinen.[5]

656 Wessen Charakter wohl geordnet ist, dem ist auch das Leben zu einem Ganzen geordnet.

657 Befriedigend (schön) ist in allem das Gleichmaß: Überfülle und Mangel dagegen mißfallen mir.

658 Die Menschen erwerben innere Heiterheit *(euthymía)* durch Maßhalten im Genuß und durch Ausgeglichenheit in ihrer Lebensführung.[6] Denn sowohl Mangel wie Überfluß

sind gern dem Wechsel ausgesetzt und pflegen starke Erschütterungen der Seele hervorzurufen. Seelen aber, die von extremen (Erregungen) bewegt werden, sind weder (in sich) beständig noch wohlgemut. Man soll also sein Denken auf das Erreichbare einstellen und an dem Genüge haben, was vorhanden ist, ohne sich viel um die zu bekümmern, die (wegen ihrer Glücksumstände) beneidet und bewundert werden, oder gar sein Denken und Trachten auf sie abzustellen. Vielmehr soll man sich die Lebensschicksale der von Trübsal Beladenen vor Augen führen und sich recht stark ihre Leiden vergegenwärtigen, so daß dir dann deine gegenwärtige Lage groß und beneidenswert erscheint und es dir nicht begegnet, deine Seele zu vergiften mit der Gier nach mehr. Denn wer die Wohlhabenden und von den anderen Menschen selig Gepriesenen bewundert und die ganze Zeit sein Denken nur auf sie richtet, der zwingt sich selbst dazu, ständig etwas Neues auszusinnen und wegen seiner Begierde darauf zu verfallen, etwas Unsühnbares von dem zu begehen, was die Gesetze verbieten.

Daher ist es Pflicht, einesteils dem einen nicht nachzujagen, andrerseits es sich bei dem (Vorhandenen) wohl sein zu lassen; sein eigenes Leben mit dem Leben derer zu vergleichen, denen es schlechter geht, und in Beherzigung ihrer Leiden sich selbst glücklich zu preisen, um wieviel besser man es hat und treibt. Wenn du dich an diese Einsicht hältst, wirst du wohlgemuter dein Leben verbringen und nicht wenige Dämonen aus deinem Leben vertreiben: Neid, Mißgunst und verbitterten Groll.

10. Sprüche (Gnomai) des Demokritos

659 Wenn man diese meine Sprüche mit Verstand anhört, wird man viele Dinge tun, die eines tüchtigen Mannes würdig sind, viele schlechte aber nicht tun.

660 Wer geistige Güter wählt, wählt die göttlicheren, wer nur nach leiblichen strebt, wählt menschliche.

661 Schön ist es, den, der Unrecht tut, daran zu hindern; sonst, am Unrecht nicht teilzunehmen.

662 Man muß entweder selbst gut sein oder Gutem nacheifern.

663 Nicht Körper, nicht Reichtümer machen Menschen glücklich, sondern Geradsinnigkeit und vielseitige Klugheit.

664 Nicht aus Furcht (vor Strafe), sondern weil es Pflicht ist, soll man sich von Sünden fernhalten.

665 Reue über schändliche Handlungen ist Lebensrettung.

666 Wer Unrecht tut, ist unglücklicher, als wer Unrecht leidet.

667 Vor dem Gesetz, dem Herrscher und vor dem Weiseren sich zu beugen, gehört sich.

668 Aus dem Tadel schlechter Menschen macht sich der Gute nichts.

669 Schlimm ist es, von einem beherrscht zu werden, der schlechter ist.

670 Oft zeigt sich ein Wort zur Überredung stärker als Gold.

671 Wer den, der sich einbildet, Verstand zu haben, zu Verstand bringen will, vergeudet seine Zeit.

672 Viele, die vernunftmäßiges Denken (den Logos) nicht erlernt haben, leben (trotzdem) vernunftgemäß.

673 Rechtschaffene Werke und Taten der Rechtschaffenheit heißt es zu erstreben, nicht Worte.

674 Das Schöne und sittlich Gute erkennen und erstreben nur die von Natur dazu Befähigten.

675 Die Hoffnungen (die Sehnsucht) derer, die Rechtes denken, sind erfüllbar, die der Unverständigen nicht zu verwirklichen.

676 Keine Kunst, keine Wissenschaft ist erreichbar außer durch Lernen.

677 Es ist besser, die eigenen Fehler ans Licht zu bringen als die der anderen.

678 Viele Vielwisser haben keinen Geist.

679 Fülle des Verstandes, nicht Vielwisserei soll man pflegen.

680 Es ist besser, vor dem Handeln zu überlegen, als hinterher (erst) darüber nachzudenken.

681 Für alle Menschen ist zwar das nämliche gut und wahr; angenehm aber ist dem einen dies, dem anderen jenes.

682 Maßlos in Wünschen zu sein ist Kindes, nicht Mannes Sache.

683 Nur die Liebe ist richtig, die, ohne maßlos zu sein, dem Schönen nachstrebt.

684 Ruhm und Reichtum ohne geistige Einsicht sind keine sicheren Besitztümer.

685 Als Feind zu werten ist (weniger) der, der (offen) Böses tut, als wer Böses im Schilde führt.

686 Sieh dich vor gegenüber dem, der von dir Wohltaten entgegennimmt, daß er dir, weil er falsch ist, nicht Gutes mit Bösem vergilt.

687 Viele, die uns Freunde scheinen, sind es nicht, viele, die es nicht scheinen, sind es.

688 Die Freundschaft mit einem verständigen Manne ist besser als die mit allen Unverständigen.

689 Der ist nicht wert zu leben, der nicht einen einzigen Freund hat.

690 Bei wem erprobte Freunde nicht ausharren, der ist ein Mensch von schlechtem Charakter.

691 Mir scheint es, daß niemandes Liebe gewinnen kann, wer nicht selbst jemanden liebt.

692 Ein schöner Menschenleib ist etwas Tierisches, wenn nicht Geist dahinter steckt.

693 Im Glück einen Freund zu finden ist leicht, im Unglück das Schwerste von allem.

694 Wer das Gute sucht, findet es nur mit Mühe, das Schlimme begegnet, auch wenn man es nicht sucht.

695 Göttlichen Geistes ist es, immer etwas Schönes zu denken.

696 In Wirklichkeit wissen wir nichts, denn die Wahrheit birgt sich in der Tiefe.

697 Demokritos sagte, lieber wolle er eine einzige (ursächliche Erklärung) finden, als den Perserthron gewinnen.

698 Die Menschen haben sich das Trugbild des Zufalls gebildet, als Ausflucht ihrer eigenen Ratlosigkeit. Nur unbedeutend aber ist, was der Zufall gegen die Klugheit ausrichten kann. Das meiste vermag im Leben wohlverständiger Scharfblick zu ordnen.

699 Der Geist soll sich gewöhnen, aus sich selbst Freuden zu schöpfen.

700 (Wenn du dein Inneres aufschließt, wirst du darin) eine bunt gefüllte Vorratskammer von Bösem (finden).

701 Demokritos sagt, vernunftlos, böse und ungöttlich zu leben, bedeute nicht ein schlechtes Leben, sondern ein langanhaltendes Sterben.

702 Die Seele enthält beides: Seligkeit und Unseligkeit.

703 Glückseligkeit wohnt nicht in Herden oder Gold: die Seele ist der Sitz seligen Wesens.

704 Wovon uns das Gute kommt, davon kommt uns auch Böses, aber auch die Möglichkeit, außerhalb des Bösen zu bleiben.

705 Den Menschen erwächst Schlechtes aus Gutem, wenn man das Gute nicht zu lenken und nicht richtig zu fahren weiß.

706 Die Götter gewähren den Menschen alles Gute seit jeher und jetzt. Nur was schlecht, schädlich und ohne Nutzen ist, das schenken die Götter ihnen weder jetzt noch taten sie es jemals; sie selbst jedoch geraten hinein, infolge ihres verblendeten Sinnes und ihrer Torheit.

707 Der Zufall ist freigebig, aber unzuverlässig; Natur aber ruht fest in sich selber, daher trägt sie mit dem geringeren, aber zuverlässigen Wirken doch den Sieg davon über die größeren Versprechungen der Hoffnung.

708 Stärker sind die Aussichten der Gebildeten als der Reichtum der Ungebildeten.

709 Am allerbesten verbringt der Mensch seine Lebenszeit, der sich so viel als möglich freut und sich so wenig als möglich betrübt. Das wird aber dann der Fall sein, wenn er seine Freuden nicht in menschlichen Dingen sucht.

710 Die großen Freuden entstehen aus der Betrachtung des Schönen großer Werke.

711 Unverständige werden geformt durch die Geschenke des Zufalls (der *týche*), die aber, welche (das Trügerische solcher Geschenke erfahren haben), durch die der Weisheit.

712 Toren, denen das Leben verleidet ist, und die doch am Leben hängen, aus Furcht vor dem Hades.

713 Toren begehren langes Leben, auch wenn sie seiner nicht froh werden.

714 Toren verlangen nach dem, was nicht da ist, lassen aber das Gegenwärtige umkommen, auch wenn es vorteilhafter ist als das Entgangene.

715 Menschen, die dem Tode entfliehen wollen, laufen ihm in die Arme.

716 Toren können in ihrem ganzen Leben niemand (zufrieden machen).

717 *Týche* (das Glück, der Zufall) bringt einen reich besetzten Tisch, Besonnenheit (*sophrosýne*) einen ausreichenden.

718 Männlichkeit zeigt sich nicht allein im Kriege, sondern auch darin, daß man stärker ist als seine Begierden. Manche herrschen über Städte und sind Sklaven von Weibern.

719 Weisheit, die sich durch nichts einschüchtern läßt, ist alles wert.

720 Das Geld aber, wenn es keine Grenze des Genügens kennt, ist noch viel schlimmer als dürftigste Armut. Denn je mehr man begehrt, desto ungemessener schwillt die Gier nach noch mehr an.

721 Das, was der Leib braucht, ist für alle vorhanden, ohne Not und Anstrengung; alles aber, was der Mühe und Not bedarf und das Leben schmerzvoll macht, danach verlangt nicht der Leib, sondern das fehlgeleitete Streben des Verstandes.

722 Wenn einer das rechte Maß überschreitet, so kann sich das Angenehmste in das Unangenehmste verwandeln.

723 Schwer ist es, mit dem eigenen Herzen zu kämpfen, nur der geistig Reifste wird dabei die Herrschaft gewinnen.

724 Etwas Schlechtes sollst du, auch wenn du allein bist, nicht sagen noch tun. Lerne weit mehr, dich vor dir selbst als vor den andern zu schämen.

725 Einem weisen Mann steht die ganze Welt offen. Denn für eine rechte Seele ist die ganze Welt Heimat.

726 Das Gesetz will dem Leben des Menschen wohltun. Es kann das aber nur, wenn sie selbst wollen, daß es ihnen gut ergeht. Denn es zeigt seine Trefflichkeit nur denen, die sich von ihm überzeugen lassen.

727 Die Armut in einer Demokratie ist um eben soviel besser

als das so gepriesene Wohlleben in einem Despotenstaat, wie die Freiheit der Knechtschaft vorzuziehen ist.

728 Wenn die Wohlhabenden es über sich gewinnen, den Besitzlosen Geld vorzustrecken, ihnen zu helfen und Wohltätigkeit zu üben, dann liegt darin schon Mitgefühl, das Aufhören der Einsamkeit und der Beginn zu brüderlicher Gemeinschaft, die gegenseitige Hilfe und die Eintracht der Bürger und andere gute Dinge, die niemand alle aufzählen könnte.

729 Denen, die Unrecht erleiden, soll man nach Kräften abwehrend beispringen und es nicht geschehen lassen. Denn das ist gerecht und gut, das andere aber ungerecht und vom Übel.

730 Wagemut ist Anfang (jeder) Tat, das Glück aber Herrin über den Ausgang.

731 Kargheit im Reden ist ein Schmuck für das Weib; denn schön ist Einfachheit auch beim Schmuck.

732 Kinder aufzuziehen ist eine unsichere Sache; hat man Glück, ist es nichts als Kampf und Sorge gewesen; mißglückt es, gibt es keinen größeren Kummer als diesen.

733 Man muß zur Erkenntnis kommen, daß das menschliche Leben schwach ist und nur kurz währt und mit viel Unglück und Mißhelligkeiten verknüpft ist, damit man nur mäßigen Besitz zu verwalten hat und die Mühsal auf das Allernotwendigste beschränkt wird.

734 Allgemeine Not ist schlimmer als die eines Einzelnen: denn da bleibt ja keine Hoffnung auf den Beistand (anderer).

735 Unverstand ist es, den Notlagen des Lebens nicht Rechnung zu tragen.

736 Wer Freude am Mißgeschick seiner Umgebung empfindet, begreift nicht, daß Glückswechsel alle gleich treffen kann. Sie sind aber auch arm an Freude im eigenen Haus.

737 Der Greis ist einmal jung gewesen, es ist aber ungewiß, ob der Jüngling bis zum Greisenalter gelangt. So ist es klar, daß das, was schon hinter einem liegt, ein besseres Gut ist als das, was in der Zukunft liegt und unsicher ist.

PROTAGORAS

Fragmente

738 Aller Dinge Maß ist der Mensch[1], der seienden, wie sie sind, der nicht seienden, wie sie nicht sind.

739 Sein ist gleich jemandem scheinen.

740 Naturanlage und Übung braucht die Kunst des Lehrens.

741 Von Jugend auf beginnend, muß man lernen.

742 Über die Götter besitze ich kein Wissen; weder daß sie existieren, noch daß sie nicht existieren, noch wie beschaffen an Gestalt sie sind. Denn vieles hindert daran, (über sie) etwas zu wissen: einmal die Ungewißheit, dann die Kürze des menschlichen Lebens.

743 Protagoras hat als erster die Ansicht ausgesprochen, (daß es über jede Sache zwei einander (kontradiktorisch) entgegengesetzte Auffassungen gebe.

Lehrbericht

744 (Protagoras machte sich anheischig,) die schwächere Rede (Sache) zur stärkeren zu machen.

1. Der Mensch Mass aller Dinge

Gespräch zwischen Sokrates und Theaitetos in Platons ›Theaitetos‹:

745 Sokrates: Es scheint, daß du keine schlechte Ansicht über das Wissen ausgesprochen hast, sondern dieselbe, die auch Protagoras äußerte. Nur hat sich dieser, wenn er genau das Gleiche vortrug, in anderer Form ausgedrückt. Denn irgendwo sagt er, aller Dinge (Geltung) Maß sei der Mensch, der Seienden dafür, daß sie bestehen, derer, die nicht sind, daß sie

nicht bestehen. Du hast das doch gelesen? – Sogar oft habe ich es gelesen. – Ist es nicht so, daß er dabei meint: So wie mir ein jegliches Ding scheint, so ist es auch (wirklich) für mich, und so wie es dir erscheint, so gilt es für dich? Du bist doch ein Mensch, genau wie ich? Geschieht es nicht manchmal, daß beim gleichen Wehen eines und desselben Windes einer von uns friert, der andere aber nicht, und zwar der eine nur ganz wenig, der andere aber sehr? – Das gibt es tatsächlich. – Würden wir da nun behaupten, daß der Wind von sich aus kalt oder nicht kalt sei, oder vertrauen wir lieber auf den Protagoras, daß es für den Frierenden kalt, für den anderen aber nicht kalt sei? – So scheint es zu sein. – Kommt es nicht wirklich einem jeden von beiden so vor? – Ja. – Hat aber das »es scheint so« nicht die Bedeutung, daß er wirklich so empfindet? – So ist es. – So ist also die geistige Vorstellung und der sinnliche Eindruck ein und dasselbe bei Wärmeempfindungen und sonst auch bei allem derartigen. So wie also ein jeder etwas wahrnimmt, genau so erscheint es jedem (in Wirklichkeit) zu sein.

746 *Protagoras in Platons ›Theaitetos‹:* Ich erkläre also, daß es mit der Wahrheit so steht, wie ich es aufgeschrieben habe: daß nämlich ein jeder von uns (selbst) das Maß des Seienden wie des Nichtseienden ist, daß sich demnach jeder vom anderen tausendfach eben dadurch unterscheidet, daß für den einen *die* Dinge sind und scheinen, für den anderen *andere.* Weit entfernt bin ich davon, die Tatsache zu leugnen, daß es Weisheit gibt und jemanden, der Weisheit (besitzen kann). Weise nenne ich aber gerade den, der imstande ist, einem von uns, dem etwas schlecht scheint, durch die Kunst des in das Gegenteil Verkehrens es als gut scheinen und (sogar) zum Guten werden zu lassen ... Ich glaube, daß ein Mensch mit guter Seelenverfassung bewirkt, daß jemand, der wegen eines schlechten Seelenzustandes dementsprechende Vorstellungen hat, (statt ihrer) gute erhält, die einige wegen ihrer Unwissenheit für »wahr« erklären. Ich jedoch bezeichne die einen zwar für besser als die anderen, wahrer aber keine.

2. Relativismus

747 *Platon im ›Kratylos‹:* Wenn Protagoras den Menschen das Maß aller Dinge nannte, so wollte er damit sagen, wie die Dinge mir zu sein scheinen, so sind sie für mich, wie sie dir zu sein scheinen, so sind sie für dich.

748 Auch Protagoras von Abdera rechneten einige zum Kreise der Philosophen, die entscheidende Kennzeichen (der Erkenntnis) aufheben. Behauptet er doch, alle Vorstellungen und Meinungen seien wahr und die Wahrheit sei etwas Relatives, weil alles, was ein Mensch sich vorstelle oder was er meine, im Hinblick auf ihn durchaus wahr sei.

749 Nun behauptet Protagoras, die Materie befinde sich in (stetem) Flusse. Da sie so sei, fänden dauernd Neuansetzungen statt, zum Ersatz der Fortschwemmungen; auch die Sinnesempfindungen würden umgewandelt und veränderten sich entsprechend den Lebensaltern und den sonstigen Zuständen der menschlichen Körper. Er meint aber auch, die Ursachen aller Erscheinungen lägen in der Materie, so daß sie, was ihren wirklichen Zustand betreffe, alles das sein könne, als was sie allen Menschen erscheine. Die Menschen aber erfaßten einmal das, bald jenes, entsprechend ihren verschiedenen eigenen Verfassungen (Dispositionen). Denn der normal Disponierte erkenne von dem in der Materie Vorhandenen an, was dem normal Disponierten erscheinen könne, der abnorm Disponierte, was den abnorm Disponierten zu erscheinen vermöge. Auch je nach den Altersstufen und nach Schlafen und Wachen und nach jeder Art von Disposition gelte das gleiche Prinzip. Es ist also nach Protagoras der Mensch das Maß seines Urteils. Alles, was den Menschen so scheint, ist auch wirklich da, was aber keinem Menschen zur Wahrnehmung gelangt, existiert überhaupt nicht. Wir sehen also, daß er über den Satz, der Stoff sei fließend, und über den, die Gründe der Erscheinungen lägen in der Materie, Lehrmeinungen vorträgt, obwohl das (alles) doch undeutlich ist und wir uns des Urteils darüber enthalten sollten. (Dies die Meinung des Sextos Empirikos, auf den der Bericht zurückgeht.)

750 *Protagoras in Platons Dialog ›Protagoras‹:* Ich kenne viele Dinge, die Menschen schädlich, aber auch nützlich sind: Speisen, Getränke, Arzneien und tausenderlei anderes. Andere sind für Menschen keines von beiden, wohl aber für Pferde. Andere wieder nur für Rinder oder für Hunde. Wieder andere weder diesen noch jenen, wohl aber Bäumen. Andere sind zwar für die Wurzeln des Baumes gut, schlecht aber für seine Triebe: so ist der Mist, um seine Wurzeln gehäuft, von Nutzen, wirkt aber verderblich, wenn er um seine Triebe und jungen Zweige gelegt wird. Auch das Öl ist für alle Pflanzen sehr schädlich, für das Fell der Tiere sogar gefährlich, aber förderlich für das Haar des Menschen und seinen Körper. Etwas so Verschiedenartiges und Mannigfaltiges ist das Gute, daß es für die äußeren Teile des Körpers gut, für die inneren aber von schlimmer Wirkung sein kann.

Als Protagoras so gesprochen hatte, brachen die Anwesenden in jubelnden Beifall aus, weil er so schön spreche.

751 *Pseudoplatonischer Dialog ›Über das Rechte‹:* Wie es scheint, ist Lügen und Wahrreden also recht und unrecht? – Ja. – Und Nichttäuschen und Täuschen recht und unrecht? – Ja. – Mir scheint von allem dem ein jedes im gebührlichen Augenblick und zur Zeit recht zu sein, im ungebührlichen Augenblick aber unrecht.

3. Streitredekunst (Eristik)

752 Protagoras veranstaltete Wettkämpfe im Reden und führte denen, die sich mit Diskutieren beschäftigen, die sophistischen Künste vor. So hat er die Gattung der oberflächlichen Eristiker begründet. Daher sagt Timon über ihn: Protagoras, wacker im Kampfesgetümmel, wie gar gut vermag er zu streiten. Dieser (Protagoras) hat auch als erster die sokratische Eigenart der Rede (in des Dialogs Form) aufgebracht, ebenso zuerst die Lehre des Antisthenes, der es unternahm, zu beweisen, daß es unmöglich sei zu widersprechen (die Ansicht des andern zu entkräften), durch dialektische Künste so angewandt, wie Platon es in seinem Euthydemos mitteilt.

753 Protagoras sagt, daß sich über jede Sache nach beiden Seiten hin (also nach entgegengesetzten Gesichtspunkten) gleich gut diskutieren lasse, und auch genau so darüber, ob sich über jede Sache nach zwei Seiten (den entgegengesetzten) disputieren lasse.

Protagoras hielt seine Schüler dazu an, sich mit derselben Person in Lob- und Tadelreden zu beschäftigen.

Aristophanes in den ›Wolken‹:

754 Zwei Reden, sagt man, haben sie bei sich zu Haus,
die stärk're nämlich, und dann auch die schwächere.
Von diesen beiden Reden siegt die schwächere,
sagt man, sowie sie spricht, und macht aus Unrecht Recht.

4. Sprachberichtigung

755 *Platon im ›Phaidros‹:* Eine der Neuerungen des Protagoras ist sein Bemühen um Sprachbereinigung.[2]

756 Es ist nicht wahr, daß die Geometrie es mit wahrnehmbaren und vergänglichen Größen zu tun hat. Denn dann ginge sie ja mit diesen zugrunde. Auch die Astronomie hat es weder mit sichtbaren Größen noch mit dem wirklichen Himmel zu tun. Die sichtbaren Linien sind nicht solche, wie sie die Geometrie meint; denn nichts sichtbar Gerades und Krummes ist so. Protagoras behauptet, die Geometrie bekämpfend, mit Recht, daß die sichtbaren Tangenten den Kreis nicht in einem Punkte (sondern in einer Linie) berühren.[3]

5. Menschenbildung

757 *Protagoras in Platons Dialog ›Protagoras‹:* Der wichtigste Teil der Bildung eines Mannes ist, in Dichterworten bewandert zu sein, d.h. in der Fähigkeit, Aussprüche der Dichter zu verstehen, zu sehen, was richtig gesagt ist und was nicht, es zu erklären und darüber Rechenschaft zu geben.

758 *Protagoras in Platons ›Protagoras‹:* Ich persönlich habe

den entgegengesetzten Weg wie (die angeblichen Sophisten) eingeschlagen und gebe (offen) zu, daß ich ein *Sophist* bin und Menschen bilde ... Nun treibe ich wahrhaftig diese Kunst schon viele Jahre lang ... Keiner ist unter euch, dessen Vater ich meinem Alter nach nicht sein könnte ...

Zum jungen Hippokrates sich wendend: Also, Jüngling, an dir ist es nun, denn wenn du mit mir umgehst, wirst du schon an dem Tage, an dem du mit mir zusammengewesen bist, besser geworden, nach Hause gehen und am nächsten Tage wird es dir genau so ergehen. Und so wirst du mit jedem Tage immer mehr zum Besseren fortschreiten ... Die Anderen sündigen an den jungen Leuten: sie zwingen sie, die (eben erst) den Wissenschaften entflohen sind, gegen ihren Willen wieder zu den Wissenschaften, indem sie sie Rechnen, Astronomie, Geometrie und Musik lehren. Wer aber zu mir kommt, der lernt nichts anderes als das, weswegen er zu mir kam. Gegenstände meines Unterrichts aber sind gute Beratung in den häuslichen Angelegenheiten, nämlich, wie man sein Haus am besten verwaltet, und, was die Staatsgeschäfte betrifft, so lehre ich, wie man fähig wird, bei den Staatsdingen mitzuwirken und mitzureden.

6. Theorie der Kulturentwicklung

759 *Aus dem ›Mythos des Protagoras‹ in Platons Dialog ›Protagoras‹*[4]: Es gab einmal eine Zeit, wo es wohl Götter, aber noch keine sterblichen Geschlechter gab. Als aber auch für diese der vom Schicksal (festgesetzte) Zeitpunkt ihrer Entstehung herankam, da gestalteten sie die Götter im Innern der Erde, indem sie Erde und Feuer mischten mit dem, was sich mit Erde und Feuer verbindet. Als sie sie aber ans Licht bringen wollten, trugen sie Prometheus und Epimetheus auf, sie auszustatten und jedem die Fähigkeiten zuzuteilen, die ihm zukämen. Da bittet Epimetheus den Prometheus, das Austeilen besorgen zu dürfen. Wenn ich die Verteilung vorgenommen habe, sagte er, sieh es dir an. Er überredete Prometheus dazu und machte sich an die Austeilung. Die einen

stattet er nun mit Kraft ohne Schnelligkeit aus. Die Schwächeren versieht er mit Schnelligkeit. Andere rüstet er mit Waffen aus. Die er ohne Wehr ließ, erhielten irgendeine andere Fähigkeit: sich fliegend zu flüchten, oder unterirdisch zu wohnen. Die aber mit besonderer Körpergröße ausgestatteten Wesen sollten sich eben durch diese erhalten. Ebenso vollzog er auch sonst die Verteilung, indem er Nachteil und Vorteil gegeneinander auszugleichen suchte. Das alles bedachte er, aus Fürsorge, daß keine Gattung zugrunde ginge ...

Da Epimetheus aber nicht sehr klug war, hatte er so unvermerkt die vorhandenen Möglichkeiten für die vernunftlosen Wesen verbraucht. Nun war aber das Menschengeschlecht noch völlig unausgestattet, und er war ratlos, was er damit anfangen könnc. In dieser Verlegenheit trifft ihn Prometheus, der nachsehen will, wie die Verteilung verlaufen sei. Da sieht er, daß die anderen Lebewesen mit allem wohl versehen sind, der Mensch aber nackt, ohne Schutz der Füße, ohne Lager und unbewaffnet. Schon aber nahte sich der vom Schicksal angesetzte Tag, an dem der Mensch aus der Erde heraus ans Licht treten sollte.

Da entwendet Prometheus, der nicht wußte, wie er den Menschen anders retten könne, die Kunstfertigkeit des Hephaistos und der Athena samt dem Feuer (denn ohne das Feuer war es ja unmöglich, die Kunstfertigkeit zu erwerben oder sich dienlich zu machen) und schenkt sie dem Menschen. Lebensklugheit erhielt der Mensch auf diese Weise. Die Gabe der Staatskunst besaß er nicht. Sie gehörte Zeus, und Prometheus durfte die Burg, den Wohnsitz des Gottes, nicht betreten. Auch war sie von furchtbaren Wachen umstellt. Nur in die gemeinschaftliche Behausung der Athene und des Hephaistos, wo sie ihre Kunstfertigkeiten ausübten, kann er heimlich eindringen, die mit dem Feuer wirkende Kunstfertigkeit des Hephaistos und die der Athene sich aneignen und dem Menschen geben. Daraus erwuchsen ihm Annehmlichkeiten des Lebens, Prometheus aber erreichte durch Schuld des Epimetheus der Sage nach die Strafe für seinen Diebstahl. Als der Mensch an Gaben der Götter Anteil erhalten hatte, begann er, wegen seiner Verwandtschaft mit der Gottheit, als erstes und einziges unter den Lebewesen an Götter zu glauben und unternahm es, Altäre und Götterbilder zu errichten. Dann bildete er bald geschickt Sprache und Wörter, erfand Wohnungen, Kleider, Beschuhung, Lagerstätten und gewann Nahrungsmittel aus dem Boden. So ausgestattet, wohnten die Menschen anfangs verstreut. Gemeinwesen gab es nicht. So kamen sie durch wilde Tiere um, weil sie in allem schwächer waren. Zwar leistete ihnen ihre handwerkliche Geschicklichkeit die zum Unterhalt ausreichende Hilfe. Zum Kampf gegen die wilden Tiere reichte sie aber nicht aus. Denn die Staatskunst, von der die des Krieges ein Teil ist, besaßen sie noch nicht. Sie hatten sich also zusammenzutun, um sich durch Gründung von Städten zu retten. Waren sie so beisammen, fügten sie aber einander Schaden zu, da sie der Staatskunst entbehrten. So zerstreuten sie sich von neuem, und viele kamen dabei ums Leben.

Da schickt Zeus, um das Menschengeschlecht besorgt, Hermes ab, den Menschen Scheu und Recht zu bringen, damit durch sie geordnete Gemeinwesen und Freundschaft knüpfende Bande entständen. Hermes fragt Zeus, wie er den Menschen Gerechtigkeit und Scheu bringen solle. Soll ich sie etwa so austeilen, wie die Kunstfertigkeiten verteilt sind? Die sind so verteilt: Einer, der die Heilkunst besitzt, reicht für viele (des Heilens) Unkundige aus, und ebenso ist es bei den andern, die sich auf eine Kunst verstehen. Soll ich auf dieselbe Weise Recht und Ehrfurcht unter die Menschen verteilen? Oder soll ich sie allen zuteilen? Allen, entschied Zeus, alle sollen daran Anteil haben. Denn Staaten könnten nicht entstehen, wenn nur wenige an Recht und Ehrfurcht teil hätten, wie es bei den andern Künsten der Fall ist. Und als Gesetz gib ihnen von mir dieses: Wer nicht an Ehrfurcht und Gesetz teilnehmen kann, den soll man beseitigen wie eine Krankheit des Staates!

GORGIAS

1. Zur Physik

Fragment

760 Farbe ist Abfluß von den Dingen, zu dem Gesichtssinn (den Poren der Augen) passend und dadurch wahrnehmbar.

2. Zur Erkenntnistheorie

Fragmente

761 (Aus der Schrift des Gorgias ›Über das Nichtsein oder über die Natur‹:)

Erstens: Es existiert nichts. Zweitens: Wenn etwas existierte, ist es für den Menschen unerkennbar. Drittens: Ist es erkennbar, so ist es unausprechlich und nicht mitteilbar.

762 Das Sein ist unkenntlich, weil (wenn) es ihm nicht gelingt, zu scheinen, das Scheinen unkräftig, weil (wenn) es ihm nicht gelingt, zu sein.

Lehrberichte

763 Wie könnte jemand Gorgias überbieten, der zu sagen wagte, daß kein Ding existiert?

764 Gesetzt, das Erkannte lasse sich aussagen, so könnte es von einem anderen nicht verstanden werden. Denn erstens kann dasselbe Seiende (als ein Gedachtes) nicht in zwei räumlich getrennten Subjekten sein. Aber auch wenn es in zwei Verschiedenen vorhanden sein könnte, brauchte es ihnen zweitens nicht auch gleich zu scheinen, da sie nicht gleich und nicht an demselben Orte sein können. Denn wären sie am gleichen Ort, wären sie nicht zwei Subjekte, sondern eines. Aber auch wenn beiden dasselbe gleich schiene, wäre noch

kein Verständnis gewährleistet. Denn drittens: auch ein und dasselbe Subjekt empfindet nicht immer dasselbe, sondern eines mit dem Gesicht, anderes mit dem Gehör, Verschiedenes zu verschiedenen Zeiten. Um so weniger kann einer dasselbe empfinden wie ein anderer.

3. Zur Rhetorik

Fragmente

765 Die Überzeugungskraft der Rede vermag die Seele zu formen, wie sie will. Man muß sich zuerst auf das Denken der Himmelsforscher verstehen, die eine Meinung beseitigen, um dafür eine andere zu schaffen und dem Auge das Unwahrscheinliche und Unglaubliche glaubwürdig scheinen zu lassen.

Sodann muß man um die durch Worte zwingenden Rechtsstreitigkeiten wissen, bei denen eine einzige, kunstvoll gebaute Rede eine große Menge Menschen erfreuen und überreden kann, auch wenn sie nicht der Wahrheit gemäß ist.

Schließlich muß man die Wortkämpfe der Philosophen kennen, in denen sich die Raschheit des Geistes offenbart, mit der sie dem Beweis für ihre Ansicht schnell eine andere Wendung geben.

Die Wirkung des Wortes verhält sich zur Verfassung der Seele wie die Bestimmung der Heilmittel zu der des Körpers. Wie diese aus dem Körper andere Säfte ausscheiden, der Krankheit oder dem Leben ein Ende setzen, so erwecken auch Reden bald Trauer, bald Freude, bald Furcht, bald Zuversicht. Andere vergiften oder bezaubern die Seele durch Verführung zum Bösen.

766 Die Rede ist ein großer Fürst: von kleinstem, unscheinbarstem Aussehen, verrichtet sie göttliche Taten. Sie vermag Furcht zu beschwichtigen, Trauer zu nehmen, Freude zu bereiten und Mitleid zu steigern.

767 Den Ernst der Gegner muß man durch Gelächter zunichte machen, ihr Gelächter durch Ernst.

768 Nie geht mir der Redestoff aus.

ANTIPHON DER SOPHIST

Aus dem Werke ›Über den Gemeinsinn‹

769 Auf denn, das Leben gehe weiter und man bekomme das Verlangen nach Heirat und Weib. Das ist der Tag, die Nacht eines neuen Götterwillens, eines neuen Schicksals. Denn ein großes Wagnis ist die Ehe für den Menschen. Erweist sich die Frau als nicht geeignet, wie soll man der schlimmen Lage begegnen? Schwierig ist die Scheidung, schwer, sich die Angehörigen zu Feinden zu machen, sie, die gleichgesinnt und gleichgestimmt sind, Menschen, die man (der Zugehörigkeit) für würdig erachtet hat und von denen man ihrer würdig erachtet wurde. Schwierig ist aber auch der Erwerb eines Besitzes, mit dem man sich Freuden zu schaffen wähnte, während man nun Leiden erfährt. Sprechen wir aber nicht von so unglücklichem Ausgang. Was gibt es Angenehmeres als eine Frau nach eigenem Sinn? Was Süßeres für einen jungen Menschen? Gerade da aber, wo das Angenehme so nahe ist, ist auch das Schmerzliche nicht weit. Annehmlichkeiten kommen ja nicht für sich allein. Ihnen folgen Schmerzen und Mühen. ... Würde mir ein anderer Körper zuteil, der so sorgebedürftig ist wie der meine, ich würde nicht mehr zu leben vermögen. Gebe ich mir doch schon so viel Mühe um die eigene körperliche Gesundheit, um das tägliche Brot, um Ansehen, Besonnenheit, einen guten Namen und einen ordentlichen Ruf. Wie nun, wenn mir noch ein anderer solcher Körper zukäme, um den ich mich in gleicher Weise kümmern müßte? ... Schließlich noch: auch Kinder sollen geboren werden. Dann ist alles voll Sorgen, aus dem Geist schwindet die Schwungkraft der Jugend. Und auch das Gesicht ist nicht mehr das gleiche.

770 Das Leben gleicht einer Haft für einen Tag, des Lebens Länge sozusagen einem einzigen Tag, an dem wir zum Licht

emporblicken und es denen weiterreichen, die nach uns geboren werden.

771 Ja, mein Bester, das Leben ist zum Erstaunen voll von Unzulänglichkeiten, nichts ist an ihm ausgezeichnet oder groß und erhaben; im Gegenteil, alles ist klein, schwach, von kurzer Dauer und mit großen Schmerzen vermischt.

772 Es gibt Menschen, die das gegenwärtige Leben nicht *leben,* sondern sich vorbereiten und mit allem Eifer rüsten, als ob sie ein zweites Leben leben sollten, nicht aber das jetzige. Unterdessen geht ihnen die Zeit verloren, die sie sonst (zum Leben) hätten.

773 Wer weder Schändliches noch Böses begehrte und damit auch nicht in Berührung kam, ist darum noch nicht besonnen. Denn er hat sich über nichts erhaben gezeigt und nicht bewiesen, daß er sich in Zucht hat.

774 Nichts Schlimmeres gibt es für Menschen als Zuchtlosigkeit. Das haben schon die Vorfahren erkannt und deshalb von Anfang an die Kinder daran gewöhnt zu gehorchen und zu tun, was ihnen aufgetragen wird, damit sie, zu Männern gereift, nicht erschüttert werden, wenn sie (im Leben) vor große Veränderungen ihrer Lage gestellt werden.

775 Wie der ist, mit dem man den größten Teil des Tages zubringt, so wird man notwendigerweise selbst in seinem Charakter.

776 Junge Freundschaften sind eng, alte enger.

777 Viele, die (wirkliche) Freunde besitzen, werden dessen nicht inne, und machen die zu ihren Gefährten, die ihren Reichtum bewundern und ihrem Glücke schmeicheln.

Aus dem ›System des Naturrechts‹

778 Gerechtigkeit ist es, die Gesetze des Staates nicht zu übertreten, in dem man Bürger ist. Ein Mensch wird also den größten Nutzen davon haben, wenn er vor Zeugen die Gesetze hoch hält, vor sich und ohne Zeugen die Gebote der Natur. Denn die Vorschriften der Gesetze sind will-

kürlich, die der Natur aber notwendig. Und die der Gesetze stammen aus Vereinbarungen, die der Natur sind gewachsen.

Wer also gesetzliche Vorschriften übertritt, ist, wenn es denen verborgen bleibt, die sie vereinbart haben, von Schande und Strafe frei. Bleibt er es nicht, dann nicht. Tut aber jemand dem von Natur mit uns Verwachsenen, entgegen der Möglichkeit (anders zu handeln), Gewalt an, dann ist für ihn, auch wenn es allen Menschen verborgen bleibt, das Unheil nicht kleiner, wenn alle es bemerken, um nichts größer. Denn er erfährt Schaden, nicht weil es so scheint, sondern in Wahrheit.

Diese Überlegungen sind in der Hauptsache deswegen angestellt, weil die meisten Rechtsbestimmungen der Gesetze zur Natur feindlich stehen.

Die Gesetze sind ja gegeben für die Augen, was sie sehen dürfen und was nicht, für die Ohren, was sie hören dürfen und was nicht, für die Zunge, was sie sagen darf und was nicht, für den Sinn, wessen er begehren darf und wessen nicht. Und was die Gesetze verbieten und was sie verlangen, ist ebensowenig naturfreundlich wie naturgemäß. Leben und Sterben aber untersteht der Natur, das Leben erwächst aus dem Zuträglichen, das Sterben ist eine Folge des nicht Zuträglichen.

Das Zuträgliche ist Fessel der Natur, soweit es durch die Gesetze festgelegt ist, soweit die Natur es wollte, ist es frei.

Es ist nicht wahr, wenn man es richtig beurteilt, daß das Schmerzhafte die Natur mehr fördert als das Erfreuliche. Es ist also auch nicht wahr, daß Betrübendes nützlicher ist als Erfreuendes. Das wirklich Zuträgliche darf nicht schädigen, es muß nützen.

(Nach dem Gesetz ist gerecht,) auch wer gegen erlittenes Unrecht sich wehrt und mit der Tat nicht selbst anfängt. Ebenso, wer seinen Erzeugern, auch wenn sie böse sind, Gutes tut, ferner, wer der Gegenpartei den Eid gestattet, ohne ihn selbst zu schwören. Unter allem dem kann man vieles finden, was der Natur feind ist. Die Folge davon ist, daß man mehr Schmerz erleidet, obwohl weniger möglich wäre, und weniger Freude empfindet, wo mehr möglich wäre, und Schlimmes erduldet, ohne daß es nötig wäre. Wenn nun denen, die solches für richtig finden, seitens der Gesetze eine Unterstützung zuteil würde und denen, die es nicht tun, sondern sich widersetzen, ein Nachteil, dann wäre der Gehorsam gegen die Gesetze nicht unverständig. So zeigt es sich aber, daß denen, die solche Anschauungen haben, das aus dem Gesetz stammende Recht nicht genügend zu Hilfe kommt. Es läßt ja zunächst das Leiden des Leidenden und die Tat des Täters ruhig geschehen und war damals nicht imstande, zu verhindern, daß der Leidende leidet und der Täter seine Tat beging. Bringt man dann den Fall zur gerichtlichen Ahndung, dann hat der Leidende vor dem Täter nichts Besonderes voraus. Er muß die zur Verurteilung Berufenen (erst) davon überzeugen, daß er Unrecht erlitten hat, und muß um die Möglichkeit ersuchen, seine Klage zu gewinnen.

779 Von der Natur sind wir alle in allem gleich geschaffen, Barbaren wie Hellenen. Das macht es möglich, die allen Menschen von Natur notwendigen Dinge (in gleicher Weise?) zu betrachten. Denn man kann sie auf dieselbe Art erwerben und in allem dem ist weder ein Barbar von uns geschieden noch ein Hellene.

ANONYMUS IAMBLICHI

780 Wer eine Gabe bis zur höchsten Vollendung in sich ausbilden will, sei es Weisheit oder Tapferkeit, Beredsamkeit oder Tugend, im ganzen oder zu einem ihrer Teile, kann es auf folgende Weise tun. Zuerst muß er natürliche Begabung haben. Das ist zwar Sache des Schicksals, liegt aber auch beim Menschen: er muß das Schöne und Gute lieben, arbeitsam sein, früh zu lernen beginnen und es lange Zeit hindurch fortsetzen. Fehlt von dem allem nur etwas, so ist es unmöglich, die letzte Vollendung zu erreichen. Besitzt er alles, dann wird das, womit er sich beschäftigt, unübertrefflich.

781 Wie könnte einer Wohltäter der Menschen werden, ohne Geld auszuteilen, nicht mit schlechten Mitteln, sondern auf rechte Weise? Und wie könnte er es, will er doch Geschenke austeilen, ohne daß ihm je die Möglichkeit ausgeht, zu geben? Wenn er dem Gesetz und der Gerechtigkeit hilft. Denn die halten die menschliche Gesellschaft zusammen.

782 Jeder muß vor allem Selbstbeherrschung üben. Das tut er vor allem, wenn er erhaben ist über die Geldgier, die alle Menschen verdirbt, und in seinem Streben nach Gerechtigkeit und Tugend auch sein Leben nicht schont.

783 Der Mensch soll nicht mehr wollen, als ihm zukommt, und die Stärke seines Strebens nach Selbstherrlichkeit nicht für Tugend halten, Gehorsam gegen die Gesetze aber für Feigheit. Solche Gesinnung ist verwerflich. Aus ihr erwächst das Gegenteil von allem Guten: Schlechtigkeit und Schaden.

784 Gesetzliche Ordnung *(eunomía)* ist – im allgemeinen wie im privaten Leben – das höchste Gut, Gesetzlosigkeit das größte Unglück. Aus der Ungesetzlichkeit entspringen sofort die größten Schäden. Gesetzestreue erzeugt zuerst Vertrauen, das für alle Menschen nützlich ist und zu den großen Gütern des Lebens gehört.

785 Vertrauen macht das Geld zum allgemeinen Besitz: auch

wenn nur eine geringe Menge davon umläuft, genügt es den Bedürfnissen. Ohne dieses Vertrauen reicht auch viel Geld dafür nicht aus.

786 Auch die Zufälligkeiten in Besitz und Lebensführung – gute und schlechte – werden von der Gesetzlichkeit aus für die Menschen in zuträglicher Weise geordnet. Die Wohlhabenden genießen das Ihre in Sicherheit und ohne Gefahr, den in Not Befindlichen wird von den Besitzenden infolge des leichten Verkehrs und des allgemeinen Vertrauens, die aus der Wohlgesetzlichkeit erwachsen, geholfen.

787 Gesetzesordnung macht die Menschen frei von politischen Belastungen und gibt ihnen Zeit für die das eigene Leben angehenden Dinge. In einem gesetzlich geregelten Gemeinwesen ist der Mensch unangenehmen Sorgen nicht ausgesetzt und imstande, sich erfreulichen Dingen zu widmen.... Ohne Angst kann er an die Arbeiten des täglichen Lebens denken und sich die tägliche Plage durch den Vorgenuß des Guten, durch zuversichtliche und fühlbare Hoffnungen erleichtern. Auch das ist eine Wirkung der Wohlgeordnetheit.

788 Und was dem Menschen das größte Unheil bereitet, der Krieg, der Umsturz und Knechtschaft mit sich bringt, so kommt der eher über den schlecht als über den wohl geordneten Staat.

789 Auch die Tyrannis, dieses so große und schwere Übel entsteht aus der Unordnung im Staate ... Stirbt dies beides, Gesetz und Recht, im Volke aus, dann gehen sie in die Hand und Willkür eines Einzelnen über.

ANHANG

ERLÄUTERUNGEN UND ANMERKUNGEN

Zu Pherekydes

Erläuterungen

Nach Wilamowitz[1] ist Pherekydes Kollektivname wie Homer oder Hippokrates. Legenden überliefern, er sei älter als Homer. Andere Zeitangaben der Antike setzen ihn in die Zeit der Sieben Weisen. Suidas, ein Lexikograph des 10. nachchristlichen Jahrhunderts, hat uns berichtet, daß Pherekydes von Syros (in den Kykladen südlich Tenos) der erste gewesen sei, der seine Theogonie und Kosmogonie in Prosaform geschrieben habe. Das kennzeichnet den Unterschied seines Denkens von dem der epischen Dichter: Er dachte und er schrieb zwar noch durchaus mythologisch, das heißt, er gebraucht bei seinen theologischen Vorstellungen noch die alten Götternamen oder überkommene personifizierende Begriffe wie die der Zeit als der Gottheit *Chronos,* der Erde als *Chthoníe,* der Erdgöttin. Aber er versucht dabei bereits das auszudrücken, was erst bei Thales zu klarer philosophischer Formulierung wird: es gibt Urprinzipien, für alles zusammengesetzte Sein grundlegende Elemente. Nur allegorisierend bleibt er allerdings noch, wenn er *Zas,* Zeus, mit dem Äther oder mit der Sonne gleichsetzt (A9), oder wenn er die Geschichte von der Vermählung des Zeus mit der Erdgöttin (*Chthoníe*) erzählt. Leitet er aber gleich danach daraus ab, dies sei eben die Begründung der »Enthüllungsfeiern« gewesen, so erkennen wir in seinem Denken den engsten Anschluß an die orphische Mystik (B 2). Einen Schritt von der Mythographie scheint er aber doch getan zu haben, wenn die antike Überlieferung recht hat, die ihm als erstem, einige Jahrzehnte früher als Pythagoras, die Lehre von der Seelenwanderung zuschreibt und ihn seinen Schülern sagen läßt, »er habe noch nie einem Gotte geopfert und trotzdem so froh und kummerlos gelebt wie Leute, die den Göttern Hekatomben darbrachten.«

Pherekydes darf wohl als Lehrer des Pythagoras angesehen werden.

Anmerkungen

1 Doxai: es handelt sich um Berichte über die Lehren der Vorsokratiker, die in der Hauptsache auf das zwischen 322 und 287

[1] Kleine Schriften V 2, 127ff.

v. Chr. verfaßte Werk des Theophrast (des Freundes und Mitarbeiters des Aristoteles) ›Meinungen der Physiker‹ (φυσικῶν δόξαι), d.h. Lehren der Naturphilosophen zurückgehen. Die erste Ausgabe der Doxographen veranstaltete Hermann Diels, Berlin 1879, der auch die Deszendenz ihrer Berichte von Theophrast erschloß. Sie stammen zumeist aus später Zeit, enthalten aber doch echte Gedankenfolgen und ursprüngliche Gedankenentwicklungen, so daß durch scharfe Prüfung des Wortlautes manche originale Gedankengänge der Vorsokratiker aus ihnen erschlossen werden konnten und noch erschlossen werden können.

2 578-538 v. Chr.

Zu Thales

Erläuterungen

Thales von Milet wurde, wie Diogenes Laërtios[1] berichtet, gegen 624 v. Chr. geboren und ist 546 gestorben. Sein Vater Examyes war karischen Volksstammes, die Mutter eine Griechin aus adligem Geschlecht. Seine Vaterstadt Milet war damals ein wichtiger, lebendiger Handelsplatz der ionischen Küste, ein Ort regen Umschlags von Gütern nicht nur materieller Natur. Lebhafte Schiffahrtsbeziehungen, vor allem nach Ägypten, bestanden. An das Hinterland Persien knüpften sich mannigfache politische und kulturelle Beziehungen. Thales hat, wie es scheint, eine ziemlich gehobene soziale und politische Stellung unter den ionischen Griechen eingenommen. Das geht schon daraus hervor, daß er dem Bündnis seiner Vaterstadt Milet mit dem Lydierkönig Kroisos widerraten haben soll. Außerdem habe er sich dafür eingesetzt, daß sich die einzeln nicht genug widerstandsfähigen ionischen Städte zu einer Polis, einem Staatenbunde, zusammenschließen sollten. Herodot berichtet darüber, Thales habe eine Bundesverfassung vorgeschlagen, nach der sich die einzelnen Städte ihrer politischen Selbständigkeit begeben und sich einem Bundestage unterordnen sollten. Doch sollte jede Stadt als besondere Gemeinde bestehen bleiben. Die antiken Nachrichten über ihn bekunden auch, daß er viele Reisen unternommen habe; bedeutungsvoll ist, daß er wohl sicher bis nach Ägypten gekommen und sich dort eingehend sowohl mit den Verhältnissen des Landes wie mit dem Stande der ägyptischen Naturwissenschaft bekanntgemacht hat. Inwieweit er für die ihm zugeschriebenen geometrischen Lehrsätze Anregungen aus der Feld-

[1] Verfasser der einer platonisierenden Dame gewidmeten Philosophiegeschichte aus der ersten Hälfte des 3. nachchristlichen Jahrhunderts.

messerkunst und aus den mathematischen Kenntnissen der Ägypter geschöpft hat, ist nicht auszumachen.

Er muß bereits zu Lebzeiten großes Ansehen genossen haben. Wohl schon im 6. Jahrhundert sind Schriften unter seinem Namen verbreitet worden. Leider haben sie sich schon vor der Kritik des Altertums alle als Fälschungen erwiesen. Gelegentliche Behauptungen griechischer und römischer Schriftsteller über echte thaletische Schriften ergeben nicht genug Konkretes, um daraus auf die Existenz des einen oder anderen ihm zugeschriebenen Werkes schließen zu dürfen. Am wahrscheinlichsten ist es, daß von ihm eine Sammlung von sogenannten »Sprüchen« verbreitet gewesen ist, von denen einige überliefert sind.[1]

Anmerkungen

1 Spätere Fälschung.

2 Die Überlieferung dieses kühnen Gedankens, daß auch die anorganische Materie »Seele« enthalte, die als etwas »Bewegendes« bezeichnet wird, scheint auf thaletische Vorstellungen zurückzugehen, obwohl auch aus dem folgenden Bericht des Aristoteles wie aus dieser Notiz nicht mehr sicher gemacht werden kann, wieweit Thales selbst bereits zu einer Auffassung vordrang, die Joël als »Panpsychismus« bezeichnete.
Urmaterie ist ihm das Wasser. Aus ihm als dem ältesten Welt- und Mutterstoff ließ er in einem Prozeß der Umwandlung alles Übrige entstehen.
Aus einem Bericht des Simplikios (6. Jhdt. n. Chr., A 13) erhellt, daß er zu dem Gedanken von »Wasser« als Urprinzip durch biologische und physiologische Beobachtungen geführt wurde: in ihnen als Ausgangspunkten einer allgemein-physikalischen Hypothese und deren philosophischer Auswertung liegt das umstürzend Neue gegenüber den kosmologischen und kosmogonischen Vorstellungen des Mythos.

[1] Diogenes Laërtios (I, 35) hat u. a. Aussprüche (*apophthégmata*) überliefert wie die folgenden:

Gott ist das Älteste von allem, was besteht, denn er ist unentstanden; der Kosmos ist von vollendeter Schönheit, denn er ist Gottes Werk. Am allergrößten ist der Raum, denn er umschließt alles. Am allerschnellsten ist der Verstand, denn er gewinnt den Wettlauf gegen alles andere. Am mächtigsten ist die Notwendigkeit, denn sie herrscht über alle. Am weisesten ist die Zeit, denn alles macht sie ausfindig.

Es ist klar, daß der Inhalt und vor allem die Formulierung dieser Aussprüche wesentlich über das hinausreicht, was wir dem Denken des Thales zuschreiben dürfen, doch ist es nicht ausgeschlossen, daß dahinter echte Sinnsprüche des Thales sich verbergen mögen.

3 Es ist wohl ausgeschlossen, daß Thales selbst sich bereits so präzis ausgedrückt hat. Eher wird es so gewesen sein, daß er, im Zusammenhang mit seinem Grundgedanken vom »einen Urgrund«, die *psyché*, d.h. den Lebensstoff als ein »ewiges« Attribut aller Seinswerdung und aller Seinsdinge aufgefaßt hat.

4 Die neueste Auffassung von Thales geht dahin, daß er, Zeitgenosse der starken Kolonisierungsbewegung Ioniens, auf seinen Reisen geographische und andere wissenschaftliche Kenntnisse gesammelt habe, als deren Frucht »Reiseberichte« entstanden seien. Gigon nimmt die Existenz eines Werkes des Thales in Form eines Reiseberichtes an. Man darf auch die Wirkung nicht unterschätzen, die das Kennenlernen fremder (ägyptischer, phönikischer u.a.) Wissenschaftsgebiete auf die ionische Naturphilosophie ausgeübt hat.

5 Das Rechnen mit Dreiecken, die Erdvermessung durch Winkelparallaxe (aus einer gegebenen Seite und den sie umschließenden Winkeln kann die Länge der anderen Seiten und der dritte Winkel berechnet werden) scheint bei den Ägyptern schon weitgehend ausgebildet gewesen zu sein. Ob diese Kenntnisse, die Thales zum Teil auf seinen Reisen erworben haben kann, für die Berechnung von Entfernungen auf See zuerst von Thales benutzt wurden, ist unsicher; das ihm zugeschriebene Buch über Schiffersternkunde (B 1) ist von Phokos von Samos verfaßt. Auch die Höhe der Pyramiden soll Thales aus ihren Schatten berechnet haben (A 21 = Plinius, N.H. XXXVI 82). Alle diese Berichte sind leider spät und unsicher, dennoch darf im Prinzip eine rege Beschäftigung des Thales mit Geometrie vorausgesetzt werden.

6 Gigon nimmt an, daß Thales, ähnlich wie später Xenophanes, an eine ursprüngliche Überflutung der Erde durch das Meer gedacht habe, wenn er sie auf dem Wasser schwimmen läßt, was er durch seine Auffassung von der »Sachanalogie« bei den Milesiern zu stützen versucht. Thales habe nämlich durch die Beobachtung der Überschwemmung des Nils überall auf der Erde analoge Vorgänge angenommen, was durch Stellen bei Hekataios und Herodot über den Ursprung Ägyptens gestützt werden soll. Ob damit – im Widerspruch zur Überlieferung des Aristoteles, daß Thales das Wasser als den »Urgrund aller Dinge« ansah – eine qualitative Entstehung der Welt aus Wasser als Urelement abgelehnt werden darf, wie Gigon es tut, muß bezweifelt werden, da mit der Kennzeichnung »zentrale Lehre vom Meere als Träger und Urzustand der Erde« (Gigon) das thaletische Denken umgebogen wird zu einer bloßen geologischen und geophysischen Betrachtungsweise, also einer nur naturwissenschaftlichen, nicht philosophischen Weltauffassung, über die aber sowohl er wie

sein großer Schüler Anaximandros bereits weit hinausgeschritten waren.

7 s. W. Capelle, Die Nilschwelle, Neue Jahrbücher für das klassische Altertum 1914, 333 f.

8 Für den Ruhm seiner astronomischen Studien zeugt die von Platon im Theaitetos 174 B (= A 9) erzählte Anekdote: »Als Thales, die Gestirne beobachtend und nach oben blickend in einen Brunnen fiel, verspottete ihn eine besorgte und witzige thrakische Magd: er wolle das am Himmel vor sich Gehende schauen, übersehe aber, was vor seinen Füßen liege.«

9 Pandämonie und Panpsychismus entspringen derselben Grundvorstellung, daß in allem ein lebendiges Wirken sei, denn das »urgrundhafte Feuchte« ist selbst etwas von innen aus Belebtes, und so ist die hier überlieferte thaletische Ansicht, daß »eine göttliche Kraft« als Beweger hinter und in dem Naturvorgang da ist, wohl sicher im Grund echt, wenn auch wie meistens der spätere Bericht die archaische Form des Gedankens unterdrückt oder zumindestens modifiziert hat. Neuerdings vermutet man, daß dieser Bericht wie die folgende Cicerostelle zumindestens aufs stärkste gefärbt ist durch die stoische Theologie, und daß deshalb die Geschichtlichkeit dieser dem Thales zugeschriebenen Gedankengänge abzulehnen sei.

Zu Anaximandros

Erläuterungen

Anaximandros von Milet, der zweite der frühen ionischen Philosophen, war ein nur um weniger als zwei Jahrzehnte jüngerer Zeitgenosse des Thales. Auch er hat fast sein ganzes Leben in der Heimatstadt verbracht, wo er 611 v. Chr. geboren und 546 gestorben ist. Mit Thales war er nicht nur befreundet, er gilt auch als sein »erster Schüler« und als Nachfolger (*diádochos*) seiner Lehre. Über sein äußeres Leben wissen wir nur das eine, daß er einmal eine Kolonie nach Apollonia am Schwarzen Meer geführt und vorübergehend in Sparta geweilt hat, wo er durch Vorhersagung eines Erdbebens die Einwohner vor großem Schaden zu bewahren versucht habe. Dieser Armut an biographischen Notizen steht eine Fülle eingehender Nachrichten über sein Werk gegenüber. Aus den doxographischen Berichten konnte man nachweisen, daß Anaximandros ein Werk ›Über die Natur‹ hinterlassen hat. Ging dieses Buch, das den Griechen als ihre erste philosophische Schrift galt, auch verloren, so existieren doch in den ausführlichen Berichten verschiedener antiker Philosophen und Schriftsteller genügend Zitierungen. Außerdem besitzen wir ein wohl sicher wörtlich überliefertes Fragment, das eine seiner bedeutungsvollsten Ideen enthält und »zum ersten Mal im Denken der Menschheit den Begriff einer alles Geschehen, d.h. den gesamten Weltprozeß beherrschenden, ihm immanenten Gesetzlichkeit, d.h. des Weltgesetzes erfaßt« (W. Capelle).

Anaximandros ist der erste griechische Denker, der nicht mehr in der bis zu ihm in allen Bereichen des hellenischen geistigen Lebens herrschenden gebundenen Rede, sondern in Prosa schrieb. Er schrieb ein Werk *Peri phýseos* (Über die Natur), das aber im späteren Altertum nur noch in wenigen Bruchstücken bekannt war.

Anmerkungen

1 Wie Thales stellt auch er ein einheitliches Weltprinzip, einen ursächlichen Urgrund, jene *arché* auf, die er als neuen physikalischen Denkbegriff überhaupt erst eingeführt haben soll.
Das *ápeiron* ist quantitativ das Unbegrenzte, qualitativ das Unbestimmte, wenn auch A. selbst sich weder nach der einen noch nach der anderen Seite hin festgelegt zu haben scheint.

2 Aus dieser Erklärung des *ápeiron* kann nur ersehen werden, daß Anaximandros etwas meinte, was sich zwischen (über das Zwischen, das *metaxý*, hat Gigon gehandelt) oder über den definierbaren Urstoffen, den Elementen, befindet. Das von Simplikios gebrauchte, umschreibende ἀλλ' ἑτέραν τινὰ φύσιν bedeutet die Annahme einer Natursubstanz, einer phýsis, die zugleich kausaler Beweger der Natur, ihre *arché* sein soll wie ein das Elementare aller Stoffe ausdrückendes Substrat der Materie selbst. Es ist ohne bestimmte Qualität eines stofflichen Prinzips, wie das »Wasser« des Thales, nur von einer einzigen definiblen Eigenschaft, eben dem »Unendlichen, Unbegrenzten«. Da »alle Himmel« und alle Welten aus ihm entstehen, ist das *ápeiron* der Weltschoß selbst, identisch mit einem angenommenen »Urgrund« alles Seins, das »Eine«, aus dem alles »Viele« entsteht und in dem es also auch immer mitenthalten sein muß.
Außer dem *ápeiron,* aus dem sich als uranfänglicher Substanz Paarheiten von Stoffprinzipien (das Warme und das Kalte, das Trockene und das Feuchte usw.) herausgebildet haben, stellt Anaximandros noch den *chrónos,* die *Zeit*, als das für den Weltvorgang wesentlichste Prinzip, auf, durch das alle Vorgänge zwar »seit unendlicher Zeit«, aber eben in zeitlich begrenzten Seinsumwandlungen ihren periodischen Ablauf finden.

3 Die Erde ist hier nicht mehr als Scheibe aufgefaßt. Neu ist der in dem folgenden Bericht ausgedrückte Gedanke, daß sie nicht mehr wie bei Thales schwimmend gedacht werden muß. – Die

kühnste und in astronomischer Hinsicht weittragendste Ansicht des Anaximandros besteht aber darin, daß er sich die Erde als Weltkörper frei schwebend (*metéoron*) gedacht hat und dies damit begründete, daß ihre Stellung im Mittelpunkt ein dynamisches Gleichgewicht herstelle, durch das verhindert werde, daß sie sich (da gleichzeitige Bewegung nach entgegengesetzten Seiten unmöglich sei) aus ihrer zentralen Lage wegbewegen könne. Parmenides greift deutlich auf diesen Gedankengang zurück. (»Denn von der Mitte, wohin es von allen Seiten gleichweit ist, zielt das Seiende hin in Gleichheit nach seinen Grenzen«, B 8 = 362, v. 49.) Auch Demokritos zeigt sich noch von dieser Auffassung beeinflußt.

Man erzählte sich von ihm im Altertum, daß er als erster gewagt habe, ein Bild der bewohnten Erde auf einer Tafel aufzuzeichnen, d.h. die erste Erdkarte zu entwerfen, daß er den Gnomon (den Sonnenschattenmesser) erfunden und bei der Sonnenuhr in Sparta aufgestellt habe, der die Sonnenwenden und die Tag- und Nachtgleichen angezeigt habe. Auch einen Himmelsglobus habe er als erster angefertigt.

4 Was die Erdkarte anlangt, so hat Anaximandros gegenüber Homer, der in dem Schild des Achilleus den Kosmos durch »poetische Gemälde« zu bildlicher Anschauung bringen will, abstrahierend nur die Orte, Städte und Länder verzeichnet (J. V. Kopp).

5 Der Gedanke der Entstehung der Lebewesen aus dem Feuchten ist deutlich eine Fortsetzung der thaletischen Idee vom Wasser, aus dem alles entstehe. Die Fischgeburt der Menschen erinnert stark an ähnliche altorientalische Vorstellungen und hat mit dem eigentlichen griechischen Mythenschatz offenbar nichts zu tun. Die Deszendenztheorie des Anaximandros durchbricht in entscheidender Weise die anthropogonischen Vorstellungen des Mythos, der den Menschen wie die Götter meist einheitlich durch einen einmaligen Vorgang entstehen läßt.

Zu Anaximenes

Erläuterungen

Ein nüchternerer Kopf als Anaximandros war der Milesier Anaximenes (er lebte um die Mitte des 6. Jahrhunderts und starb um 525 v. Chr.), Schüler und Fortsetzer des Anaximandros.

Er kehrte von der Kühnheit seines Vorgängers mit seiner Idee des *ápeiron* zu einer stofflichen Erklärung des »Urgrundes« zurück. Er tat dies allerdings nicht, ohne einen Kompromiß mit dem anaximandrischen Weltbild zu suchen, wenn er als Urgrund zwar die

Luft annimmt, gleichzeitig aber dieser seiner *arché* das *ápeiron* als Eigenschaft hinzugesellt, indem er feststellt, daß die Luft ihrer Ausdehnung nach unendlich ist, daß aus ihr alles hervorgeht und alles wieder in sie zurückkehrt.

Die Luft als Urprinzip entsprach seiner Grundvorstellung, daß die Seinszustände sich durch einen Vorgang von Verdünnung und Verdichtung erklären.

Zudem mochte ihm die Luft vermöge ihrer Beweglichkeit und Leichtveränderlichkeit zum Urstoff besonders geeignet scheinen und sich am besten in seine Kosmogonie und seine Vorstellung der Weltentstehung aus der »ewigen Bewegung« eines Urstoffes einfügen.

Von einiger Bedeutung für die allgemeine Entwicklung physikalischer Beobachtung der Naturvorgänge war seine Erklärung verschiedener Seinszustände des Stofflichen aus dem von ihm der »Luft« als Haupteigenschaft neben der »Bewegung« zugeschriebenen antithetischen Verhalten, sich zu verdünnen oder zu verdichten.

Anaximenes verdankt man den Begriff des »Kosmos« als Ausdruck für ein wohlgeordnetes, harmonisch gebildetes Weltganzes, das in seinen periodisch sich wandelnden Zuständen (Entstehen und Vergehen) zwar veränderlich, in seiner substantiellen Wesenheit aber von ewigem Bestande ist.

Anmerkungen

1 Der Gewährsmann, der Autor der dem Neuplatoniker Olympiodoros von Alexandreia (6. Jhdt. n. Chr.) zugeschriebenen Schrift ›De arte sacra lapidis philosophorum‹, führt die Worte als authentische Äußerung des Anaximenes an. Doch handelt es sich dabei um eine späte Fälschung.

2 Da Anaximenes die Erde wieder flach wie eine Scheibe annimmt, so muß er sie sich auch genau wie Thales schwimmend vorstellen; nur daß das Wasser ersetzt wird durch die Luft, wobei die flache Gestalt sowohl der Erde wie der Gestirne der primitiveren Vorstellung genügt, sie von dem viel leichteren Stoff tragen zu lassen.

3 Die Erdbebentheorie des Anaximenes steht in nahezu polemischem Gegensatz zur thaletischen Auffassung von der durch die Bewegungen des Wassers erschütterten Erde. Beobachtungen im Peloponnes (Anaximenes befand sich einmal in Sparta) anläßlich von Erdbeben mögen ihn zu seiner Ansicht geführt haben, daß bestimmte meteorologische Verhältnisse, besondere Dürre oder besondere Feuchtigkeit auf der Erde, das Entstehen von seismischen Erscheinungen befördern und daß die Erdbeben an Orten starker Zerklüftung der Gesteine (Vorahnung der modernen

Theorie tektonischer Beben) häufiger auftreten. Denn die durch Austrocknung entstandenen Risse (Klüfte, Spalten), die durch »Durchfeuchtung« der Erde hervorgerufen werden sollen, sind wohl Teilvorstellungen eines allgemeineren geologischen Erdbildes, von dem uns Aristoteles hier nur auszugsweise berichtet. Es ist sehr wohl möglich, daß Anaximenes bei seiner Idee von den »Einsturzbeben« bereits an Hohlräume im Erdinneren, also noch moderner geophysisch gedacht hat, als es aus dem vorliegenden Texte (vgl. auch Seneca, Naturales Quaestiones VI, 10) hervorzugehen scheint.

4 Die Drehung der Welt entspricht dem Gedanken des allgemeinen »Umschwungs«, des »Wirbels« bei Anaximandros. Nur daß die Bewegungsebene hier horizontal, dort (bei Anaximandros) vertikal aufgefaßt wurde.

Zu Pythagoras und zur Pythagoreischen Schule

Erläuterungen

Um die Zeit der 60. Olympiade, also gegen 540 v. Chr., verließ Pythagoras Samos, die große Insel vor der Ionischen Küste, auf der er geboren war. Es litt ihn nicht mehr zu Hause, da sein freier, jedes Unrecht hassender Geist die Gewaltherrschaft des Tyrannen Polykrates nicht länger ertragen wollte. Von der Fahrt oder von den Fahrten von der Heimat nach dem Westen wissen wir ebensowenig Näheres, wie wir über anderes aus seinem Leben verläßlich informiert sind. Die Legende hat sich früh seiner Gestalt bemächtigt.

Als sich Pythagoras nach dem Weggang von seiner Heimat Samos in der westgriechischen Pflanzstadt Kroton, in Süditalien, niederließ, scheint er schon nach ganz kurzer Zeit begonnen zu haben, die Öffentlichkeit zu beschäftigen; sein Bund oder, wie man ihn noch treffender bezeichnet, der von ihm gestiftete Orden nahm sehr bald eine gewisse politische Bedeutung an, breitete sich rasch über eine erhebliche Anzahl wichtiger Städte der Magna Graecia aus und scheint auf der Höhe seines Bestehens bis nach Sizilien gestrahlt zu haben. Pythagoras hat seine Ideen nicht schriftlich niedergelegt. Seine »Lehren« wurden mündlich verbreitet. In mündlicher Überlieferung lebten sie im Kreise seiner Schüler fort (»Er selbst sagte«).[1] Ihr exklusiver Charakter, mit Zügen einer Geheimlehre ausgestattet, ihre kultische Religiosität erweisen schon in ihren Anfängen Abhängigkeit von den älteren Mysterienreligionen. Politisch beto-

[1] *autós épha* (αὐτὸς ἔφα).

nen sie das aristokratisch-konservative Prinzip einer gebildeten, streng sich abschließenden Klasse innerhalb der Gemeinschaft der Bürgerschaft, die mindestens indirekt versuchte, auf die Staatsführung Einfluß zu gewinnen. Diese kulturpolitischen, vorübergehend sogar parteipolitischen Bestrebungen der Pythagoreer waren es, die sie noch zu Lebzeiten des Meisters und dann noch folgenreicher um die Mitte des fünften Jahrhunderts mit den demokratischen Strömungen in den italisch-griechischen Gemeinwesen in offenen Konflikt brachten, der zu blutiger Verfolgung der Anhänger des Bundes und schließlich zur Auflösung aller italischen Pythagoreergemeinschaften führte und die Überlebenden zwang, teils nach Sizilien, teils sogar ins griechische Mutterland auszuwandern.

Pythagoras war der Schöpfer einer ganz bestimmten *Lebenshaltung*, des *Pythagorikós trópos,* die zunächst natürlich nur auf den engeren Kreis der Anhänger, die »pythagoreischen Brüder und Schwestern«, Anwendung fand, viel stärker aber als bei andern religiösen Gemeinschaften, wie etwa den Mysterienkulten, in die Breite gewirkt hat.

Es ist uns heute nicht mehr möglich, überall genau zu trennen, was noch von ihm selbst stammt oder was erst nachträglich sich im Kreis des Bundes und aus Beiträgen einzelner bedeutender Anhänger, Männern wie Alkmaion, Philolaos, Archytas[1], Aristoxenos und anderer sich herausgebildet hat.

Die Gleichberechtigung der Frauen (sie galten ja den Pythagoreern dank der Seelenlehre von gleichem menschlichem Wert wie die Männer, was sonst im Griechentum nicht der Fall war) gab ihrer Verbindung in sozialer Hinsicht einen ganz besonderen Charakter; da noch hinzukam, daß vor allem Menschen höheren Standes in den Bund eintraten und die Mitglieder sich und ihr Tun gern mit einem gewissen Geheimnis umgaben, so mag schon dadurch das Mißtrauen und schließlich die offene Feindseligkeit gegen sie geschürt worden sein. Von den Vorschriften, den *akúsmata,* welche die Eingeweihten vor Profanierung nach außen geheimzuhalten hatten, sind wichtig das Verbot blutiger Opfer und des Fleischgenusses, im Zusammenhang mit der Lehre, daß allen Lebewesen eine Seele innewohne. Wie bei jeder Sekte artete mit der Zeit das Gebotwesen der pythagoreischen Urgemeinschaft in Kroton in Äußerlichkeiten und ihre mißverstandene Verwendung zu allerhand abergläubischen Gebräuchen und Meinungen aus. Von der wirklichen, der geistigen Erziehung (*paideía*) aber hat uns ein antiker Bericht Kunde überliefert; Beherrschung der Triebe, Reinigung von Leidenschaften, Übung des Gedächtnisses, der Güte und Menschenfreundlichkeit

[1] Von Archytas ist Platon, sein jüngerer Zeitgenosse, in seinen physikalischen Anschauungen beeinflußt (so Timaios 80 A).

gegen Untergebene, selbst gegen den Sklaven, Gleichmaß (*symmetría*) in der Aufnahme von Speisen, Gleichmaß der Gemütsstimmung, Gefaßtsein dem Unerwarteten gegenüber. In allem müsse rechte Ordnung und Gleichmaß erstrebt werden, »und das schon von Kindheit an« (58 D 4 = 85). Daher wird auf die Erziehung besonderer Wert gelegt, und Aristoxenos weiß auch zu berichten, daß die Pythagoreer der Frage sexueller Reifung und vorehelicher Sexualethik großes Gewicht beilegten.

Endlich stand bereits bei Pythagoras selbst im Vordergrund seines Denkens ein bewußtes Reformieren der religiösen Vorstellungen. Pythagoras und sein Kreis lehnten die überkommene polytheistische Volksreligion scharf ab. Sie verehrten eine Gottheit, die »alles beobachtet«, die sich »um die Menschen sorgt« (58 D 3 = 100). Und wenn von den Pythagoreern gelehrt wird, daß »von hoch oben, der Welt der Ordnung aus, die *Weisheit* entstehe, aus der Wirrheit der Welt, des im Werden Begriffenen, nur eine Tugend, die unvollkommen sei, während die Weisheit vollkommen sei« (A 16 = 163), so birgt sich darin die Idee von der Sehnsucht der Seele, aus dem »Gefängnis, in das sie geschlossen ist«, in die Region der Reinheit und der Harmonie zu gelangen. Aus ihrem Glauben an die Seelenwanderung erstand der an die Unsterblichkeit der Seele, der seinen Einfluß noch auf Nietzsches Lehre von der ewigen Wiederkunft äußerte.

Nach dem Tode des Meisters spalteten sich die Anhänger in zwei Gruppen. Die der »Akusmatiker« sahen in den »Akusmata«, den Sprüchen des Pythagoras, den unverrückbaren Kern seiner Lehre und lebten genau nach den darin enthaltenen Vorschriften. Die »Mathematiker« nahmen es mit den Vorschriften des Meisters nicht so genau, hielten auch die Schweigepflicht nicht ein. Ihnen war die weitere Förderung wissenschaftlicher Erkenntnis das Wichtigste. Die »Akusmatiker« sahen in den »Mathematikern« der Schule Abtrünnige. Der Abfall wird auf Hippasos aus Metapont (Ende des 6. Jahrhunderts) zurückgeführt. Im 5. Jahrhundert kam es zu einer gewaltsamen Auflösung des Bundes; die damals weithin über die griechische Welt sich zerstreuenden Anhänger scheinen sich dann nochmals in der zweiten Hälfte des 4. Jahrhunderts um einen bedeutenden Nachfolger der Lehre, Aristoxenos, geschart zu haben, und in der späteren Antike sind noch mehrmals und verschiedenen Orts neupythagoreische Schulbildungen erfolgt.

Bei den hier mitgeteilten Texten wurde alles einigermaßen sicher auf die Lehre des Pythagoras und seines Schülerkreises bezügliche Gedankengut so zusammengestellt, daß als erste die ältesten Zeugnisse, Alkmaion einbegriffen, ihren Platz finden und sodann Fragmente und doxographische Berichte des weiteren pythagoreischen Kreises bis zu Ekphantos folgen.

Anmerkungen

1 In der Zahl sehen die Pythagoreer das innere Gesetz des Universums: es ist der erste Versuch, die Gesetzmäßigkeit der Weltordnung zu begreifen.

2 Die Quellen der Stellen 108, 109, 110 sind: Gaudentios, ein Musiktheoretiker der ausgehenden Antike, Aristeides Quintilianus, Musiktheoretiker des 1. nachchristlichen Jahrhunderts, und Herakleides Pontikos, Philosoph, Hörer Platons und der Pythagoreer, bei Porphyrios (dem um 232 n. Chr. geborenen Neuplatoniker).

Zur »Harmonielehre der Pythagoreer« s. B. L. van den Waerden, Hermes 78, 1943, 163ff. Er weist nach, daß die noch von Zeller vertretene Ansicht, daß die Zahlenverhältnisse der Konsonanzen bei den Pythagoreern ausschließlich aus der Beobachtung der Saitenlängen gewonnen seien, nicht haltbar ist. »Die Zahlenverhältnisse erscheinen nach Ansicht der Pythagoreer einmal als Verhältnisse von Saitenlängen oder Längen von Blasinstrumenten, ein anderes Mal als Verhältnisse von Spannungen oder von Geschwindigkeiten.«

3 Monochord ist das mit einer Saite bespannte Instrument, das von den theoretischen Musikern zur Bestimmung der Intervalle benutzt wurde, eine Gitarre, deren Saite durch Auflegen eines Fingers verkürzt wurde,

4 Petron von Himera gehört zu den älteren Mitgliedern der Schule.

5 Hippasos aus Metapont erklärte das Feuer für den Grundstoff und das Prinzip des in ewiger Bewegung befindlichen Weltalls und auch die Seele für feurig. Er soll neben dem engeren Kreise der Mathematiker den weiteren der »Akusmatiker« begründet haben.

6 Alkmaion ist der erste uns näher bekannte Arztdenker der Antike. Er war ein jüngerer Zeitgenosse des Pythagoras, mit dem er sicher in näherer Beziehung stand. Er stammte aus Kroton, dem Mittelpunkt des pythagoreischen Bundes. Seine physiologischen und anatomischen Beobachtungen waren bahnbrechend für die Entwicklung der griechischen Medizin. Seine größte Entdekkung war die Feststellung, daß das Hirn das Leitzentrum der Nerven und der Sitz des Denkens ist. Seine Unterscheidung von Wahrnehmungsvermögen und Denkkraft ist andrerseits seine entscheidende philosophische Tat gewesen, die aber wohl sicher genau wie sein Gedanke vom Gleichgewicht (der *isonomaía*) der Kräfte aus der Lehre des Pythagoras selbst herauswuchs, also indirekt ein wichtiges und besonders frühes Zeugnis für die Philosophie des »Schulgründers« darstellt. So verbindet sich in den

uns überlieferten Gedanken des Alkmaion urpythagoreisches Weltbetrachten mit eigenen, vor allem aus seiner ärztlichen Tätigkeit entsprungenen Beobachtungen.

Er soll als erster Arzt Sektionen vorgenommen und Hippokrates vorgearbeitet haben. So schnitt er einem Tier die Verbindung von Auge und Gehirn durch und zeigte, daß nach dem Schnitt Erblindung eintritt. Er wurde so der Begründer der vergleichenden Anatomie und Physiologie. Als erster sensualistischer Psychologe untersuchte er die Sinnesempfindungen und erkannte im Gehirn das Zentralorgan der Wahrnehmungen und der Verstandestätigkeit. Die Nerven bezeichnete er als die von den Sinnesorganen zum Gehirn hinleitenden Kanäle.

7 Originalausdruck Alkmaions; alles übrige ist nur Referat seiner Gedanken.

8 Philolaos, Tarentiner oder Krotoniate, Zeitgenosse des Sokrates und Demokrit (S. 167ff.), ist der erste literarische Vertreter der pythagoreischen Philosophie. Die ihm zugeschriebenen Fragmente, die sich zumeist mit der Zahlenlehre beschäftigen, sind nur zum Teil echt.

Die Echtheit der Fragmente des Philolaos wurde lange Zeit umstritten. Die neueste Forschung zweifelt nicht mehr an ihrer Geschichtlichkeit; die beiden Berichte 164 und 165 dürfen als Bestätigung dafür angesehen werden, daß der Kreis der Pythagoreer sich auch mit genauen Himmelsbeobachtungen beschäftigt hat und aus ihnen die Tatsache einer Erdbewegung »in kreisförmiger Bahn« ableiten konnte. Höchst bemerkenswert ist dabei, daß bereits die Schiefe der Ekliptik beobachtet worden ist.

Hiketas nahm als Weltmittelpunkt ein allbelebendes Weltfeuer an (das nicht die Sonne ist), um welches die Planeten in verschiedenen Bahnebenen kreisen und zwar so, daß von der Erde die ihr zugeordnete Gegenerde stets um 180° entfernt ist und ihr durch das Zentralfeuer verdeckt bleibt.

9 Die Erklärung gibt Alexander Aphrodisiensis in einer Bemerkung zu der ›Metaphysik‹ des Aristoteles (I 6): danach hätten die Pythagoreer gelehrt, ursprünglicher als die Körper seien die Flächen, als diese die Linien, als diese die *stigmaí*, d.h. die »Punkte« (*semeia*) der Mathematiker, die Monaden der Pythagoreer, die sie als »Prinzipien des Seienden« erklärten. Aristoteles beschäftigt sich in der Metaphysik III 5.1002a 4 mit dieser Lehre: »Nun ist aber der Körper«, sagt er dort, »weniger essentiell als die Fläche, und diese als die Linie, diese als die Monade und der Punkt; denn diese können ohne den Körper bestehen, der Körper aber nicht ohne sie. Es waren daher nur die Älteren (so die ionischen Naturphilosophen), welche glaubten, daß der Körper das Essentielle und Seiende sei und alles andere nur dessen Acci-

dentien, so daß die körperlichen Prinzipien auch die Prinzipien alles Seienden seien. Die Späteren aber, die ihnen an Einsicht überlegen waren, erklärten die Zahlen dafür.«

10 So auch Aristoteles, Über die Seele I 4.407b 27 und Platon, Phaidon 86 BC: Simias vergleicht dort die Seele mit der Harmonie der gestimmten Leier. Als solche ist sie zwar etwas Unsichtbares, Unkörperliches, Göttliches, muß aber doch aufhören, sobald der Körper erkrankt oder stirbt, gerade so wie Harmonie aufhöre, wenn die Leier beschädigt oder vernichtet wird.

11 Archytas aus Tarent ist Staatsmann, Feldherr, Philosoph und Mathematiker aus der ersten Hälfte des 4. Jahrhunderts, Begründer der wissenschaftlichen Mechanik, selbständiger Forscher in der Harmonik. An den Forschungen der pythagoreischen Schule über die Verhältnisse der Töne ist er wesentlich beteiligt: er lehrte u.a., daß die größere Höhe eines Tones durch schnellere Bewegung bedingt ist, berechnete die Tonverhältnisse in allen drei Tongeschlechtern. Platon ist mit ihm in Tarent zusammengetroffen. Dem Einfluß des Archytas auf Dionysios von Syrakus gelang es, die sichere Heimkehr des Philosophen zu erwirken.

12 Dieses Fragment ist der älteste uns erhalten gebliebene griechische mathematische Text.

13 Pythagoreer aus Syrakus, jünger als Philolaos. Er soll die Lehre von der Kreisbewegung der Erde aufgestellt haben: sie drehe sich mit großer Geschwindigkeit um ihre Achse, während das Himmelsgewölbe mit Sonne, Mond und Sternen unbewegt blieben. Mit der alle astronomischen Vorstellungen umwälzenden Idee von der Eigenbewegung der Erde wurde Hiketas (ebenso wie Ekphantos) zum Vorgänger des heliozentrischen Weltsystems des Aristarchos von Samos (etwa 320–250 v. Chr.), das dann vom ausgehenden Altertum wieder verlassen und erst durch Kopernikus wieder zur grundlegenden These seiner astronomischen Theorien erhoben wurde.

14 Die Gegenerde (*antíchthon*) (schon Philolaos hatte sie angenommen) war in dem Gedankensystem der Pythagoreer dazu bestimmt, der Erde, die man sich wahrscheinlich gewichtiger als die übrigen Planeten dachte, ein – an demselben Reifen befestigtes und mit ihr umschwingendes – Gegengewicht zu geben. In dieser Ansicht scheint der Kern der heliozentrischen Anschauung zu liegen: man brauchte nur Erde und Gegenerde als westliche und östliche Halbkugel zu verbinden und das Zentralfeuer in ihr Inneres zu verlegen, so hatte man die Vorstellung der täglichen Rotation der Erde gewonnen. Diesen Schritt scheint Hiketas getan zu haben. Den weiteren – der täglichen auch die jährliche Rotation der Erde um die Sonne zuzufügen, tat der Astronom Aristarchos von Samos (um 260 v. Chr.), der »die

Sonne unter die Fixsterne rechnete und die Erde um sie laufen läßt« (dazu Plutarch, De facie lunae 6).

15 Ekphantos aus Syrakus ist vermutlich Schüler des Hiketas, dem er sich in der Annahme einer Achsenumdrehung der in der Weltmitte befindlichen Erde anschloß. Er vereinigte die pythagoreischen mit den atomistischen Lehren (S. 165): die Atome, nach Größe, Gestalt und Kraft verschieden, werden durch den weltordnenden Geist zu einer einheitlichen, vollkommenen, kugelgestaltigen Welt zusammengeschlossen. Er gehört zu den Vorläufern des Kopernikus, weil er die scheinbare Umdrehung der Fixstern-Sphäre durch eine koachsiale, aber entgegengesetzt gerichtete Umdrehung der Erdkugel erklärte.

Zu Xenophanes

Erläuterungen

Nicht weit von Ephesos entfernt, mitten im Stammland ionischer Kolonisation Kleinasiens, lag Kolophon, die Stadt, aus der Xenophanes stammte. Er wurde um das Jahr 570 geboren und hat das hohe Alter von mehr als neunzig Jahren erreicht. Während dieses langen Lebens hat Xenophanes, wie er dies selbst in einem seiner Verse angibt, siebenundsechzig Jahre auf Wanderschaft »auf und ab durch hellenisches Land« (B 8 = 179) verbracht. Die bedeutsamste Zäsur in seinem auch sonst ereignisreichen Dasein stellt die politische Katastrophe dar, die über sein Heimatland hereinbrach, als die Perser nach Ionien einbrachen und es in raschem Siegeszug bis auf Milet unterjochten und ihn aus der Vaterstadt vertrieben. Um 545–540 verließ er Kolophon. Er gelangte nach Unteritalien und wurde dann endlich an der Küste des antiken Lukaniens, in der Stadt Elea (römisch Velia) ansässig, die eben erst 540 v. Chr. als Gründung wegen des Perserstums ausgewanderter phokäischer Griechen entstanden war. Er selbst hat nach glaubwürdigen Berichten die Entstehung der neuen, rasch heranblühenden Pflanzstadt in einem Preisgedicht von zweitausend Versen besungen. Mit Elea, das in der Nähe des bekannter gebliebenen Paestum lag, blieb Xenophanes am stärksten verbunden.

Als Rhapsode war er lange Jahrzehnte durch die griechische Welt gewandert. »Doch von der einen Stadt den Staub zur anderen tragend, warf ich mich hin und her«, so hat er selbst einmal von sich gesagt. Er hat dabei zunächst wohl die homerischen Epen und dazu vielleicht schon eigene Verse vorgetragen, von denen uns nichts mehr erhalten geblieben ist. Denn die kümmerlichen Fragmente eines oder mehrerer Lehrgedichte, die uns überkommen sind, stellen Teile eines Alterswerkes dar. Dazu kommen dann noch einige wenige parodistische Verse polemisch ironischen Charakters, die *silloi* genannt wurden und deren es ursprünglich einmal fünf Bücher gegeben haben soll. Sicher ist das eine, daß Xenophanes noch in metrisch gebundener Sprache geschrieben hat, vor allem deswegen, weil, was er schrieb, durch den lebendigen Vortrag seine Verbreitung finden sollte, wie es in der ganzen Frühzeit griechischer Literatur selbstverständlich gewesen ist. Daraus erklärt sich nicht nur die dichterische Form seines Werkes, sondern auch die traditionell-epische Einkleidung etwa der ersten »Elegie« (vgl. S. 87), die ihn uns als das zeigt, als was er sich ursprünglich wohl selbst gefühlt hat: Dichter und Sänger philosophischer oder polemisch-politischer Gedanken.

Dennoch hat er das Verdienst, neben und mit Pythagoras der vorsokratischen Philosophie den gewaltigsten, wenn nicht gar den entscheidenden Auftrieb gegeben zu haben. Er als erster hat sich nicht mehr damit begnügt, »erdichtete Geschichten« vorzutragen. Er wollte bewußt unterweisen, unterrichten, aber nicht nur in der Wissenschaft von der Natur, den »Anfängen« der Dingwelt, sondern über die Weisheit als solche, über menschliches Erkennen und menschlichen Irrtum. Und er wollte – vor allem – seine Hörer aufrufen zu der Verehrung des Göttlichen, die ihn selbst erfüllte und beseelte.

Anmerkungen

1 Diese Gedichtteile stammen aus einer Sammlung von Gesängen, die die Überlieferung als ›Elegien‹ bezeichnet. Aus Fragment 8 geht hervor, daß es sich bei ihnen um ein Alterswerk des Denkers handelt. Die Wendung von den ›Gesängen‹ über die Schlachten der Giganten und Kentauren richtet sich vor allem gegen Hesiod und gegen eine kurz nach Hesiod verfaßte Gigantomachie.

2 Diese Fragmente gehören zu einer ›Silloi‹ betitelten Sammlung aphoristischer Verse. Das Gesamtwerk des Xenophanes umfaßte fünf Bücher.

3 Skeptischer Philosoph des 3. Jhdts. v. Chr.

Zu Theagenes

Erläuterungen

Der Angriff des Xenophanes gegen Homer und die alten Götter rief in Theagenes von Rhegion (Ende des 6. Jahrhunderts) noch einmal einen Verteidiger der homerischen und damit der mythologischen Götterauffassung auf den Plan.

Er nahm Homer gegen den Vorwurf des »Ungeziemenden« (des *aprepés*) in Schutz, deutete die alten Götter physikalisch und ethisch um und wurde so, angeregt vielleicht von orphischen Vorstellungen, der erste historisch faßbare Vertreter allegorischer Mythenerklärung.

Zu Herakleitos

Erläuterungen

In Ephesos, der wichtigen Stadt Ioniens, wo seit frühen Zeiten der Kult der seltsam vieldeutigen Göttin Artemis geherrscht hat, wurde Herakleitos gegen 540 v. Chr. geboren. Die Mysterien der chthonischen Urmuttergöttin, die vielleicht schon vor der Artemisverehrung in dieser Stadt heimisch waren, dürfen ebenfalls nicht unerwähnt bleiben, wenn man von Herakleitos, den schon die Alten *ho skoteinós*, den Dunklen, getauft haben, berichten will.

Etwas jünger als Xenophanes, stammte er aus einem vornehmen Geschlecht. Nach der Tradition der Familie soll der sagenhafte König Kodros von Athen sein Urahn gewesen sein. Abgestoßen von dem gleichmacherischen Treiben der neuaufkommenden Demokraten scheint er sich bald von jeder Betätigung am öffentlichen Leben seiner Heimat zurückgezogen zu haben. Die Verachtung seiner aristokratischen Natur gegenüber der zur Herrschaft gekommenen Klasse drückt sich in dem schroffen Satz aus: »Recht wär' es den Ephesiern, wenn sie sich alle miteinander aufhängten und die Stadt den Unmündigen auslieferten, da sie doch Hermodoros, ihren verdienstlichsten Mann, mit diesen Worten davongejagt haben: Bei uns darf keiner der Beste sein, wenn aber doch, dann andernorts und bei andern« (B 121). Die Vertreibung seines Freundes Hermodoros war anscheinend der direkte Anlaß, der auch für ihn zum völligen Bruch mit dem politischen Leben geführt hat, in dem für seinen freiheitsliebenden, unabhängigen Geist kein Platz mehr war.

Mit ihm wächst eine der gewaltigsten geistigen Persönlichkeiten des Griechentums vor uns auf, ein Bekenner einsamsten Weltgefühls, tiefster Menschenverachtung, ein Philosoph, der sein Denken in sonderbar flackernde Lichter des Mysteriums, der Vision taucht. »Das All ist alles in Einem: Getrenntes und Ungetrenntes, Gewordenes und Ungewordenes, Sterbliches und Unsterbliches, das Weltgesetz (*lógos*), Ewigkeit (*aión*), Vater, Sohn, Gott und das Prinzip der Gerechtigkeit« (B 50 = 213). Es gibt kein rationalistisches Deuteln an solchen Sätzen, es ist kaum möglich, ihnen mit wissenschaftlicher Kritik gerecht zu werden; man muß sie in ihrer Symbolkraft aufzunehmen lernen, wie man archaische Skulpturen nacherlebt. Eduard Zeller charakterisiert den grübelnden Ephesier: »Heraklits eigentümliches Verdienst liegt nicht in der Einzelforschung, sondern in der Aufstellung allgemeiner Gesichtspunkte für die gesamte Naturbetrachtung. Er ist der erste, welcher die absolute Lebendigkeit der Natur, den unablässigen Wechsel der Stoffe, die Veränderlichkeit und Vergänglichkeit alles Einzelnen, und ihr gegenüber die unveränderliche Gleichmäßigkeit der allgemeinen Verhältnisse, den Gedanken eines unbedingten, den ganzen Naturlauf beherrschenden vernünftigen Gesetzes in grundsätzlicher Allgemeinheit geltend gemacht hat. ... Keiner ... hat so nachdrücklich darauf hingewiesen, daß es die göttliche Weisheit und Vernunft sei, die alles lenke, keiner diese Vernunft und das mit ihr zusammenfallende Gesetz des Weltlaufs für das Einzige erklärt, was im Wechsel der Dinge beharre, keiner jenes Gesetz auf das Auseinandergehen und Zusammengehen der Gegensätze begründet, die drei elementarischen Grundformen bestimmt und die Gesamtheit der Erscheinungen aus dem Gegenlauf der zwei Wege nach oben und nach unten hergeleitet.«

Von seinen Gedanken, diesen vom Boden des Rationalen bis zum Mystisch-Visionären sich erhebenden Vorstellungen sind unschätzbare Anregungen ausgegangen; ihr Einfluß hat sich dabei weniger in der direkt nachfolgenden Stufe der griechischen Philosophie als in späteren Zeiten der Gnostik, der mittelalterlichen und der modernen Philosophie ausgewirkt.

Anmerkungen

1 Die Bedeutung des Wortes »Logos« erweitert sich hier zur Idee einer allem menschlichen Denken übergeordneten Eigengesetzlichkeit des »Weltgeistes«, Weltgesetzes.

2 d.h. das Eine, Allweise lenkt alles durch alles, als die »im Wirbel des Geschehens ordnende und gliedernde Macht« (Brecht).

3 Der Bericht enthält neben einzelnen wörtlichen Fragmenten ähnlichen Inhalts das bedeutsamste Zeugnis für das Interesse des Herakleitos an einer klaren erkenntnistheoretischen Scheidung zwischen Sinneswahrnehmung und vernunftmäßiger Denkkraft (*aísthesis* = sinnliche, gefühlsmäßige Rezeption der Welteindrükke; *logos* = geistige Einsicht, urteilendes Denkvermögen). Auch die Unterscheidung des bewußten und unbewußten Geisteslebens und der »allen durch Atmung gemeinsamen göttlichen Vernunft« zeigt ihn auf ganz neuen Bahnen erkenntnistheoretischer Untersuchung.

4 Das Feuer (zu dem der Blitz gehört) leitet als das hervorragendste der drei von Herakleitos angenommenen Elemente (Feuer, Was-

ser und Erde) die Welt durch seine Eigenschaft, vernunftbegabt (φρόνιμον) zu sein (das Wort φρόνιμον geht auf Theophrast und die doxographische Überlieferung zurück). Vermöge dieser Eigenschaft ist es höchster Gott und hat darum die Funktion, als Wertmesser gegenüber den anderen Dingen alles zu richten und zu leiten. Die Wertung jeden Dings erfolgt auf Grund seiner größeren oder geringeren Entfernung vom Feuer. Imstande, sich selbst hervorzubringen, erzeugt es durch den Kreislauf des Werdens und Wechsels den Weg hinauf und hinunter.

5 So ist die Interpretation Brechts.

6 Der Dichter ist Homer, die Stelle: Ilias XVIII 107.

7 Die gleichlautende (nur in der Akzentuierung verschiedene) Bezeichnung für »Bogen« und »Leben« weist darauf hin, daß »was Leben heißt, Tod in sich trägt« (Brecht).

Zu Parmenides

Erläuterungen

Parmenides wurde um 520-513 als Sproß einer vornehmen, begüterten Familie in Elea[1] geboren. Über das Leben des großen Denkers gibt es sonst fast keine verläßlichen Angaben aus der Antike. Er scheint sich meist nur in Unteritalien selbst aufgehalten zu haben. In seiner Heimatstadt hat er sich der Überlieferung nach als Gesetzgeber betätigt. In seiner Jugend soll er mit dem Pythagorasschüler Ameinias in engeren Beziehungen gestanden haben. Die antiken Schriftsteller nennen ihn auch öfter einen »Pythagoreer«. Wenn auch Parmenides in Verbindung mit pythagoreischem Denken gestanden haben mag und im zweiten Teil seines Lehrgedichtes auch Einflüsse der kosmologischen Spekulation des pythagoreischen Kreises nachwirken, so ist doch von viel größerer Bedeutung der starke Zusammenhang der parmenideischen Philosophie mit der Welt des Xenophanes.

Schon das Altertum bezeigte hohe Schätzung der Person des Philosophen. Er wird als »Parmenides der Große« bezeichnet. Platon und Aristoteles hielten ihn für wissenschaftlich bedeutender als Xenophanes. Vom Ende des achtzehnten Jahrhunderts an hat sich die Philosophie immer wieder mit ihm auseinandergesetzt. Besonders gerne beschäftigte sich die Hegelsche Schule mit ihm. Parmenides hat nur ein Werk geschrieben, das unter dem Titel ›Über die Natur‹ in einer zwar auch nur fragmentarischen, aber für seinen ersten Teil die wichtigsten Partien fast vollständig umfassenden Form erhalten

[1] s. S. 217.

geblieben ist. Man darf dieses Buch besser als *Das Lehrgedicht vom Sein* bezeichnen, da es sich mit der »Natur« im Sinne der altionischen wie der pythagoreischen Philosophie überhaupt nicht befaßt und nur in seinem zweiten Teil, wo Parmenides in einer anscheinend referierenden Art die *dóxai*, die Trugmeinungen der Physiker, schildert, mit kosmogonischen und astronomischen Hypothesen sich beschäftigt.

Die Entstehungszeit seines Werkes fällt in die Zeit um 480 v. Chr. Ebenso wie Xenophanes und anders als die Ionier hat er noch nicht in Prosa geschrieben.

Anmerkungen

1 Der Philosoph unternimmt als »wissender Mann« eine Fahrt aus dem Hause der Nacht in das Reich des Lichts, geleitet von den Heliaden, den Sonnentöchtern.

Ob uns der wirkliche Anfang des Gedichtes, dessen antik überlieferter Titel *Perí phýseos* (Über die Natur) lautete, erhalten ist, kann nicht mit Sicherheit gesagt werden. Die Zweiteilung des ganzen Werkes in einen ersten Abschnitt, der die Verkündung des wahren Weges durch die Göttin enthält, mit der »Lehre vom Sein« und einem zweiten Teil, von dem nur wenige Fragmente erhalten sind, mit der Darstellung der »Trugmeinungen der Menschen« hat zu vielen Diskussionen Anlaß gegeben.

2 Was bei Xenophanes noch halbmythisch als »Gottheit« (*theos*) erscheint, ist bei Parmenides das Seiende. Die Sphäre des Denkbaren reicht nicht weiter als die des Denkens: »Denken und Sein ist dasselbe« (B 3 = 357). »Der große Parmenides«, sagt Platon im ›Sophistes‹, »hat uns in unserer Jugend als Anfang und Ende die Lehre eingeschärft: ›Laß dich nicht verleiten, zu glauben, daß es ein Nichtseiendes gibt. Halte deinen Sinn von diesem Wege des Forschens fern‹« (237 A). Das Sein ist zeitlos. Es war nie und wird nie sein, weil es nur jetzt ist, ein einziges, zusammenhängendes, unzerlegbares Ganzes.

Dieses Sein ist »ohne Anfang und Ende«. »Unausdenkbar und unaussprechlich ist Ursprung und Ende« (B 8, V. 17). Ein Anfang nämlich erzeugt die Vorstellung, daß dahinter noch etwas kommen müsse. Anfang ohne Ende, Ende ohne Anfang, das ergibt den allseits geschlossenen Kreis, die Bande der Umschränkung, die das Parmenideische Sein rings umschließt. Das Unendliche, jene unexistente Wesenheit des Grenzenlosen (*ápeiron*) kann dem Verstande nicht zum Begriff werden, einfach deshalb, weil es weder als wirklich erkennbar, noch überhaupt dem rationalen Vorstellungsvermögen zugänglich ist. Die Scheidung bei Herakleitos zwischen einer wahrnehmenden Vernunft, der menschlichen schlechthin, und einer übergeordneten, der göttlichen, die wie der Atem zwar ständig von uns miteingesogen wird, aber zum Logos sich erst durch ein besonderes Bewußtsein in uns umwandelt, muß für Parmenides unannehmbar sein, weil sie verstandesmäßig durch die »Kraft der Überzeugung«, die alleingültig ist, nicht bewiesen werden kann.

3 = die Notwendigkeit.

4 Die Natur ließ er in zwei Gegensätze sich spalten, das Licht und die Nacht, die durch ihre Vermischung die Welt gebildet haben. Das Universum ist ihm ein Ineinander von Kreisen und Hohlräumen. Den innersten und äußersten Kreis läßt er aus dem Element der Nacht, den nächstinnersten und nächstäußersten aus dem des Lichtes sich bilden. Auch der Mensch ist eine Mischung aus Licht (dem Leben) und Dunkel (der Materie). Mischung und Weltentwicklung werden von einer Gottheit regiert, die zuerst den Eros schuf, so daß von dem Philosophen das schöpferische Prinzip der Natur als Kraft aufgefaßt wird, die dem Geschlechtstrieb verwandt ist.
Zur Wahrheit führt den Menschen nicht der empirisch-physikalische Weg, den er als Irrweg bezeichnet, sondern, als allein zuverlässig, der logisch-kritische. So läßt er mit seinen Versuchen, die Weltprobleme zu lösen, die abstrakte logische Wissenschaft erstehen.

5 s. die vorige Anmerkung.

6 d.h. für die Erscheinungen setzen die Menschen relative Bezeichnungen fest, die – nach ihrer Meinung – ihr Wesen bezeichnen sollten. Aber logisch-kritischer Prüfung vermögen sie nicht standzuhalten.

Zu Zenon

Erläuterungen

Zenon, in Elea gegen 490 v. Chr. geboren, gilt als direkter Schüler des Parmenides. Er soll sogar dessen Adoptivsohn gewesen sein. In Platons Dialogen ›Parmenides‹[1] und ›Phaidros‹ setzt sich Sokrates mit der Lehre des »eleatischen Palamedes«[2] auseinander. Im ›Parmenides‹ ist Zenon selbst Dialogpartner des Sokrates, was Platon die Gelegenheit gab, seinen Lesern die Ideen und Schlüsse der Logik Zenons darzustellen und sie dabei zum Teil mit gebührender Ironie zu behandeln. Daß das Auftreten Zenons in Athen, die Verkündung seiner Lehre durch Vortrag oder Vorlesung seiner Schrif-

[1] Wo Platon eine ›Grammata‹ betitelte Schrift Zenons erwähnt.
[2] Palamedes ist vor Troja Berater des achäischen Heeres in allen Nöten.

ten damals einen gewissen Eindruck hinterlassen hat, bezeugt uns die vielsagende Stelle im ›Phaidros‹[1]: »Wissen wir nun nicht, daß der eleatische Palamedes mit solcher Kunstfertigkeit zu reden verstand, daß seinen Zuhörern ein und dasselbe gleich und zugleich ungleich vorkam, das Eine sich ihnen ins Viele und das Verharrende ins Bewegte zu verkehren schien?«

Im ›Parmenides‹ erklärt Zenon, Zweck seiner Schrift sei es gewesen, der Lehre des Parmenides zu Hilfe zu kommen. Tatsächlich versuchte er mit fanatischem Eifer, die Parmenideische Grundidee vom »Einen, einzigen Sein« zu verteidigen.

Er tat es mit Hilfe der Dialektik, als deren Begründer er bei den Alten galt[2], und eines von ihm bis zur Virtuosität und Spitzfindigkeit ausgebildeten, gern mit Trugschlüssen (Paralogismen) arbeitenden indirekten Beweisverfahrens, durch das er den Gesprächspartner in den Zustand der *aporía*, der Ratlosigkeit, zu versetzen suchte.

Von den Beweisen, die er zur Stütze der Parmenideischen Seinslehre und der Grundanschauung dieses Philosophen ersonnen hat – daß es nur ein Seiendes geben kann, das räumliche Ausdehnung hat – richteten sich die einen gegen die Annahme der Vielheit der Dinge, um so, auf indirektem Wege, die Einheit des Seienden zu erhärten, die anderen gegen die Bewegung, um das Seiende als unbewegt zu erweisen.

Haben Zenons Beweise seine Mitwelt verblüfft, aber nicht überzeugt, so haben sie doch ihr Denken angeregt. Sie haben auf die Eristik[3] der Sophisten und die Atomlehre[4] eingewirkt. Platon und Aristoteles haben durch sie Antrieb zur Entwicklung der Logik erhalten. Auch noch die Geschichte der neueren Philosophie zeigt ebenso wie die mathematische Infinitesimalrechnung, daß Zenon hier zum ersten Male Probleme angerührt hat, die, wie die menschlichen Vorstellungen des Raumes, der Zeit und der Bewegung, noch heute den Logiker und den theoretischen Mathematiker beschäftigen.

Anmerkungen

1 Der Vorsprung wird immer kleiner und zuletzt unendlich klein. Aber um ihn gleich Null zu machen, ist eine unendlich lange Zeit nötig.

[1] 261 D.

[2] Aristoteles, Fragment 65, nennt ihn Erfinder der Dialektik (εὑρετὴν τῆς διαλεκτικῆς).

[3] Das eristische Verfahren (*eristikós lógos*, die Streitrede) ist eine Erfindung der Sophisten, die sich in Gegensatz zu der Dialektik stellte, als deren Erfinder Zenon galt (Suidas unter »Zenon«), weil er die Lehre der Eleaten beweisen will, indem er aus den herrschenden Vorstellungen Ungereimtheiten ableitet. Erfinder der Eristik wurde Protagoras (s. unten).

[4] s. unten, Erläuterung zu ›Leukippos‹.

2 Der Pfeil befindet sich, argumentiert Zenon weiter, in jedem Augenblick nur an einem Orte, nie an zweien. So ist er in jedem Augenblick ruhend, also auch in der Summe der Augenblicke, d.h. während der Zeit, in der der Pfeil fliegt. Es ist einer der am leichtesten widerlegbaren Trugschlüsse des Zenon. Denn daß ein in Bewegung befindlicher Körper, an irgendeinem Punkt seiner Bewegungsbahn fixiert, sich nicht bewegt, ist ebenso klar wie die Tatsache, daß eben jede Bewegung sich aus einer Summe x von örtlichen Punkten zusammensetzt, deren Strecke in der Zeit y durchlaufen wird. In der Vorstellung des Zenon besteht aber, wie Aristoteles feststellte (Physik, VI, 9. 239b 30ff.), die Zeit aus »lauter einzelnen, voneinander getrennten Momenten«, so daß es ihm so scheinen kann, »daß der fliegende Pfeil in Wirklichkeit ruhe«, weil er an irgendeinem herausgegriffenen Einzelpunkt der Bahn tatsächlich keine Bewegung vollführt. Daher der Trugschluß.

3 Das Problem liegt darin, wieso viele Dinge zusammen eine Wirkung hervorbringen können, die jedes einzeln nicht zu erzeugen vermag.

Zu Melissos

Erläuterungen

Melissos von Samos, im Samischen Krieg (440 v.Chr.) Nauarch gegen die Athener, als welcher er in einer Seeschlacht gegen Sophokles gekämpft haben soll, suchte die Hauptgedanken des Parmenides, dessen Schüler er gewesen war, zu beweisen, vor allem die Ewigkeit, Unbegrenztheit und Unvergänglichkeit des Seienden.

Anmerkung

1 d.h. die Ewigkeit einer Sache läßt sich nicht denken ohne ihre Allgegenwart.

Zu Empedokles

Erläuterungen

Empedokles war der Sohn eines italischen Griechen, seine Geburtsstadt, zugleich die Heimat seines Geschlechts, war Agrigent (*Akragas*) auf Sizilien. Seine Geburt liegt ungefähr am Ende des vierten Jahrhunderts, ums Jahr 494. Er stammte aus einer vornehmen Familie, sein Großvater hieß ebenfalls Empedokles, sein Vater Meton; letzterer hatte bei der Vertreibung des Tyrannen Thrasydaios mitgewirkt und soll bei der Einführung einer demokratischen Verfassung der Polis im Jahr 470 v. Chr. beteiligt gewesen sein. Danach scheint Meton großen Einfluß auf die Staatsgeschäfte gehabt zu haben. Nach dessen Tode versuchte die aristokratische Gegenpartei, die Macht wieder an sich zu reißen, was zur Tyrannis geführt hätte. Da war es Empedokles, der sich tatkräftig und mit Erfolg, aber ohne es dabei zu blutiger Auseinandersetzung kommen zu lassen, für die Demokratie in Agrigent einsetzte. Als man ihm daraufhin die Königswürde antrug, schlug er sie aus. Später allerdings ließ er sich als Wunderarzt und Verkünder seiner Erlösungslehre wie ein Gott feiern und verehren. Die wichtigste Zeit seiner Wirksamkeit fällt in das zweite Drittel des fünften Jahrhunderts. Aristoteles läßt Empedokles 60 Jahre alt werden, so daß er 430 v. Chr. gestorben wäre.

Durch nicht mehr genauer feststellbare Umstände verlor Empedokles später die Gunst des Volkes, er mußte, wohl als Verbannter, Agrigent verlassen und hat sich, nach der glaubwürdigsten Variante der verschiedenartigen Berichte über sein Ende, nach dem Peloponnes begeben. Von dort noch einmal nach Sizilien zurückzukehren, hinderten ihn anscheinend seine Feinde; so ist er fern der Heimat gestorben. Wohl ebenfalls von seinen Gegnern in die Welt gesetzt wurde die bekannte Legende, er habe Selbstmord begangen, indem er sich in den Krater des Ätna gestürzt habe. Vom Vulkan seien aber seine erzenen Sandalen wieder ausgeworfen worden und ihr Fund habe die Wahrheit des sensationellen Endes des Mannes bestätigt, den die Götter damit für seine »prahlerische Vermessenheit« hätten strafen wollen.

Antike Zeugen betonen seine im Privatleben stille, bescheidene Art, seine meist düster-melancholische Gemütsverfassung. Gerühmt haben die Zeitgenossen und die nicht viel späteren Berichte an Empedokles die zündende, mitreißende Gewalt seiner Rednergabe. In den umfangreichen Fragmenten seiner beiden Hauptwerke, des Buches ›Über die Natur‹ und des Entsühnungsgedichtes erweist er sich, abgesehen vom philosophischen Inhalt, als ein großartiger Dichter; seine lebendige, bildhafte und schwungvolle Sprache wußte schon das Altertum zu schätzen. Sein besonderes Interesse galt der Heilkunst. Sein Schüler Pausanias, dem er auch das Buch über die Natur gewidmet hat, war selbst einer der berühmtesten griechischen Ärzte Siziliens. Später, wahrscheinlich in der Zeit, die seinem Sturz und der freiwilligen Verbannung voranging, hat er sich mit äußerem Gepränge und feierlichem Prunk umgeben: so habe er sich gerne mit lang wallendem Haupthaar, stets bekränzt, tönendes Metall an den Füßen, den Menschen gezeigt.

Die Konzeptionen des großen Denkers haben zwei Gedanken in den Lehren vom physikalisch-mechanisch-chemischen Geschehen zum Siege verholfen, die bis in die neueste Zeit fruchtbar geblieben sind: dem von der allgemeinen Gesetzmäßigkeit alles physikalischen Geschehens und dem vom Einfluß der verschiedenen Verhältnisse, in denen die Grundbestandteile eines Dinges sich konstituieren.

Dennoch gehört Empedokles zu den großen Unvollendeten der Geistesgeschichte; bis heute nicht hat deshalb auch das Ausdeuten und das Ausschöpfen einzelner Gedanken seiner Philosophie, nicht die Bemühung dichterischer Einfühlung gegenüber diesem Geiste ein Ende nehmen können, der in einem seiner Verse einmal selbst das unruhvoll Schöpferische der eigenen Wesensbildung beleuchtet hat:

Gipfelstürmend, von einem zum anderen hinan,
nicht nur will einen Weg ich der Lehre vollenden!

Keine andere Gestalt unter den griechischen Denkern vor Sokrates und Platon hat so stark bis in neuere Zeit nachgewirkt wie er; bezeichnend für das Nachwirken des Dichterphilosophen ist es, daß es der Romantiker Hölderlin war, den das tragische Problem im Leben und Wirken des Empedokles anzog.

Anmerkungen

1 Zeus ist der Schimmernde als Blitzgott, Here das Leben als Erde, Aidoneús als Luft und die Nestis (von νάω fließen) eine sizilische Wassergöttin.

2 Die vier Elemente haben für Empedokles eine andere Bedeutung als für Thales oder Heraklit das Wasser und Feuer, die jenen »Hylozoisten« Urmaterie, d.h. ein von lebendigen Kräften durchdrungener, die Dinge selbsttätig aus sich erzeugender Urstoff waren. Die Elemente sind Empedokles innerlich Totes, das durch außer ihnen stehende Kräfte bewegt wird.

3 Streit (*neíkos*) und die Liebe (*philótes*); jedem von ihnen ist die Zeit erfüllt, die ihnen wechselweise in einem breitversiegelten Eidvertrage festgelegt ist. Hinter ihnen waltet ein Gesetz, das sie lenkt, das ihren »festbestimmten Wechsel« regelt, das mittels der Gegensätze eines aus dem anderen sich entwickeln, sich umwandeln, umgestalten läßt: »Bald nämlich wächst ein einziges Sein aus der Vielfalt zusammen, bald wieder scheidet es sich voneinander, um aus dem Einen zur Mehrheit zu werden.« »Einmal vereinigt sich alles zu Einem durch die *Liebe*, ein andermal trennen sich wieder alle Dinge unter der feindseligen Wirkung des *Streites*« (430ff.). Unberührt aber von diesem ewigen Wechsel des Weltseins west der kugelförmige Sphairos »in den festen

Banden der Harmonie«, »überall grenzenlos«, in seinen Gliedern herrscht kein Streit, und in »vollendeter, nach allen Seiten ausgeglichener Ruhe, freut er sich der ringsum herrschenden Einsamkeit« (B 27-29 = 467-470).

Der Sphairos ist die Gottheit, ist »ein Geist, ein heiliger und unaussprechlicher ..., der mit schnellen Gedanken den ganzen Kosmos durcheilt«. Er ist auch »das allgütige Gesetz«, das »lang und breit ausgespannt ist durch den weithinwaltenden Äther und den unermeßlichen Himmelsglanz« (B 134-135 = 524-525).

In diese Weltordnung Sphairos, abwechselnd aufbauendes, abwechselnd auflösendes Doppelprinzip von Streit und Liebe, die Vierheit der Elemente, die durch Mischung und Entmischung vom Vielen ins Eine, vom Einen ins Viele umgestaltet werden, reiht sich die Seelen-Verwandlung der Lebensformen ein; nur die Menschen sprechen »dem Brauche nach« von »unseligem Tode« und von »Geburt« (B 9 = 403). In Wirklichkeit sind das nur Übergänge von einer Seinsform in die andere, da es kein Aufhören und kein Beginnen gibt. »Nur Mischung gibt es vielmehr und Umwandlung des Gemischten« (B 8 = 402). Denn, da die Elemente ungeworden sind, sind sie auch in unzerstörbarer Substanz in allem enthalten, sich verbindend, sich wieder trennend. Durch den Streit aber können sich auch »sterbliche Dinge, die vorher unsterblich zu sein gewohnt waren«, entwickeln, »im Wechsel der Wege« nach oben und nach unten (B 35 = 437).

In aller Umwandlung, der Periodik von Umläufen und der Übergänge, wo teils noch der entweichende Streit, teils bereits die nachrückende Liebe herrscht, ist also der Wechsel selbst das einzige Beständige.

4 Empedokles hat hier mit dem von ihm gebrauchten Wort *týche* nicht den später häufiger gewordenen »Zufall« gemeint, sondern er faßt es als Schicksal, Los des Menschen auf, das unbestimmbar, unbeeinflußbar ihm wie allen Wesen »Bewußtsein« (*phrónesis*) schafft. In einem höheren Zustand, der beim Menschen von seiner körperlichen Entwicklung abhängt (ein ausgesprochen medizinisch-physiologischer Gedanke), entwickelt sich dazu der Verstand, um vernunftmäßige Einsicht (*noëma*) zu gewinnen.

5 Die dem Empedokles zugeschriebene Theorie von den Poren, dank deren »Symmetrie sich alles gegenseitig durchdringt, die ebenfalls der Weg sind, auf dem uns die Sinnesempfindungen zugeführt werden« (A 86-87 = 423-424), gipfelt in dem Gedanken, »daß von allen Dingen, die entstanden sind, Ausflüsse stattfinden ... ebenso wie alles dadurch vergeht, daß dauernd etwas von ihm abfließt und ständig von ihm abgeht« (B 89 = 429).

Diese Ausflüsse werden als das »letztlich Beherrschende«, also als Wirkkraft aufgefaßt, die in den Poren vorhanden sei, die nicht als Hohlräume gedacht sind. Denn etwas völlig Leeres darf es ja bei Empedokles, dem Parmenidesschüler, nicht geben, da ein leerer Raum nicht gedacht werden kann, ebensowenig wie ein Nichtseiendes überhaupt zum Gegenstand des Gedankens gemacht werden darf.

Daß aber mit der Idee von den Poren und der Verbindung von solchen Stoffen miteinander, deren Poren und deren Ausflüsse symmetrisch sind, Stoff, Materie und Kraft (wenn letztere auch noch materiell aufgefaßt wird als »feinstverteilter, dünnster Körper, gleich der Luft«, A 87 = 426) zu unterscheiden begonnen wurden, ist augenscheinlich. Denn *neíkos* und *philótes* sind ja auch unkörperliche Gewalten, bewegende, gegensätzlich wirkende Kräfte, die außerhalb der Stoffe, der Elemente, deren Umwandlungen, Zusammensetzungen, Mischungen verursachen.

Das erscheint also als die bedeutsamste Wendung in der Betrachtung der Naturvorgänge bei Empedokles: die Welt besteht nicht mehr nur aus Stoffen. Nicht mehr ein Urprinzip, aus dem alles Vielheitliche entsteht, wird wie bei den Ioniern angenommen, sondern aus Spannungen gegensätzlicher Einwirkung zweier Seinskräfte ereignet sich die ewige Bewegung, der kontinuierliche Wechsel, das periodische Auf und Ab in der Natur. Der immerwährende Kampf der sich gegenseitig ausschließenden, polargegensätzlichen Liebe und des Streites beruht aber selbst wieder auf dem Walten einer letzten Bestimmung, eines Urwillens, eines unverbrüchlichen Gesetzes, das alles regelt, das den Ausgleich der Gegensätze hervorruft und immer wieder aus chaotischem Gemenge die Welt zu einem Kosmos gestaltet, um ihn dann wieder durch das Eindringen der auflösenden Kräfte zerstören zu lassen, bis die Harmonie bringende *philótes* erneut die Oberhand gewinnt und mit neuer Zusammensetzung einer Welt begonnen werden kann. In diesen Spannungen und Auseinandersetzungen der Gegensatzkräfte besteht überhaupt das Leben. Durch sie wird allem Geschehen sein Rhythmus aufgeprägt.

6 vgl. das Fragment B 91: (Wasser) fügt sich dem Wein besser ein, mit Öl aber will es nicht (sich verbinden).

7 So hieß der Magnetstein in der alten Zeit (nach Herakleia am Pontos oder auf Samothrake oder meist in Lydien).

8 Da diese Mischwesen nicht lebensfähig waren, folgten ihnen Gebilde, die, den noch lebenden Menschen ähnlich, damals direkt aus den Elementen herauswuchsen. In der darauf folgenden Entwicklungsperiode gehen Pflanzen, Tiere und Menschen nicht mehr unmittelbar aus der Erde, sondern durch Zeugung auseinander hervor (s. A 72).

9 Die Sonne – nach der Überlieferung Theophrasts (A 30 = 442) nicht Feuer, sondern nur Widerschein der über ihr sich ausbreitenden Feuerhemisphäre, die in der Sonne gleichsam konzentriert, gesammelt scheint, hat die Form einer Scheibe. Der Mond erhält sein Licht von der Sonne.

10 Von den Sinnesorganen meint Empedokles (A 91): das blaue Auge bestehe aus feuriger Substanz, das schwarze mehr aus Wasser als aus Feuer, das blaue sehe, wegen des Mangels an Wasser, am Tage nicht scharf, das dunkle wegen des Fehlens von Feuer nicht gut in der Nacht; im Ohr, meint er in einem bei Theophrast erhaltenen kurzen Fragment (B 99), hänge »ein Ast aus Fleisch«, d.h. ein Knorpel. So wie eine hängende Glocke klinge, wenn sie angeschlagen werde, so töne auch dieser Ohrenknorpel, wenn er von der durch die Stimme bewegten Luft getroffen werde.

11 Das unter pythagoreischem Einfluß stehende Werk ›Entsühnungen‹ sieht in Pflanzen und Tieren den Wohnsitz abgeschiedener Seelen. Sühnungen müssen die trauernde, geplagte Seele befreien, Reinigungen sie läutern.

12 s. vorige Anmerkung.

Zu Anaxagoras

Erläuterungen

In die Epoche der Ausbreitung der griechischen Naturphilosophie über weit ausgedehnte Bezirke des antiken Kulturraumes fällt auch das Auftreten des Anaxagoras, eines ionischen Griechen aus Klazomenai (geboren um 500 v. Chr.). Die milesische Philosophie, vor allem aber die wissenschaftliche Tradition der ersten großen ionischen Astronomen, Physiker und Geographen muß in seiner Jugend auf ihn eingewirkt haben, er selbst wird in der Antike unter die ältesten Mathematiker und Astronomen gerechnet. Kann man auch nichts genaueres mehr über seine Lehrer feststellen (die Tradition verknüpfte ihn mit Anaximenes, dessen persönlicher Schüler er aus zeitlichen Gründen nicht sein kann, wenn es auch durchaus wahrscheinlich ist, daß er aus der Schule dieses Philosophen hervorging), so hat es doch seine Richtigkeit, wenn man annimmt, daß die geistige Atmosphäre Milets seinem Denken den stärksten Stempel aufdrückte. Mit ungefähr achtunddreißig Jahren verließ er die Heimat und begab sich nach Athen. Die Gründe für seinen Weggang sind nicht wie bei Pythagoras, Herakleitos und Xenophanes politischer Natur gewesen. An Staatsgeschäften sei er völlig uninteressiert gewesen. Er soll sogar seine eigenen Angelegenheiten so stark vernachlässigt haben, daß er seine Grundstücke den Schafen als Weideland gab und schließlich sein Vermögen seinen Angehörigen überließ, um von der alleinigen Beschäftigung mit der Wissenschaft nicht mehr abgelenkt zu werden. Eine hübsche Anekdote überliefert Diogenes Laërtios (II 7). Jemand fragte Anaxagoras: Kümmert dich eigentlich das Vaterland gar nichts? – Sag das nicht, antwortete er, sehr stark sogar liegt es mir am Herzen – und dabei wies er zum Himmelsgewölbe empor.

Ob er den Weg nach Athen aus eigenem Antrieb fand, oder ob es richtig ist, daß er einer Einladung des Perikles oder gar der Aspasia dorthin gefolgt ist, kann nicht mehr ausgemacht werden. Jedenfalls gewann er sich bald die Freundschaft des großen attischen Staatsmannes und Förderers aller Künste und Wissenschaften, was ihn über die bald mehr oder weniger verhüllte Feindschaft und Ablehnung vieler Athener getröstet haben mag. Doch standen ihm auch einige Männer sehr nahe, wie Archelaos und Metrodoros. Der Tragödiendichter Euripides hat ihn nachweislich gekannt und verehrt; auch Thukydides scheint mit ihm freundschaftlich bekannt gewesen zu sein. Durch den Aufenthalt und das Wirken des Anaxagoras hat die Philosophie in Athen erst Boden gefaßt: bis zu Sokrates und Platon wirkte dies nach, obwohl es Anaxagoras anscheinend nicht gelungen ist, eine Schule zu gründen. Dazu kam es wohl vor allem deswegen nicht, weil die Athener die Vertreibung des Anaxagoras aus ihrem Stadtgebiet durchsetzten. Kurz vor dem Beginn des Peloponnesischen Krieges, als die Gehässigkeit politischer Gegner gegen Perikles besonders aufflammte, erhob man gegen den Philosophen und Freund des athenischen Feldherrn eine Anklage wegen Leugnung oder Verächtlichmachung der Stadtgötter; die Protektion des Perikles konnte den Prozeß weder aufhalten noch eine Verurteilung des ins Gefängnis geworfenen Philosophen verhindern. Ob er verbannt oder von Freunden befreit wurde und dann flüchtete, weiß man nicht; fest steht auf alle Fälle, daß er Athen verließ und sich nach Lampsakos begab. Dort ist er im Jahre 428 gestorben.

Anaxagoras ist in der Antike bezeichnenderweise der *physikótatos*[1] unter den Philosophen genannt worden. Für Anaxagoras wurden die Wissenschaft und die Philosophie eine homogene Einheit; die Grundlage seines Forschens war eine intensivierte Form der Anschauung, der vertieften Beobachtung der Natur. Als nützliches Hilfsmittel erkannte er den Vergleich der Vorgänge im Kleinen (*mikrokósmos*) und im Großen (*makrokósmos*) und den praktischen wissenschaftlichen Versuch, das Experiment. Beschäftigung mit der Natur der Dinge wurde ihm Selbstzweck des Daseins. So soll er gesagt haben: die Betrachtung und die daraus erwachsende Freiheit

[1] Der der Naturphilosophie am meisten Hingegebene.

erschienen ihm Ziel des Lebens. Er meinte damit wohl die Freiheit von jeder irdischen Abhängigkeit, auch der gesellschaftlichen Bindung, woraus sich jene Äußerung über seine »Heimat im Himmel« erklärt und der Bericht, er habe es nicht schwer empfunden, im Exil zu leben, »da ja der Weg zum Hades von jedem Ort der Erde gleich weit sei« (Diog. II 11) und man gleichgültig wo sich aufhalten könne, um über die »Ordnung, die den ganzen Kosmos umfasse« (566 = A 30), nachzudenken.

Das Sein besteht ihm aus unendlich vielen, unendlich kleinen Elementen (Homoiomeríen), die als »Samen der Dinge« im Anfang des Werdens chaotisch gemischt, eine indifferente Masse bildeten, aus der durch Entmischung die einzelnen Dinge hervorgehen. Die dazu notwendige Bewegung geht von dem Nus[1], dem weltschaffenden und weltordnenden Prinzip, aus.

Sein Nus sollte, wie aus seinen Worten hervorgeht, die hylozoistische Welterklärung ablösen: »Er hat die Kraft der Erkenntnis jeglichen Dings und ist am gewaltigsten an Kraft. Er ist die einzige urbewirkende geistige Kraft, die der Gesamtheit der Bewegung ... den ursprünglichen Antrieb verleiht« (551 = B 12).

Aristoteles hat jedenfalls recht, wenn er dem Anaxagoras zubilligt, er habe »als erster die Lehrmeinungen von den Prinzipien (den *archai*) umgestürzt und die fehlende Ursache ergänzt« (537 = A 41).

Wie stark die Persönlichkeit und der Geist des Anaxagoras bis in die Spätantike nachgewirkt haben, wird uns aus dem ersten Satz seiner Biographie bei Diogenes Laërtios deutlich (II 6): »Anaxagoras, des Hegesibulos Sohn aus Klazomenai ... hat als erster den Geist über die Materie (die *hyle*) gestellt: Alle Dinge waren einmal formlos zusammengehäuft – da kam der Nus und hat sie zum Kosmos geordnet.«

Anmerkungen

1 der sie vertretenden Einzelteilchen.

2 d.h. in dem kleinsten Ding ist die Mannigfaltigkeit des Alls.

3 Das Große hat also ebensoviele Abstufungen wie das Kleine. Jedes Ding ist seiner Größe nach indifferent, groß und klein zugleich.

4 Kritik des Platon und des Aristoteles am Nus des Anaxagoras: »Als ich«, läßt Platon den Sokrates im Phaidon 97 Cff. sagen, »einmal jemanden aus einem Buche des Anaxagoras vorlesen hör-

[1] Das Wort *nus* (*nóos*) bedeutet bei Homer »geistiges Organ«, durch das Menschen und Götter begreifen und planen, Verstand, Gedanke, Plan. Das Wort, im frühen Griechentum nicht auf den theoretischen Bereich beschränkt, erhält erst bei Platon und Aristoteles rein theoretische Bedeutung.

te, der behauptet, daß der Geist Ordner und Urheber aller Dinge sei, freute ich mich, und es schien mir in gewisser Hinsicht richtig zu sein ... Beim Weiterlesen sah ich aber einen Mann, der von dem Geiste gar keinen Gebrauch macht, auch hinsichtlich der Ordnung der Dinge keine Ursachen angibt, sondern Luft, Äther, Wasser und vieles andere Ungehörige Ursachen nennt.« Und Aristoteles äußert sich in ähnlichem Sinne in der Metaphysik (I 4.895a 18ff.): Anaxagoras bediene sich des Geistes nur wie eines deus ex machina und hole ihn nur, wenn er nicht wisse, aus welchem Grunde etwas notwendig ist.

Zu Diogenes von Apollonia

Erläuterungen

Aus seiner Heimat (vermutlich Kreta) vor Beginn des Peloponnesischen Krieges nach Athen gekommen, ist Diogenes von Apollonia einer jener griechischen Ärzte, die neben ihrem eigentlichen Beruf sich auch mit Philosophie beschäftigten und ein frühes Beispiel für die Verbindung naturphilosophischer Spekulation mit medizinischem Denken, wie sie sich seit dem ausgehenden 5. Jahrhundert öfter findet.

Er erneuerte die Lehre des Anaximenes, daß die Luft der Grundstoff der Welt sei, fügte aber hinzu, daß sie mit Denkkraft begabt sei und daß in allen lebenden Wesen ein größeres oder kleineres Teilchen davon als Seele wohne, das nach dem Tode in den Allgeist zurückkehre. Den Allgeist identifizierte er mit Gott.

Bei seiner Rückführung aller Seinsdinge auf *einen* Urstoff, die Luft nämlich, aus der sich alles abgesondert habe und in den einmal alles wieder sich zurückbilde, wurde er zu einem intellektuellen Monismus hingeleitet, der zu einer betont optimistischen Definition der Welt und ihres Zustandes gelangt, die uns auffallend an die »beste aller Welten« Leibnizscher Prägung erinnert: »Auch von allem anderen, wenn man nur richtig darüber nachdenken will, wird man finden, daß es in einer Art geordnet ist, wie sie besser nicht sein könnte« (570 = B 3).

Von seinen medizinischen Studien zeugen die erhalten gebliebenen Auslassungen über das Adernsystem des menschlichen Körpers. Diogenes hat trotz der Uneinheitlichkeit und des Eklektizismus seiner Lehre infolge ihrer leichten Faßlichkeit stark auf seine Umwelt eingewirkt und in der Tragödie wie der Komödie lebhaften Widerhall erweckt.

Mit gewissen Ableitungen seiner Idee vom »Urprinzip Luft« hat er sich einer Art Humoraltheorie für den Aufbau des menschlichen

Körpers genähert, deren Einfluß und Nachwirkungen in den Schriften der hippokratischen Schule spürbar werden.

Anmerkungen

1 Mit seiner Auffassung vom einen Urstoff oder Prinzip greift Diogenes auf die ionische Naturphilosophie zurück. Simplikios nennt ihn einen Eklektiker, der sich teils an die Lehre des Anaxagoras, teils an Leukippos angelehnt habe (A 5).

2 Die von uns hier wiedergegebenen Teile des großen Fragments über die Adern zeigen die Bedeutung des Diogenes als wissenschaftlicher Arzt, der, wie aus seinen Beobachtungen zu ersehen ist, bereits Sektionen an der Leiche durchgeführt haben muß, wie uns dies zum erstenmal von Alkmaion, dem Arzt-Philosophen und Pythagorasschüler, überliefert ist. (Vgl. S. 214, Anm. 6.)

Zu Kratylos

Erläuterungen

Athener, jüngerer Zeitgenosse des Sokrates, erster philosophischer Lehrer Platons. Er steigerte den Heraklitismus zu radikalem Skeptizismus. Heraklits Satz: man könne nicht zweimal in denselben Fluß steigen, setzt er die Worte entgegen: man könne es nicht einmal tun. »Er bestreitet die Möglichkeit einer falschen wie einer richtigen Aussage. Denn was jeder meine, Worte und ihr Sinn seien von Natur stets richtig, bei Griechen wie bei Barbaren. Es gebe darum kein subjektives Kriterium, keinen objektiven Gegenstand, an dem ein Gesetzgeber verschiedene Worte hinsichtlich ihres Sinnes messen könne« (Stenzel).

Anmerkung

1 Kratylos liefern die Wörter also den Beweis für die Richtigkeit der Heraklitischen Philosophie. Der philosophische Unterricht mußte nach ihm auf die Untersuchung der Sprache führen, auf die Frage nach der wahren »Bedeutung«, nach der Etymologie. Allerdings »ist der Kratylos geschrieben, um sich selbst und seine Schüler von dem Wahne zu heilen, daß in den Buchstaben oder dem Klang eines Wortes sein Sinn zu finden wäre« (Wilamowitz, Platon I 288ff.). Auch die Etymologie bietet Platon nichts Verläßliches über die Erkenntnis der Dinge. Trotzdem hat dieser Weg »zu dem Versuche geführt, die Wörter zu analysieren: was

man suchte, war, aus dem Worte das Wesen dessen zu erkennen, was es bezeichnete.« In die Zeit des Kratylos fallen denn auch die ersten sprachphilosophischen Theorien der Griechen.

Zu Leukippos

Erläuterungen

Die Geschichtlichkeit der Person des Leukippos und der im Altertum ihm zugeschriebenen Werke ist bis in die neueste Zeit immer wieder umstritten worden. Den Anstoß dazu gab Epikuros, der bereits keine eigenen Schriften des Leukippos mehr entdecken konnte oder das, was diesem an Werken noch zugeschrieben war, kritiklos dem Demokritos, dem Schüler des Leukippos, zuwies. Da aber andrerseits Aristoteles an verschiedenen Stellen seiner Schriften ausdrücklich auf Leukippos und dessen Theorien Bezug nimmt und dazu Theophrastos, einer der zuverlässigsten antiken Berichterstatter über das Denken der Vorsokratiker, mit aller Bestimmtheit von Leukippos spricht und ihm die Autorschaft an der Schrift ›Die große Weltordnung‹ (*mégas diákosmos*) zuspricht, so scheint trotz mancher Bedenken, die bei neueren Bearbeitern der Philosophiegeschichte wieder auftauchten, die Existenz des Physikers Leukippos neben der ihn schon in der Antike so stark verdunkelnden Gestalt seines großen Schülers Demokritos als durchaus gesichert. Daß man von den Schriften des Leukippos schon bald nach Aristoteles nichts mehr im einzelnen kannte, hängt damit zusammen, daß, wie Diels als Erster erkannt hat, »die Schriften der älteren Abderiten[1] schon im vierten Jahrhundert ohne Unterschied der Verfasser in einem a postericri genannten Corpus Democriteum vereinigt gewesen zu sein scheinen«. Doch ist wenigstens von einer zweiten leukippischen Schrift, ›Über den Geist‹ (*Perì nu*), ein außerordentlich wichtiger eigenhändiger Satz erhalten: »Kein Ding kommt zum Entstehen ohne Ursache, sondern alles aus einem sinnvollen Grunde (*ex lógu*) und unter Bewirkung der Notwendigkeit (*anánke*)« (600 = B 2). Wäre uns nun wirklich nichts anderes überliefert als dieser eine Gedanke vom einen allem übergeordneten und allem zugleich eingeborenen Sinn des Naturgeschehens, so würde daraus bereits die Bedeutung dieses Denkers als eines großen Neuerers im Sinne rationaler Erfassung des Weltbildes verständlich.

[1] Aus Milet gebürtig, wird Leukippos (wie als angeblicher Schüler des Parmenides und des Zenon aus Elea »Eleate«, so) als Lehrer Demokrits aus Abdera »Abderite« genannt.

Zur genaueren Einreihung der Denkergestalt des Leukippos in die Entwicklung vorsokratischer Weltvorstellungen hilft der durchaus glaubliche antike Bericht, daß er aus Milet stammte, und als er von dort weggegangen war, sich in Elea aufgehalten habe und Schüler des Zenon gewesen sei. Denn gerade die schroffe Ablehnung eines »Nichtseienden« durch Parmenides und Zenons Leugnung der Wirklichkeit der Bewegung mögen ihn, den Ionier, zu der gerade entgegengesetzten Ansicht von der »ewigen Bewegung« und der Existenz eines »Leeren«, wo »nichts ist«, angeregt haben.

Anmerkung

1 Die *psyché* ist hier immer noch als etwas durchaus materiell Faßbares, als »Lebensstoff« aufgefaßt. Mit dem Tode löst sich der Mensch als Persönlichkeit, also auch seine Seele in ihrer Zusammensetzung auf, die »Seelenatome« aber als ewig unzerstörbare Urbestandteile der Welt bleiben bestehen und werden sich in einem neu entstehenden Organismus wieder zur »Seele« zusammensetzen. Innerhalb dieses mechanistischen Weltbildes ist also für einen Glauben an eine persönliche Unsterblichkeit der Seele kein Raum übrig.

Zu Demokritos

Erläuterungen

Von den äußeren Daten des Lebens des Demokritos sind uns nur wenige bekannt. Nach Thrasyllos, dem Astrologen und eklektischen Philosophen, der im Leben des Tiberius eine so große Rolle gespielt hat, ist er um 470, nach Apollodoros erst 460 v. Chr. gestorben. Das reiche und gebildete Gemeinwesen von Abdera, der Stadt an der thrakischen Küste, die sich erst im späteren Altertum den bedenklichen Ruf des Schildbürgertums erwarb, war seine Heimat. Er ist demnach ungefähr 25-30 Jahre jünger als Anaxagoras, er wurde 90 Jahre alt und war Zeitgenosse des Sokrates. Als sicher kann gelten, daß er, wahrscheinlich aber erst als reifer Mann, zahlreiche und weite Reisen unternommen hat.

Thrasyllos, der eingangs erwähnte Hofastrolog des Kaisers Tiberius, hat Demokrits Schriften in fünf Gruppen (Ethik, Physik, Mathematik, Musik, Technik) eingeteilt und ihn, mit Übertragung eines Ausdrucks aus der Gymnastik, einen *Fünfkämpfer*, einer der neueren Historiker der Philosophie, Wilhelm Nestle, den *Aristoteles vor Aristoteles* genannt.

Anmerkungen

1 Das Leere (*to kenón*) wird von dem Philosophen angenommen, »weil sonst örtliche Bewegung unmöglich sei ... denn das Volle könne nichts in sich aufnehmen« (Arist. Phys. IV 6.213b 34ff.). Auch beruhe, fährt Aristoteles fort, das Wachstum auf dem Eindringen der Nahrung in die leeren Räume, welche die Körper enthalten.

2 *Ta átoma*, wie Demokrit sagt.
Das Eigentümliche der demokritischen Atomistik ist eine gewisse Zwiespältigkeit, einerseits die mehr materialistische Note, die er in die Naturerklärung hineintrug, andrerseits der merkwürdige Versuch, etwas bereits von Xenophanes als völlig unkörperlich Erkanntes, nämlich den Geist, und dazu die Psyche (die bei ihm als Eines gelten) mit Stofflichem in Verbindung zu bringen, ja sie sogar als »Feinstoff« überhaupt zu erklären.
Die feinstgestalteten unter den Atomen, die kugelförmige Gestalt haben sollen, stellen eine letzte definierbare Seinsgröße vor, die so hart an der Grenze von körperlich und unkörperlich steht, daß er ihnen schon durch eine besondere Sprachbezeichnung den Zusammenhang mit dem geben wollte, was jenseits der Stofflichkeit gedacht wird. Dem Raum (in dem die kleinsten Seinsbestandteile sich befinden) gibt er folgende Bezeichnungen: Das Leere, Das Nichts, Das Unendliche. Jeden dieser Seinsbestandteile nennt er das Irgendetwas (*to dén*), Das Gestaltete (Feste) und Das Seiende (*to ón*). Das *den* (δέν) deutet Plutarch adv. Col. 4: das Ichts (*den*) sei für Demokrit um nichts realer als das Nichts (*medén*), indem er (mit sprachwidriger Zerlegung des Wortes) unter dem *den* das Körperliche, unter dem *medén* das Leere verstanden habe.
Wie Aristoteles und Platon gehört Demokrit zu den großen Neuschöpfern der philosophischen Sprache (K. von Fritz). In dem Bestreben, die Struktur der aus den Atomen entstehenden Dinge anschaulich, den Zustand der Bewegung, in dem sich nach seiner Lehre alles befindet, auch durch die Sprache erkennbar zu machen und die abstrakte Theorie mit den Phänomenen in Übereinstimmung zu bringen, wird er zu sprachlichen Neubildungen gedrängt: er bildet *rhysmós* für die aus einer Bewegung der Atome hervorgehende Gestalt, für das »objektive Gestaltgesetz des Gegenstandes in sich«, *tropé* (statt *thésis*) für die Bezeichnung der Lage der Atome im Raum, *diathéke* für das Sichhindurchbewegen und die Berührung mit Etwas, *sus* für das stürmische Durcheinanderwirbeln der Atome.

Aus den runden, glatten Atomen, die in der allgemeinen Bewegung der Atome die beweglichsten sind, besteht die Seele. Zwischen je zwei andere Atome eingeschaltet, teilt das Seelenatom diesen seine Bewegung mit, so daß von den gesamten, durch den Leib gleichmäßig verteilten Seelenatomen die Bewegung des Körpers ausgeht, ebenso die auf Bewegungen beruhenden Wahrnehmungen und das Denken. Der Bestand der Seelenatome, die in dem lebenden Leibe keine geschlossene Einheit bilden, erhält sich durch die Atmung, welche die aus dem Atomenkomplex herausgepreßten glatten Seelenteilchen ersetzt, indem sie aus der von schwebenden (mit den Feueratomen identischen) Seelenatomen erfüllten Luft immer neuen Seelenstoff einzieht und dem Körper solange zuführt, bis die Aussonderung der Seelenatome deren Einatmung überwiegt, was Schlaf erzeugt, oder diesen Dienst überhaupt nicht mehr tut und der Tod eintritt, die Seelenatome sich zerstreuen und in die schwebende Masse der Weltenstoffe zurücktreten.

3 Demokritos scheint demnach, wenn er auch eine Schöpfung ablehnt und einen »Anfang« der Welt für unmöglich erklärt, eine von Ewigkeit her alles vorausbestimmende Macht (die *anánke*, Notwendigkeit) als das Weltprinzip angenommen zu haben, das der Frage nach der allgemeinen Kausalität, »der fehlenden Ursache« (59 A 41 = Simp. Phys. 27, 2), wie es Aristoteles einmal nannte, entgegenkam, wenn es auch zu einer philosophischen Unterscheidung zwischen Materie und dem sie Bewegenden nicht zureicht.

4 Bei dem kosmogonischen Problem mußte Demokritos in Konsequenz seiner atomistischen Anschauung dazu gelangen, die Annahme einer schöpferischen Gottheit abzulehnen, die »außerhalb der Welt« diese erst entstehen ließ. Denn »entstanden ist nichts«, da ja ein solcher Entstehungsbegriff zugleich einen Anfang der Zeit als solcher annehmen lassen müßte. »Zeit aber ist unentstanden, sie ist nichts anderes als eine tag- und nachtartige Vorstellung der Menschen« (641 = A 72). Gibt es aber die Zeit nicht, so ist auch alles von Ewigkeit her existent. So muß für das Entstehen eine Ursache angenommen werden. Sie ist das *apó tu automátu*, das *Von-selbst,* durch das sich »der Wirbel und die Bewegung« bildet, die die Stoffe voneinander sondert und das All in diese Ordnung versetzt hat. Tiere und Pflanzen, alles organische Leben also, sind so, wie sie beschaffen sind, nicht durch ein Zufälliges (die *týche*) verursacht, sondern »Natur oder Geist oder irgend etwas anderes sei dafür die Ursache«. Das Geheimnis aber von Nichts und Sein, vom Urprinzip »der Sonderung des Stoffes aus dem Leeren« muß ein Geheimnis bleiben. Es entzieht sich der geistigen Vorstellungskraft. Demokritos erklärte das All deswe-

gen für unendlich, weil es auf gar keine Weise von irgend jemandem geschaffen worden sei, nur das sei einzusehen, daß es für die ursächlichen Vorgänge aller Dinge keinen Anfang gebe. Er kann das aber mit nichts anderem begründen als mit der in der Antike vielleicht am schärfsten formulierten erkenntnistheoretischen Kritik: »Der Mensch soll aus dieser Lehre erkennen, daß er fern ist von der Wirklichkeit (der Welt)« (631 = B 6). Denn »wir nehmen von der Wirklichkeit nichts Untrügliches wahr, sondern nur was sich ständig wandelt, ja nach der Verfassung unseres Körpers und der ihm zuströmenden oder entgegenwirkenden Kräfte« (634 = B 9). Darum kommt er zum Schluß: »In Wirklichkeit wissen wir nichts, denn die Wahrheit birgt sich in der Tiefe« (696 = B 117). Wie sehr er aber um die Möglichkeit, das eben noch rational Erkennbare denkerisch zu erfassen, gerungen hat, geht aus seinem bekannten Ausspruch hervor: lieber wolle er einen einzigen Kausalzusammenhang (*aitiología*) finden, als König von Persien werden.
Mit der gleichen Entschiedenheit wendet er sich gegen jeden Fatalismus als Ersatz für die Unbestimmbarkeit letzter Ursachen: »Die Menschen haben sich das Trugbild des Zufalls (der *týche*) gebildet, als Ausflucht aus ihrer eigenen Ratlosigkeit« (698 = B 119). Der »geistige Entschluß«, der »scharfsinnige Verstand« vermag nämlich das meiste im Leben zu ordnen, braucht also nicht zum Zufall einen Ausweg zu suchen.

5 μικρὸς κόσμος (Mikrokosmos).

6 Demokrit wird sogar zum Verfechter der Idee vom freien Willen des Menschen, der Fähigkeit zur Selbstbestimmung des Weges, der im Menschen selber gelegen ist: »Von woher uns das Gute kommt, aus dem gleichen geschieht uns auch das Böse, aber auch die Begabung, außerhalb des Bösen zu bleiben.« »Die Seele enthält beides, gute Kräfte und Kräfte des Bösen.« Das Gute hat aber die Eigenschaft, sich nicht von selbst anzubieten, es bedarf der Anstrengung, um es »strebend zu finden.« Das Böse dagegen »begegnet uns, auch wenn wir es nicht suchen.« Daher gilt es, die Seele zu erziehen, in ihr die guten Kräfte zu pflegen; materielle Güter sind wertlos, Reichtum verdirbt den Menschen: »Seligkeit wohnt nicht in Herden oder Gold, die Seele ist das Heim seligen Wesens.« (704, 702, 694, 703 = B 172, 170, 108, 171). Das Gute muß das Schlimme abwehren. Wer Gutes tut, wer sich selbst bemüht, gut zu sein, der verhilft dem Göttlichen, der Gerechtigkeit in der Welt zum Durchbruch, »wer wohlgesinnt ist, der fühlt sich stets angetrieben zu rechtlichem und gesetzesgerechtem Handeln, darum ist er auch bei Tag wie bei Nacht heiter und stark und unbekümmert« (B 174). Demokritos nennt diesen Zustand die *euthymía*. »Lust und Unlust (als Gefühl) bezeichnen

die Grenze des Zuträglichen und Abträglichen« (653 = B 4). Die menschliche Vernunft soll der Regulator sein. Sie wird immer wieder versuchen, das Gleichgewicht herzustellen, die Natur will kein Übermaß, weder im Mangel noch in der Fülle. Denn sie ist es ja, die alles zu zusammengesetzter Gestalt verbinden will. Ihr Ziel (es gibt also bereits als immanentes Prinzip ein *télos*, auch wenn es noch nicht als solches ausgesprochen wird) ist der *mégas diákosmos*, die »große Ordnung«, eine Ordnung in Schönheit, denn alles Geordnete *ist* schön an sich. Allem, was man tut, sind deshalb »von selbst«, von der Natur Grenzen gesetzt: »Wenn einer das rechte Maß überschreitet, so kann sich für ihn das Angenehmste in das Unangenehmste verwandeln.« »Man soll nichts über seine Kraft und über die Natur hinaus treiben.« Aus diesem naturgegebenen Sichbeschränken entwickelt sich ein kategorischer Imperativ des ethischen Verhaltens: »Wohl denken, wohl reden, recht handeln!« (722, 652, 651 = B 233, 3, 2)
Nun wird aber der Mensch, die Welt eine vollkommene Harmonisierung ihrer selbst niemals erreichen. Ähnlich wie bei Empedokles lebt im Denken des Verehrers einer ideellen, einer »irrealen Wirklichkeit« der schwärzeste Skeptizismus gegenüber der Umwelt. Das »Bild« des Menschen als eines maßvollen, heiteren Wesens, das nach Liebe, nach lustvollem Erlebnis sucht, ist verdunkelt von der Sucht nach dem Zuviel. Seiner wahren, der Natur angeglichenen Vernunft, die er allem zugrunde legen sollte, steht die menschlich-allzumenschliche Torheit entgegen. »Das Geld kennt keine Grenze des Genügens.« »Man muß erkennen, daß das menschliche Leben voll von Schwäche ist, nur kurz währt und mit viel Unglück und Mißhelligkeiten verknüpft ist ...« (720, 733 = B 219, 285). Da Demokritos seine ethischen Grundgedanken nicht durch allgemeine Erwägungen begründet, wie etwa Sokrates den Satz, daß die Tugend im Wissen bestehe, rechnet ihn Aristoteles trotz seiner sittlichen Reinheit und Höhe noch durchaus zu den Physikern und läßt die wissenschaftliche Ethik erst mit Sokrates beginnen.

Zu Protagoras

Erläuterungen

Protagoras, der erste unter den vorsokratischen Denkern, der sich selbst als einen *Sophisten* bezeichnete, wurde um 480 v. Chr. in Abdera geboren. Mit ungefähr 30 Jahren hat er seine Heimat verlassen und ist bis zum Ende seines Lebens, vierzig Jahre lang, durch die griechischen Städte gewandert. Der Tod ereilte ihn etwa 411 v. Chr. auf dem Schiff, das ihn bei seiner Flucht aus Athen nach Sizilien übersetzen sollte. Außer seinem ersten Wirken in Abdera selbst hat er sich dann als Lehrer und Streitredner in Sizilien, Unteritalien und vor allem in Athen aufgehalten, dem wichtigsten Schauplatz seines Auftretens. Er kehrte mehrmals dorthin zurück, bis ihm, dem inzwischen fast Siebzigjährigen, auf Veranlassung eines Vertreters der Staatsreligion, der Prozeß wegen Gottlosigkeit gemacht wurde. Er wurde zum Tode verurteilt. Seine Schriften wurden eingezogen und auf öffentlichem Platze verbrannt. Protagoras war nach der Überlieferung der erste Philosoph, der sich seine Weisheit und Vorträge mit Geld bezahlen ließ. Wahrscheinlich vertrieb er auch seine Schriften selbst oder erlaubte deren Abschrift gegen materielle Vergütung. Die von ihm geforderten Honorare waren sehr hoch. Er soll von einzelnen Personen für seinen Unterricht Summen bis zu 100 attischen Minen (gegen 10000 Franken) erhalten haben.

Protagoras ist der Prototyp der Sophistik, jener Bewegung des fünften vorchristlichen Jahrhunderts, deren Eigentümlichkeit es war, an die Stelle der Kosmologie, der das Denken der ersten griechischen Philosophen gegolten hatte, eine auf den Menschen als erkennendes und wollendes Subjekt gerichtete Reflexion, Erkenntnistheorie und Ethik zu setzen.

Hatten sich vor den Sophisten nur bei Xenophanes, den Pythagoreern und bei Herakleitos Ansätze dazu gezeigt, auch geistig-sittliche Probleme in den Kreis philosophischer Betrachtung zu ziehen (Demokritos steht schon unter dem Einfluß der Sophisten), so rückt nun der Mensch als Individuum und Gesellschaftswesen, treten Sprache, Religion, Kunst und Staatswesen in den Mittelpunkt des Nachdenkens und der Erörterung, an die Stelle der Naturphilosophie die Kulturphilosophie.

Von den älteren Philosophen unterscheiden sich die Sophisten auch darin, daß sie ihre wesentlichste Aufgabe in der Erziehung der Jugend zur Lebensführung und Menschenbeherrschung, zu rhetorischem Können und Gewandtheit im Diskutieren und in der Einflußnahme auf ihre geistigen Interessen und Ziele sahen und sich in Prunkreden auch an die Erwachsenen wandten.

So verband sich mit dem Worte Sophist – das von Hause aus kein Ausdruck für eine bestimmte philosophische Richtung war – die Vorstellung des Lehrens und Erlernen einer geschickten, auf den eigenen Vorteil bedachten Haltung im persönlichen und öffentlichen Leben. Plutarch sagt in dem ›Leben des Themistokles‹, Sophisten seien die genannt worden, welche die auf Familientradition und der Teilnahme am politischen Leben gegründete Einsicht durch theoretische Vorbildung ersetzt hätten.

Die Universalität ihrer Interessen hat ihnen den Namen der Enzyklopädisten Griechenlands eingetragen. Ein Mann wie Protagoras hat außerdem das Wissen seiner Zeit auf bis dahin nicht beachtete Gebiete erstreckt: die Sprachforschung und die philosophische Betrachtung der Kulturentwicklung. Er vertieft den rhetorischen Unterricht durch eine philosophische Theorie, die sich an die Vorstellungen der Naturphilosophen anlehnt. Er wird Virtuose in der Kunst, jede Frage von jeder Seite zu betrachten, neben die paradoxe die gemeingültige Lösung zu stellen und zugleich seine persönliche Einstellung zum Ausdruck zu bringen. Wenn er auch alle menschlichen Erkenntnisse für gleich wahr erklärt, so sieht er sie doch nicht als gleich wertvoll an, da die Erkenntnis des kunstmäßig geschulten Redners und Erziehers den Erkenntnissen des Laien gegenüber eine sachlich begründete Überlegenheit aufweist, auf der seine rednerische und erzieherische Wirksamkeit beruht.

Obwohl die Sophisten in ihren Betrachtungen zur Relativierung des Seins neigten, ja bald in Nihilismus verfielen und darum der unbeirrt um äußere Rücksichten die Wahrheit suchenden Philosophie, wie sie ihnen in Sokrates und Platon gegenübertreten sollte, grundsätzlich entgegengesetzt waren, hat doch der Satz seine Berechtigung, diese Philosophen hätten ohne die Sophisten nicht werden können, was sie geworden sind.

Anmerkungen

1 vgl. Goethe in einem Gespräch mit Riemer (2. VII. 1807): »Wir mögen an der Natur beobachten, messen und wägen wie wir wollen, es ist doch nur unser Maß und Gewicht; der Mensch ist das Maß aller Dinge.«

2 *Orthoépeia.* Protagoras hat als erster die Satzformen, auf denen die vier Modi (des Zeitworts) beruhen: den Wunsch, die Frage, die Aussage und den Befehl unterschieden, die er Wurzeln der Aussage nannte. Nach andern unterschied er sieben Formen. Auch die Genera des Nomens hat er gesondert.

3 Protagoras zweifelte nicht nur an der objektiven Gültigkeit der Sinneswahrnehmungen, sondern, wie Aristoteles, Metaphysik III 2. 999a 4 betont, auch an der Wahrheit geometrischer Sätze.
Aristoteles, der die Skepsis des Sophisten nicht teilte (Platon berichtet, daß von Protagoras in seinen Antilogien alle *téchnai* bestritten worden seien, also auch die Geometrie), stimmt Protagoras allerdings nur für die sichtbaren Linien zu, nicht auch für die gedachten der Geometrie.

4 Die lange, in einen Mythos gekleidete »Rede des Protagoras« hat die Aufgabe, gegen Sokrates die Lehrbarkeit der Tüchtigkeit zu

beweisen. Zeus habe Scheu und Rechtsgefühl, die Voraussetzungen des Gemeinschaftslebens, nicht nur, wie Kunstfertigkeiten, Einzelnen verliehen, sondern sie gleichmäßig unter alle verteilt. In den an alle verteilten Bürgertugenden sollen Eltern die Kinder, Bürger die Mitbürger fördern.

Zu Gorgias

Gorgias aus Leontinoi in Sizilien, im Jahre 483 geboren und die Wandlungen des griechischen Geisteslebens von der Blütezeit des Aischylos und Pindar bis zu den Mannesjahren Platons begleitend, begann die lange, erfolgreiche Laufbahn als Schüler des Empedokles mit Physik, namentlich mit Optik. Danach von der Dialektik Zenons zur kritischen Betrachtung der Möglichkeiten des Erkennens angeregt, gelangte er – der Tendenz seiner Zeit entsprechend, die den Glauben an die Möglichkeit und Gültigkeit der Wissenschaft zu verlieren im Begriffe war – zu völliger Skepsis.

Hauptanliegen seines Lebens und Wirkens wurde so die Rhetorik. Durch sie gewann er sich die Herzen auch der festländischen Griechen, vor allem der Athener, die ihn und seine Kunst kennen und bewundern lernten, als er – im Jahre 427 – als Gesandter seiner Vaterstadt nach Athen kam, um dessen Hilfe gegen Syrakus zu erbitten. Die stattliche Erscheinung, das glanzvolle Auftreten des Sizilianers steigerten den berauschenden Eindruck, den seine Redekunst auf die Hörer machte.

Ziel seiner Rhetorik war die »Lenkung der Seele« (*psychagogía*) durch die formal schöne, künstlerisch gehaltene Rede. »Das Wort«, sagt er in der Rede auf Helena, die für die übel beleumdete Frau »ein Lob«, für ihn »ein Spiel« ist, ist »ein großer Fürst.« Von kleinem, unscheinbarem Aussehen, verrichtet es göttliche Taten. In seinem ›Gorgias‹ überliefert Platon die, wenn nicht wahre, so gut erfundene Äußerung: die Rede habe mehr Macht über die Kranken als die Sachkunde des Arztes.

Sein ›Palamedes‹, eine Verteidigungsrede auf den listenreichen Berater der Achäer vor Troja, und seine ›Helena‹, eine Lobrede, sind die ersten Versuche, auf die Komposition von Reden die formal-technischen Kunstmittel der Naturphilosophie anzuwenden, Wege zu einer griechischen, kunstmäßigen Prosarede.

Da es für Gorgias und seine Schule ethische Werte und Maßstäbe nicht gab, ging es ihm in der Rede aber nicht um Wahrheit, sondern um suggestive Wirkung, nicht um Aufzeigung und Darlegung des Guten oder des Zweckmäßigen, sondern um Gewinnung des Hörers durch künstlerische Illusion und stilistische Kunstmittel. Wie

Protagoras, verneint er die Wahrheit als Übereinstimmung des Gedankens mit einer objektiven Realität. Auch für ihn tritt, wie für seinen Vorgänger, Überredung an die Stelle des Überzeugens. Seine rhetorische Kunstfertigkeit strahlte am hellsten, wenn er einer »absurden und paradoxen These«, wie es einmal von seinem Schüler Isokrates ausgesprochen wird, durch geschickte Auffindung und Gruppierung der Beweismöglichkeiten den Anschein zwingender Notwendigkeit geben konnte. Die zweite Musterrede des Gorgias, die Verteidigung des Palamedes, gipfelt in dem schönen, bei Euripides in klassischer Formulierung wiederkehrenden Satze, daß ein mit geistiger Tätigkeit ausgefülltes Leben in der Seele keine gemeine Gesinnung aufkommen lasse. Aber in einem in der ›Rhetorik‹ des Aristoteles erhaltenen Fragment verlangt er auch: »Den Ernst der Gegner muß man durch Gelächter zunichte machen, ihr Gelächter durch Ernst« (767 = B 12).

Wie er die Poesie nur als Rede in gebundener Form ansah, so war ihm auch die Rede eine Kunstgattung, die er in ihren Absichten und Wirkungen der Tragödie gleichstellt. Von der Tragödie aber habe er, überliefert Plutarch, erklärt: »Sie bewirkt (durch die Darstellung der Sagenstoffe und der Leidenschaften) eine Täuschung, bei der der Täuschende gerechter ist als der nicht Täuschende und der Getäuschte klüger als der nicht Getäuschte« (B 23). Und übereinstimmend damit heißt es in der ›Helena‹: Wer die Tragödie hört, »den ergreift bald angstvoller Schreck, bald tränenreiches Mitleid, bald schmerzvolle Sehnsucht. Durch Glück und Unglück fremder Geschehnisse und Menschen erfährt die Seele mittels des Wortes eigentümliche Empfindungen« (9). In Form und Wirkung sollte nun der rhetorische Prosastil neben die hohe Dichtung treten. »Die rhetorische Psychagogie bedeutete ihm so gut wie die dichterische das Überspringen der eigenen Ergriffenheit auf den anderen als Selbstzweck, erst in zweiter Linie als politische Lenkung« (Wehrli).

So machte Platon, als er in seinem Dialog ›Gorgias‹ die Frage nach Wesen und Wert der Rhetorik aufwarf und den Anschauungen der Sophisten das uneigennützige sokratische Wissensstreben entgegenstellte, die Gestalt des gefeierten, von der Jugend Griechenlands umschwärmten Gorgias zum Träger der von ihm bekämpften sophistischen Lehrer, die an Problemen der Philosophie nur die Kunstfertigkeit ihrer Rede erprobten.

Dem Meister der Rhetorik galten auch die Verse der Weihinschrift, die auf der Basis des ihm in Olympia errichteten Standbildes standen (Epigrammat Graeca 875 a Kaibel):

Wenn es die Seele zu üben gilt für der Tüchtigkeit Wettkampf,
Keiner der Sterblichen je fand eine schönere Kunst.

Zu Antiphon

Antiphon, der späteren Sophistik angehörend, Zeitgenosse des Sokrates, steht in seinem ersten ›Alétheia‹ (Wahrheit) betitelten Buch noch im Banne der eleatischen Lehren. »Alles«, sagt er in einem daraus erhaltenen Fragment, »ist für den Logos (den Verstand) eins. Hast du das verstanden, so weißt du, daß für ihn nichts Einzelnes existiert, weder von dem, was der Weitestblickende mit dem Auge erschaut, noch von dem, was der Weitestdenkende mit der Denkkraft erdenkt« (B 1).

Andere Fragmente zeugen für seine mathematischen und naturwissenschaftlichen Studien.

Bedeutungsvoller sind die Bruchstücke, die auf ägyptischen Papyri zutage kamen und die *phýsis* gegen den *nómos,* die Natur, in der die Wahrheit herrsche, gegen die Menschensatzungen verteidigen, in denen alles Schein sei. Denn die Satzungen der Menschen unterbänden die Gesetze der Natur und schädigten die von ihr geschaffene Freiheit und – durch die Trennung nach Ständen und durch nationale Rücksichten – die durch sie gegebene Gleichheit aller Menschen.

Diese Gedanken, eine der Wurzeln, denen die stoische Lehre vom Weltstaat und der Anwendung weltstaatlicher Eintracht auch in der einzelstaatlichen Politik erwuchs, trug Antiphon auch in seiner Rede *Perì homonoías* (über den Gemeinsinn) vor, einer Verherrlichung der Eintracht des Einzelnen mit sich selbst wie innerhalb der häuslichen, politischen und jeder anderen Gemeinschaft.

Zum Anonymus Iamblichi

Eine ›*Protreptikós*‹ (Empfehlung der Philosophie) betitelte Schrift des Neuplatonikers und Pythagoras-Biographen Iamblichos aus dem vierten nachchristlichen Jahrhundert enthält Bruchstücke einer attischen Schrift des fünften Jahrhunderts v. Chr. Friedrich Blaß hat sie als Reste eines ethisch-politischen Traktates erkannt, dessen Verfasser die Staatsgesinnung der Bürger gegenüber den der Demokratie drohenden Gefahren stärken wollte.

An die Mitbürger richtet er die Aufforderung, ihre Fähigkeiten zu guten und gesetzlichen Zwecken zu gebrauchen. Gewinn- und Habsucht werden bekämpft, die Vorzüge der Wohlgesetzlichkeit gegenüber der Ungesetzlichkeit betont.

Gedanken, vor allem des Protagoras, aber auch des Gorgias, Antiphon und Demokritos aufgreifend und – langatmig, in pedantisch ausgesponnenem Parallelismus – weiter führend, lehnt sein Verfasser die egoistische Moral ab, wie sie der späteren Sophistengeneration eigentümlich ist.

Noch einmal tritt uns in den uns erhaltenen Bruchstücken das erzieherische Interesse der älteren Sophistik und ihre ethische Einstellung entgegen, wenn der »Übermensch« – »unverwundbar, frei von Krankheit und Leiden, außergewöhnlich und stählern in der Kraft seines Körpers und Geistes, Träger einer auf Maßlosigkeit gegründeten Macht« (6, 2) – die Feindschaft und den Widerstand der gesetzestreuen Bürger gegen sich hat, die geordnete Regierung gepriesen und die Anarchie verurteilt werden, die nur der Tyrannis den Weg bahne.

Wenn die Sophistik das Naturrecht dahin ausgelegt hatte, daß von diesem aus jede Gewalttat des Überlegenen für gerecht erachtet wurde, so ruhen auch dem Anonymus Iamblichi Gesetz und Recht auf dem Grunde der Natur. Aber Recht ist ihm nicht mehr der Vorteil des Überlegenen oder die Sicherung der herrschenden Partei, sondern das alle Staatsangehörigen umfassende, gemeinsame Band, das allein das gesellschaftliche Leben der Menschen ermöglicht und die Dauer friedlicher Zustände verbürgt.

STELLENVERZEICHNIS

Die Zahlen der ersten Kolonne entsprechen der fortlaufenden Fragmentzählung unserer Ausgabe (zum Beispiel »3«), in der zweiten Kolonne wird das entsprechende Fragment bei Diels-Kranz aufgeführt (zum Beispiel »B 5«), in der dritten Kolonne ist die antike Quelle genannt (zum Beispiel »Origenes c. Celsum« VI 42).

Pherekydes

1	B 1	Diog. I 119
2	B 3	Procl. in Tim. 32c II 54, 28
3	B 5	Orig., c. Celsum VI 42
4	A 7	Arist., Metaphys. XIII 4.1091 b 8
5	A 2	Suidas v. Pherekydes
6	A 5	Cic., Tusc. I 38

Thales

7	B 3	Galen. in Hipp. de hum. I 1
8	A 12	Arist., Metaphys. I 3, 983b 6ff.
9	A 22	Arist., de anima I 2, 405a 19
10	A 22	Arist. ebenda, I 5, 411a 7
11	A 1	Diog. I 24
12	A 11	Procl. in Eucl. 65
13	A 20	Procl. in Eucl. 157,10. 250,20. 299,1. 352,14
14	A 1	Diog. Laërt. I 2721 Plin. N.H. XXXVI 82
15	A 15	Sen., Naturales Quaestiones III 14
16	A 16	Herodot. II 20
17	A 5	Herodot. I 74
18	A 1	Diog. I 22
19	A 23	Aët. I 7, 11
20	A 23	Cic., de natura deorum I 25

Anaximandros

21	B 1	Simpl., Phys. 24, 13
22	B 2	Hippol., Ref. omn. haeres. I 6, 1
23	B 3	Arist., Phys. III 4.203b 13
24	B 5	Aët. III 10, 2
25	A 9	Simpl., Phys. 24, 13
26	A 10	Pseudo-Plut., Strom. 2
27	A 17	Simpl., Phys. 1121, 5
28	A 17	Aët. II 1, 3
29	A 11	Hippol., Ref. I 6, 1
30	A 15	Arist., Phys. II 4. 203b 6
31	A 9	Simpl., Phys. 24, 13
32	A 11	Hippol., Ref. I 6, 1
33	A 14	Aët. I 3, 3
34	A 26	Arist., de caelo B 13, 295b. Theo Smyrn. 198, 18
35	A 11	Hippol., Ref. I 6, 3
36	A 27	Aët. III 16, 1
37	A 6	Agathemer. I 1.
38	A 10	Pseudo-Plut., Strom. 2
39	A 11	Hippol., Ref. I 6, 6
40	A 30	Aët. V 19, 4
41	A 30	Plut., Symp. VIII 8, 4
42	A 30	Censorin. 4, 7
43	A 29	Aët. 29 IV 3, 2
44	A 18	Aët. II 15, 6
45	A 21	Aët. II 20, 1
46	A 19	Simpl., de caelo 471, 1
47	A 1	Diog. II 2.
48	A 1	Diog. II 1.
49	A 5	Plin., N.H. II 31.

Anaximenes

50	B 1	Plut., de prim. frig. 7
51	B 2	Aët. I 3, 4
52	B 2a	Aët. II 22, 1
53	B 2	Aët. I 3, 4

54	B 3	Olympiodor., de arte sacra 25
55	A 5	Simpl., Phys. 24, 26
56	A 9	Cic., Acad. II 37, 118
57	A 7	Hippol., Ref. I 7, 1
58	A 6	[Plut.], Strom. 3
59	A 7	Hippol., Ref. I 7, 3; 7–8
60	A 7	Hippol., Ref. I 7, 2
61	A 14	Aët. II 14, 3
62	A 13	Aët. II 11, 1
63	A 4	Arist., Metaphys. I 3. 984a 5
64	A 7	Hippol., Ref. I 7, 2
65	A 6	[Plut.], Strom. 3
66	A 7	Hippol., Ref. I 7, 5
67	A 6	[Plut.], Strom. 3
68	A 7	Hippol., Ref. I 7, 4
69	A 20	Aët. III 10,3 und 15,8
70	A 21	Arist., Meteor. II 7. 365b 6
71	A 7	Hippol., Ref. I 7, 5
72	A 16	Theo. Smyrn. 198, 14
73	A 7	Hippol., Ref. I 7, 6
74	A 12	Aët. II 2, 4
75	A 11	Simpl., Phys. 1121, 12
76	A 10	Cic., de nat. d. I 10, 26
77	A 23	Philopon., de anima 9, 9
78	A 22	Galen. in Hipp. d. nat. h. XV 25

Pythagoras und Pythagoreer

Pythagoras

79	Xen. B 7	Diog. VIII 36
80	14 11	Hippol., Refut. I 2, 12
81	14 10	Plato, de rep. X 600 A
82	14 13	Iustin. 20,4

Die älteren Pythagoreer

83	58 D 1	Cramer, An. Par. I 172
84	58 D 1	Iambl., vita Pythag. 163
85	58 D 4	Stob. IV 1, 40ff.
86	58 D 6	Iambl., vita Pythag. 196f.
87	58 D 8	Iambl., vita Pythag. 205
88	58 D 9	Iambl., vita Pythag. 231
89	58 B 4	Arist., Metaphys. I 5. 985b 23
90	58 B 5	Arist., Metaphys. I 5. 986a 15.
91	58 B 12	Arist., Metaphys. I 6. 987b 10
92	58 B 25	Arist., Metaphys. VI 11. 1036b 8
93	14 6a	Procl. in Eucl. 65, 11
94	44 A 11	Luc., de Lapsu in sal. 5
	58 B 15	Aët. I 3, 8
95	58 D 1	Iambl., vita Pythag. 164ff.
96	58 C 6	Iambl., Protr. 21
97	58 D 3	Iambl., vita Pythag. 175
98	58 D 3	Iambl., vita Pythag. 176
99	58 D 4	Stob. IV 1, 40
100	58 D 3	Iambl., vita Pythag. 174f.
101	58 B 40	Arist., de anima I 2. 404a 16
102	58 B 41	Arist., Polit. VIII 5. 1340b 18
103	18 9	Aët. IV 3, 4
104	14 1	Herodot. II 123
105	31 B 129	Porphyr., vita Pythag. 30
106	58 C 4	Iambl., vita Pythag. 82
107	58 B 4	Arist., Metaphys. I 5.986a 2
108	–	Gaudentius, vgl. Hermes 78, p. 170
109	–	Aristides Quintilianus, ebda.
110	–	Heracl. Ponticus, bei Porphyrius, ebda.
111	31 B 129	Porphyr., vita Pythag. 30
112	58 B 35	Arist., de caelo II 9. 290b 12
113	18 (8) 1	Diog. VIII 84
114	18 (8) 7	Simpl., Phys. 23,33

Petron

115	16	Plut., de defect. orac. 22

Hippasos

116	18 7	Simpl., Phys. 23, 33
117	18 8	Clem., Protr. 5, 64
118	18 9	Aët. IV 3, 4

Alkmaion

119	B 1	Diog. VIII 83
120	B 2	[Arist.], Probl. 17, 3.916a 33
121	B 1a	Theophr., de sens. 25
122	B 5	Clem., Strom. VI 16.
123	A 3	Arist., Metaphys. I 5.986a 22
124	A 1	Diog. VIII 83
125	A 4	Aët. II 16,2. II 22,4
126	A 12	Clem., Protr. 66
127	A 12	Arist., de anima I 2.405a 29
128	A 12	Aët. IV 2,2
129	A 18	Aët. V 24,1
130	A 17	Aët. V 16,3
131	A 13	Aët. V 3,3
132	A 5	Theophr., de sens. 25f.
133	B 4	Aët. V 30, 1
134	A 5	Theophr., de sens. 25f.
135	A 5	Theophr., de sens. 25f.
136	A 11	Hippocr., de morbo sacro 17
137	A 10	Chalcid. in Timaeum 246
138	A 11	Plato, Phaed. 96 A–B
139	A 11	Hippocr., de morbo sacro 14/17

Philolaos

140	B 1	Diog. VIII 85
141	B 2	Stob., Ecl. I 21, 7a
142	B 3	Iambl. in Nicom. 7, 24
143	B 4	Stob., Ecl. I 21, 7b
144	B 5	Stob., Ecl. I 21, 7c
145	B 6	Stob., Ecl. I 21, 7d
146	B 8	Iambl. in Nicom. 77, 9
147	B 10	Nicom., Arithm. II 19
148	B 11	Theo. Smyrn. 106, 10
149	B 12	Theo. Smyrn. 18,5
150	B 13	Theol., Arithm. 25, 17
151	B 14	Clem., Strom. III 17
152	B 15	Plato, Phaed. 62 B
153	B 16	Arist., Eudem. Eth. II 8. 1225a 30
154	B 17	Stob., Ecl. I 15, 7
155	B 22	Claudianus Mamertinus, de anima II 7. 120, 12
156	B 23	Iambl. in Nicom. 10,22
157	A 9	Aët. I 3, 10
158	A 10	Theo. Smyrn. 20, 19
159	A 9	Procl. in Tim. I 176, 27
160	A 13	Theologumena arithm. 82, 10
161	A 12	Theologumena arithm. 74, 10
162	A 17	Aët. III 11, 3. II 4, 15
163	A 16	Aët. II 7, 7
164	A 1	Diog. VIII 84
165	A 21	Aët. III 13, 1. 2.
166	A 18	Aët. II 5, 3
167	A 23	Macr., Somn. Scip. I 14, 19

Archytas

168	B 1	Porphyr. in Ptolem. Harm. 56
169	B 2	ebda. 92
170	B 3	Stob., Flor. IV 1, 139
171	B 4	Stob. I pr. 4
172	–	Arist. in Plut., de musica, ed. Weil-Reinach 92

Hiketas

173	50 1	Cic., Acad. Pr. II 123
174	50 2	Aët. III 9, 1, 2

Ekphantos

175	51 1	Hippol., Ref. I 15
176	51 5	Aët. III 13, 3
177	51 4	Aët. II 3, 3

XENOPHANES

178	B 1	Athen. XI. 462 C
179	B 8	Diog. IX 18. 19
180	B 10	Herodian. grammaticus perí dichrónon 296, 6
181	B 11/12	Sext., adv. mathem. IX 193/I 289
182	B 14	Clem., Strom. V 109
183	B 15	Clem., Strom. V 110
184	B 16	Clem., Strom. VII 22
185	B 18	Stob., Ecl. I 8, 2
186	B 23	Clem., Strom. V 109
187	B 24	Sext., adv. math. IX 144
188	B 25	Simpl. Phys. 23, 19
189	B 26	Simpl. Phys. 23, 10
190	B 27	Aët. IV 5
191	B 28	Achilles, isag. in Arat. 4. 34, 11
192	B 29	Simpl., Phys. 188, 32
193	B 30	Aët. III 4, 4
194	B 31	Heracl. Alleg. Hom. 44
195	B 32	Schol. BLT Eust. ad Hom. Iliad. XI 27
196	B 34	Sext., adv. math. VII 49
197	B 35	Plut., Sympos. IX 7
198	B 38	Herodian. gramm. p. mon. lex. 41, 5
199	A 38	Aët. II 13, 14
200	A 40	Aët. II 20, 3
201	A 42	Aët. II 30, 8
202	A 43	Aët. II 25, 4
203	A 46	Aët. III 4, 4
204	A 47	Arist., de caelo II 13, 294a 21
205	A 33	Hippol., Ref. I 14, 5–6
206	A 29	Plato, Sophist. 242 C–D
207	A 35	Galen., Hist. phil. 7
208	A 12	Arist., Rhet. II 23. 1399b 5
209	A 13	Arist., Rhet. II 26. 1400b 5
210	A 1	Diog. IX 19
211	A 35	Sext. P.H. I 223

THEAGENES

212	2	Schol. Hom. B ad Y 67 (Porphyr. I 240, 14)

HERAKLIT

213	B 50	Hippol., Ref. IX 9
214	B 50	Hippol., Ref. IX 9
215	B 60	Hippol., Ref. IX 10
216	B 1	Sext., adv. math. VII 132
217	B 2	ebda. 133
218	B 41	Diog. IX 1
219	B 50	Hippol., Ref. IX 9
220	B 72	Marc. Anton. IV 46
221	B 115	Stob., Flor. I 180a
222	A 16	Sext., adv. math. VII 126ff.
223	B 30	Clem., Strom. V 105
224	B 31	Clem., Strom. V 105
225	B 63–65	Hippol., Ref. IX 10
226	B 76	Maxim. Tyr. XII 4. 489
227	B 84a/b	Plotin., Enn. IV 8, 1
228	B 90	Plut. de E 8
229	A 1	Diog. IX 7
230	A 5	Simpl., Phys. 23, 33
231	A 5	Aët. I 3, 11
232	B 53	Hippol., Ref. IX 9
233	B 80	Orig. c. Cels. VI 42
234	B 44	Diog. IX 1
235	B 24	Clem., Strom. IV 16
236	B 136	Schol. Epict. Bodl. p. LXXI
237	A 1	Diog. IX 8
238	A 22	Arist., Eudem. Eth. VII 1. 1235a 25
239	B 6	Arist., Meteor. II 2. 355a 13
240	B 12	Arius Did. ap. Euseb. P. E. XV 20
241	B 36	Clem., Strom. VI 16
242	B 49a	Heraclit., Alleg. 24

243	B 88	Plut., cons. ad Apoll. 10
244	B 91	Plut. de E 18
245	A 6	Plato, Cratyl. 402 A
246	A 10	Arist., de caelo I 10. 279b 12
247	B 8	Arist., Eth. Nic. VIII 2. 1155b 4
248	B 10	[Arist.], de mundo 5. 396b 7
249	B 48	Etym. Gen. bios
250	B 51	Hippol., Ref. IX 9
251	B 54	Hippol., Ref. IX 9
252	B 58	Hippol., Ref. IX 10
253	B 59	Hippol., Ref. IX 10
254	B 61	Hippol., Ref. IX 10
255	B 62	Hippol., Ref. IX 10
256	B 103	Porphyr., quaest. Homer. ad Iliad. XIV 200
257	B 94	Plut., de exil. 11.
258	B 99	Plut., aqu. et ign. comp. 7
259	B 100	Plut., Qu. Plat. 8, 4
260	A 1	Diog. IX 9ff.
261	B 16	Clem., Paedag. II 99
262	B 23	Clem., Strom. IV 10
263	B 32	Clem., Strom. V 116
264	B 33	Clem., Strom. V 110
265	B 41	Diog. IX 1
266	B 67	Hippol., Ref. IX 10
267	B 92	Plut., de Pyth. or. 6
268	B 93	Plut., de Pyth. or. 21
269	B 114	Stob., Flor. I 179
270	A 9	Arist., de part. anim. I 5. 645a 17
271	B 5	Aristocritus, Theosophia 68. Orig., c. Celsum VII 62
272	B 11	[Arist.], de mundo 6. 401a 8
273	B 14	Clem., Protr. 22
274	B 15	Clem., Protr. 34
275	B 16	Clem., Paedagog. II 99
276	B 28	Clem., Strom. V 9
277	B 43	Diog. IX 2
278	B 54	Hippol., Ref. IX 9
279	B 69	Iambl., de myst. V 15
280	B 78	Orig., c. Cels. VI 12
281	B 79	Orig., c. Cels. VI 12
282	B 83	Plato, Hipp. maior 289 B
283	B 86	Plut., Coriol. 38
284	B 102	Porphyr., quaest. Hom. Ilias IV 4
285	B 114	Stob., Flor. I 179
286	B 119	Stob., Flor. IV 40, 23
287	A 20	Chalcid. in Timaeum 251
288	B 3	Aët. II 21, 4
289	B 7	Arist., de sensu 5. 443a 23
290	B 9	Arist., Eth. Nic. VIII 5. 1176a 7
291	B 17	Clem., Strom. II 8
292	B 19	Clem., Strom. II 24
293	B 20	Clem., Strom. III 14
294	B 22	Clem., Strom. IV 4
295	B 28	Clem., Strom. V 9
296	B 34	Clem., Strom. V 116
297	B 35	Clem., Strom. V. 141
298	B 40	Diog. IX 1
299	B 42	Diog. IX 1
300	B 55	Hippol., Ref. IX 9
301	B 56	Hippol., Ref. IX 9
302	B 57	Hippol., Ref. IX 10
303	B 70	Iambl., de anima (Stob., Ecl. II 1, 16)
304	B 71	Marc. Anton. IV 46
305	B 73	Marc. Anton. IV 46
306	B 74	Marc. Anton. IV 46
307	B 87	Plut., de aud. 7
308	B 101	Plut., adv. Colot. 20
309	B 101a	Polyb. XII 27
310	B 104	Procl. in Alc. I. 525, 21
311	B 107	Sext. Emp., adv. math. VII 126
312	B 108	Stob., Flor. I 174
313	B 111	Stob., Flor. I 177
314	B 112	Stob., Flor. I 178
315	B 113	Stob., Flor. I 179
316	B 116	Stob., Flor. V 6
317	B 124	Theophr., Metaphys. 15. 7a 10
318	B 129	Diog. VIII 6
319	A 23	Polyb. IV 40
320	B 45	Diog. IX 7
321	B 12	Arius. Did. ap. Euseb. P.E. XV 20

457	A 81	Aët. V 7, 1
458	B 62	Simpl., Phys. 381, 29
459	B 65	Arist., de gen. anim. I 17. 723a 23
460	B 67	Galen. in Hippocr. Epid. VI 48
461	B 73	Simpl., de caelo 530, 5
462	B 76	Plut., Quaest. conv. I 2, 5
463	B 82	Arist., Meteor. IV 9. 387b 4
464	B 90	Plut., Quaest. conv. IV 1, 3
465	B 95	Simpl., de caelo 529, 26
466	B 100	Arist., de respir. 7, p. 473 b 1
467	B 27	Plut., de fac. lun. 12
468	B 27a	Plut., c. princip. philos. esse diss. 2
469	B 28	Stob., Ecl. I 15, 2 ab
470	B 29	Hippol., Ref. VII 29
471	A 32	Aët. I 7, 28
472	A 41	Philop., de gen. et corr. 19, 3
473	B 41	Macr., Sat. I 17, 46
474	B 42	Plut., de fac. in orb. lun. 16
475	B 43	Plut., de fac. in orb. lun. 16
476	B 45	Achill., Is. 16
477	B 47	Anecd. Bekk. I 337, 13
478	B 48	Plut., Quaest. Platon. 3
479	B 50	Tzetzes, Alleg. O 83
480	A 50	Aët. II 1, 4
481	A 57	Arist., de sensu 6. 446a 26
482	A 57	Philop., de anima 334, 34
483	A 59	Aët. II 24, 7
484	A 61	Aët. II 31, 1
485	A 1	Diog. VII 77
486	B 2	Sext., adv. math. VII 122ff.
487	B 14	Sext., adv. math. VII 124
488	B 84	Arist., de sens. 2 p. 437b 23
489	B 102	Theophr., de sensu 31 A 86
490	B 103	Simpl., Phys. 331, 10
491	B 105	Porphyr., de Styge ap. Stob., Ecl. I 49, 53
492	B 106	Arist., de anima III 4. 427a 21
493	B 107	Theophr., de sensu 10
494	B 109	Arist., de anima I 2. 404b 8
495	B 110	Hippol., Ref. VII 29
496	B 111	Diog. VIII 59
497	A 30	[Plut.], Strom. ap. Euseb. P. E. I 8, 10
498	A 86	Theophr., de sensu 9
499	A 76	Plato, Phaed. 96 B
500	A 96	Aët. IV 5, 12
501	ad B 106	Arist., de anima III 4. 427a 21
502	B 112	Diog. VIII 62
503	B 113	Sext., adv. math. I 302
504	B 114	Clem., Strom. V 9
505	B 115	Hippol., Ref. VII 29
506	B 117	Diog. VIII 77
507	B 118	Clem., Strom. III 14
508	B 119	Clem., Strom. IV 12
509	B 124	Clem., Strom. III 14
510	B 127	Ael., Nat. anim. XII 7
511	B 136	Sext., adv. math. IX 127
512	B 137	Sext., adv. math. IX 129
513	B 139	Porphyr., de abst. II 31
514	B 140	Plut., Quaest. conv. III 1, 2
515	B 144	Plut., de coh. ira 16
516	B 145	Clem., Protr. 2, 27
517	A 32	Aët. I 7, 28
518	B 115	Hippol., Ref. VII 29, 8ff.
519	B 135	Cic., de re p. III 19
520	B 136	Sext., adv. math. IX 127
521	B 128	Porphyr., de abstinent. II 20
522	B 130	Schol. Nic. Ther. 452
523	B 132	Clem., Strom. V 140
524	B 134	Ammon., de interpret. 249, 1

525	B 135	Arist., Rhetor. I 13. 1373b 6
526	B 129	Porphyr., vit. Pythag. 30
527	B 146	Clem., Strom. IV 150
528	B 147	Clem., Strom. V 122
Anaxagoras		
529	B 1	Simpl., Phys. 155, 23
530	B 2	Simpl., Phys. 155, 30
531	B 3	Simpl., Phys. 164, 16
532	B 4	Simpl., Phys. 34, 28
533	B 5	Simpl., Phys. 156, 9
534	B 6	Simpl., Phys. 164, 25
535	B 7	Simpl., de caelo 608, 24
536	B 8	Simpl., Phys. 175, 11
537	A 41	Simpl., Phys. 27, 2
538	A 45	Arist., Phys. III 4. 203a 19
539	A 52	Arist., Phys. I 4. 187a 26
540	B 9	Simpl., Phys. 35, 13
541	A 88	Arist., de caelo II 13. 295a 9
542	B 13	Simpl., Phys. 300, 27
543	B 14	Simpl., Phys. 157, 5
544	B 15	Simpl., Phys. 179, 3
545	B 16	Simpl., Phys. 179, 6
546	B 17	Simpl., Phys. 163, 18
547	A 112	Euripides, Chrysippus fr. 839 N.v. 9ff.
548	B 11	Simpl., Phys. 164, 22
549	A 42	Hippol., Ref. I 8, 1f.
550	A 49	Cic., Acad. Pr. II 118
551	B 12	Simpl., Phys. 164, 24
552	A 55	Plato, Crat. 413 C
553	A 100	Arist., de anima I 2. 405 a 13
554	B 18	Plut., de fac. in orb. lun. 16
555	A 1	Diog. II 8
556	A 42	Hippol., Ref. I 8, 6
557	A 42	Hippol., Ref. I 8, 8–9
558	A 42	Hippol., Ref. I 8,3
559	A 88	Simpl. ad Arist., de caelo II 13. 295a 9 (511, 23)
560	A 117	[Arist.], de plantis I 1. 815a 15
561	A 113	Irenaeus II 14,2
562	B 21b	Plut., de fort. 3
563	A 102	Arist., de partt. animal. IV 10. 687a 7
564	B 21	Sext., adv. math. VII 90
565	B 21a	Sext., adv. math. VII 140
566	A 30	Arist., Eth. Eudem. I 5. 1216a 11
567	A 1	Diog. II 11.
Diogenes von Apollonia		
568	B 1	Diog. IX 57
569	B 2	Simpl., Phys. 151, 28
570	B 3	Simpl., Phys. 151, 28
571	B 4	Simpl., Phys. 151, 28
572	B 5	Simpl., Phys. 151, 28
573	B 6	Simpl., Phys. 153, 13
574	B 7	Simpl., Phys. 153, 17
575	B 8	Simpl., Phys. 153, 20
576	A 7	Arist., de gen. et corr. I 6. 322b 12
577	A 20	Arist., de anima I 2. 405a 21
578	A 20	Aët. IV 7, 1.
Kratylos		
579	A 3	Arist., Metaphys. I 6. 987a 32
580	A 5	Plato, Crat. 383 A
581		Plato, Crat. 435 D
Leukippos		
582	A 1	Diog. IX 30ff.
583	A 22	Aët. II 2, 2. 3,2. 4,6
584	A 24	Aët. I 4, 1ff.
585	A 6	Alexander Aphrod. in Arist., Metaphys. 36, 21
586	A 13	Simpl., Phys. 925, 10
587	A 14	Simpl., Phys. 36, 1/de caelo 242, 15
588	A 15	Arist., de caelo III 4. 303a 4
589	A 16	Simpl. 583, 20 ad Arist., de caelo III 2. 300b 8
590	A 18	Arist., Metaphys. XI 6. 1071b 31

TITEL- UND ZEITREGISTER DER QUELLEN

Achilleus: Ende 2.–Anfang 3. Jhdt. n. Chr.; Isagoge (Εἰσαγωγή), Einführung in Arati (s. Aratos) Phainomena.

Aelianus (Claudius): schrieb unter Septimius Severus (193 bis 211) de natura animalium.

Aëtios: Doxograph um 100 n. Chr. De placitis reliquiae (Συναγωγὴ τῶν ἀρεσκόντων) fußt nach Diels auf den Δόξαι, (vetusta placita) eines unbekannten Poseidonianers aus der 1. Hälfte des 1. Jhdts. v. Chr. und auf den Φυσικῶν δόξαι des Theophrast (s. d.).

Agathemeros: Geograph (in der Zeit nach Poseidonios).

Alexandros von Aphrodisias (Karien): Peripatetiker unter Septimius Severus (193–211); Kommentator des Aristoteles: zur Metaphysik; zu de sensu (περὶ αἰσθήσεως). Eigene Schrift: de mixtura (περὶ κράσεως καὶ αὐξήσεως).

Ammonios Hermeiu (Sohn des Hermeias): de interpretatione (d. Aristoteles), 5./6. Jhdt. n. Chr.

Anecdota Graeca: ed. Immanuel Bekker 1814–1821; Parisiensia Graeca, e codd. et mss. Bibliothecae Regiae Parisiensis ed. J. A. Cramer 1839 bis 1841.

Aratos aus Soloi (Kilikien): Stoiker, Schüler Zenons (315 bis 240/39 v. Chr.), schrieb zwischen 276 und 274 die Phainomena, ein astronomisches Lehrgedicht.

Areios Didymos: Philosoph, Lehrer des Augustus.

Aristeides Quintilianus: lebte Ende des 3. Jhdts. n. Chr., Musiktheoretiker, schrieb περὶ μουσικῆς (de musica).

Aristokritos: 5. Jhdt. n. Chr., Verf. einer Schrift Theosophía.

Aristophanes: Komödiendichter; seine ›Wolken‹ (Νεφέλαι) 423 v. Chr. aufgeführt.

Aristoteles: 384/3–322 v. Chr.; de anima (περὶ ψυχῆς), Seelenlehre; de animalium generatione (περὶ ζῴων γενέσεως), über die Erzeugung der Tiere; de animalium partibus (περὶ ζῴων μορίων), über die Teile der Tiere; de caelo (περὶ οὐρανοῦ); de generatione et corruptione (περὶ γενέσεως καὶ φθορᾶς), über Entstehen und Vergehen; de respiratione (περὶ ἀναπνοῆς); de sensu (περὶ αἰσθήσεως); Ethika: Nikomachische, Eudemische (nach den Herausgebern genannt); Meteorologica; Metaphysik; Poetik; Rhetorik; Topika (über die Methoden der Beweisführung aus wahrscheinlichen Prämissen).

Pseudo-Aristoteles: de Melisso, Xenophane et Gorgia disputationes; de mundo (περὶ κόσμου); de plantis (περὶ φυτῶν); Problemata (Streitfragen, stofflich geordnete Kollektaneen späterer Peripatetiker).

Athenaios: Anfang 3. Jhdt. n. Chr., Verf. der Δειπνοσοφισταὶ (Gelehrte Tischgesellschaft).

Caelius Aurelianus: Arzt aus Sicca, Numidien, 5. Jhdt. n. Chr.; Morbi chronici.

Censorinus: grammatischer Schriftsteller des 3. Jhdts. n. Chr.

Chalcidius: Kommentator des Pla-

Ioannes Philopónos: Grammatiker und christlicher Theologe des 5./6. Jhdts. n. Chr.; Commentarii in Aristotelis de anima; de generatione et corruptione.

Isokrates: 436/35–ca. 338, griech. Redner; Helena (sophistische Rede).

Lactantius (Lucius Caelius Firmianus): Rhetor und Kirchenschriftsteller unter Diokletian und Konstantin; Divinae institutiones (religiöse Unterweisungen).

Macrobius (Theodosius): um 400 n. Chr., Verf. eines Kommentars zu Ciceros Somnium Scipionis; Saturnalia (Behandlung römischer Antiquitäten).

Iustinus Martyr: zuerst Platoniker, dann Christ, gest. zwischen 100 und 110 n. Chr.; dialogus c. Tryphum (Gespräch mit dem Juden Tryphon).

Marc Aurel (Marcus Aurelius Antoninus Augustus): römischer Kaiser 161–180; Anhänger der stoischen Philosophie; von ihm stammen commentariorum, quos sibi ipsi scripsit, libri XII.

Maximos Tyrios: Mitte 2. Jhdts. n. Chr. wirkender Sophist, schrieb Διαλέξεις (Diatriben, volkstümliche Erörterungen über moralische Probleme).

Numenios: Skeptiker, Schüler des Pyrrhon von Elis (3. Jhdt. v. Chr.).

Olympiodoros: Neuplatoniker der alexandrinischen Schule, 6. Jhdt. n. Chr.; de arte sacra lapidis philosophorum.

Origines: geb. Alexandreia 185/6 in Caesarea; contra Celsum (einen eklektischen Platoniker), geschrieben 248, die vollendetste Leistung der vornicänischen Zeit auf apologetischem Gebiet.

Philoponos, Ioannes, s. Ioannes.

Platon: 427–347: de re publica (Πολιτεία); größerer Hippias (Dialog über das Schöne); Kratylos (über Sprachphilosophie); Leges (Νόμοι) (über Gesetzgebung); Menon (über Lehrbarkeit der Tugend); Parmenides (über Ideenlehre); Phaidon (über Unsterblichkeit der Seele); Phaidros (über die Ideenlehre); Protagoras (über Lehrbarkeit der Tugend und ihre Einheit); Sophistes (über die Sophisten); Symposion (Gastmahl) (über die auf Eros gegründete, in der Erkenntnis der Idee des Schönen gipfelnde Weltanschauung); Theaitetos (über das Wissen).

Pseudo-Platon: Über das Gerechte (περὶ Δικαίου).

Plinius (Gaius Plinius Secundus): 23/4–79 n. Chr.; Verf. der Naturalis historia (Naturgeschichte).

Plotinos: geb. 204 n. Chr., gest. 270: Neuplatoniker; Enneaden (von Porphyrios veranstaltete, nach Enneaden, Neunzahlen geordnete, 6×9 Bücher umfassende, Sammlung seiner Schriften).

Plutarchos: Historiker und Philosoph, ca. 46–nach 120 n. Chr.

1. Biographien: Coriolanus.
2. Philosophische Schriften: adversus Colotem (Πρὸς Κολώτην ὑπὲρ τῶν ἄλλων φιλοσόφων); an seni res publica gerenda; animine an corporis affectionis sint peiores; aqua an ignis utilior; convivium septem sapientium; cum principibus philosophandum esse; de audiendis poetis; de cohibenda ira; de defectu oraculorum; de E Delphico; de exilio; de facie in orbe lunae; de fortuna; de libid. et aegr. = utrum animae an corporis sit libido et aegritudo (πότερον ψυχῆς ἢ σώματος ἐπιθυμία καὶ λύπη); de primo frigore; de profectibus in virtute; de Pythiae oraculis; de superstitione; de tranquillitate animi (περὶ εὐθυμίας); quaestiones na-

turales; quaestiones convivales; quaestiones Platonicae; stromateís (Bücher vermischten Inhalts); Symposion s. convivium.

Pseudo-Plutarchos: consolatio ad Apollonium; de placitis philosophorum.

Porphyrios: Neuplatoniker (232/3–304); de abstinentia; de Styge; quaestiones Homericae; vita Pythagorae; Kommentar zu den Harmonika des Klaudios Ptolemaios.

Proklos: Neuplatoniker, 410 bis 485; in primum Euclidis elementorum librum commentarii; Kommentar zu den Werken Hesiods; Kommentare zu Platons Alkibiades, Parmenides, Politeia, Timaios.

Scholia (gelehrte Anmerkungen zu antiken Autoren): scholia in Basil. (4. Jhdt. n. Chr.); schol. BT Eust. (s. Eustathios); schol. zu Dionysios Thrax (griechischer Grammatiker ca. 170–190 n. Chr.); schol. Epict. Bod. (zum Codex Bodleianus des Epiktet); schol. Nic. Ther. = Scholien zu den Theriaka des Nikandros von Kolophon.

Lucius Annaeus Seneca: ca. 4 v. Chr. – 65 n. Chr., verfaßte 62/63 seine naturales quaestiones.

Sextos Empeirikos: Skeptischer Philosoph des 2. Jhdts. n. Chr.; adversus mathematicos; Pyrrhoniae institutiones (Hauptumrisse der Lehre des Pyrrhon, des Begründers der Skepsis).

Simplikios: von Kilikien (erste Hälfte des 6. Jhdts.), Neuplatoniker, Kommentator des Aristoteles; commentaria in Physicorum libros; in libros de anima.

Stephanos Byzantios: Grammatiker, Verf. des unter Iustinian I. (527–565) geschriebenen geographischen Lexikons Ethniká.

Stobaios, Ioannes (von Stoboi, Makedonien): um 400 n. Chr., Sammler von Exzerpten, u. a. aus griechischen Philosophen.

Suidas: unbekannter, um 900 n. Chr. tätiger Lexikograph aus byzantinischer Zeit.

Tertullianus (Quintus Septimius Florens): geb. 160 n. Chr., Presbyter, Kirchenschriftsteller; ad nationes.

Theologumena (Untersuchungen): Th. arithmeticae (ad exemplum Paris. descripta ed. F. Ast 1817).

Theon Smyrnaios: Platoniker und Astronom (um die Wende des 1. zum 2. Jhdt. n. Chr.).

Theophrastos: Schüler und Freund des Aristoteles, ca. 372 bis 287; de sensu (περὶ αἰσθήσεων); Metaphysik (Φυσικῶν δόξαι).

Tzetzes, Ioannes: byzantinischer Grammatiker des 12. Jhdts. n. Chr.; Allegorien zur Ilias.

WORTERKLÄRUNGEN

aitía, tó aítion (ἡ αἰτία, τὸ αἴτιον): die Ursache, der rational erklärbare Grund.

aitiología (ἡ αἰτιολογία): das Wissen, die Kunde von der Ursache oder von den verschiedenen Gründen einer erkennbaren Tatsache, eines Vorgangs, eines Zustandes. Aitiologia ist z.B. das Suchen nach der Antwort darauf, aus welchen Gründen der Kosmos entstanden sei, oder, wie etwa bei Leukippos, die Erklärung weltbildender Vorgänge durch die Annahme einer kausalen Urbewegung.

akosmía (ἡ ἀκοσμία): Gegensatz zu *kosmos:* die Unwelt (Empedokles).

alētheia (ἡ ἀλήθεια): die Wahrheit, philosophisch die objektive Wirklichkeit, besonders gebraucht bei Parmenides als Inbegriff der wahren Seinserkenntnis im Gegensatz zur *dóxa,* der Trugmeinung der Menschen.

alloíosis (ἡ ἀλλοίωσις): qualitative Umwandlung, Verwandlung, Umsetzung, wörtlich, da von *állos* (anderer) abgeleitet, die unendliche, unaufhörliche Veränderlichkeit des Seins, das ewige Sichverwandeln vom Einen ins Andere, der rhythmisch erfolgende Wechsel des Weltzustandes.

anánke (ἡ ἀνάγκη): Notwendigkeit, Naturnotwendigkeit, schicksalhaftes Verhängnis, Symbolwort für das allgemeine autonome Naturgesetz, bei Parmenides gottheitähnliche Macht. Später die innere Notwendigkeit des Seins.

anathymíasis (ἡ ἀναθυμίασις): das Aufdünsten gehört zu den sogenannten aitiologischen Begriffen der vorsokratischen Philosophie.

ápeiron (τὸ ἄπειρον): unbegrenzt, grenzenlos (von *to péras* = die Grenze, Begrenzung); bei Anaximandros als »Unbegrenztes, Unbestimmtes« Anfang, Prinzip der Welt, ἀθάνατον καὶ ἀνώλεθρον (unerschöpflich und unvergänglich); bei den Pythagoreern nicht mehr ein unbestimmter Urstoff, sondern das Leere (τὸ κενόν), d.h. das der weltbildenden, weltformenden Zahl Entbehrende.

aporroaí (ἀπορροαί): materielle Abflüsse, die in die Poren der Sinnesorgane eindringen und dort mit den ihnen gleichen Elementen zusammentreffen (Empedokles).

arché (ἡ ἀρχή): Anfang, Prinzip der Welt; bei den ionischen Naturphilosophen der Urstoff, der sich in alle Dinge verwandelt und in den alle Dinge sich zurückverwandeln. »Der Vorstellung des zeitlichen Ursprungs schiebt sich die des ewigen Urseins unter« (W. Windelband).

areté (ἡ ἀρετή): Tugend, im älteren Griechisch das Substantiv zu *agathós* (ἀγαθός) tüchtig; als erster soll Pythagoras über die *areté* sich ausgesprochen haben (Pseudo-Aristoteles, Magna Moralia I 1. 1182a 11); für Herakleitos ist das σωφρονεῖν (besonnen sein) die höchste Arete.

to áriston (τὸ ἄριστον): das höchste Gut (Superlativform von *agathós* = gut), philosophisch gebraucht für »Das Beste«, was der

Mensch sich erwerben kann, zugleich Attribut des Göttlichen.

arithmós (ὁ ἀριθμός): Die Zahl. Zunächst einfach der mathematische Zahlbegriff, von der Eins bis zur Zehnzahl. Im pythagoreischen Denken gewinnt die Zahl eine neue denkerische Vereinheitlichung. Sie wird ein Symbolbegriff für die ganze Seinswelt, die selbst aus Zahlen besteht, d.h. aus zahlenmäßigen Beziehungen und zahlenmäßiger Verinhaltlichung aufgebaut ist.

átomos (ἡ ἄτομος; τὸ ἄτομον) (sc. σῶμα): etwas, was nicht mehr weiter geteilt werden kann. Diese unzerschneidbaren (*átomos* kommt vom Verbum *témnein* = schneiden) Elemente hat Leukippos als letzte Grundbestandteile der Materie betrachtet, durch deren Zusammenstöße und Verbindungen die zusammengesetzten Stoffe entstehen, um sich wieder in die Kleinstbestandteile aufzulösen.

daimon (ὁ δαίμων): Die Dämonen sind ursprünglich vielleicht identisch mit den Seelen der Toten (E. Rohde), dann die ihrem Wesen nach unbestimmbaren feindlichen, unheilbringenden Mächte, bei Thales (nach Stobaios) = Götter, bei Herakleitos das in der Eigenart des Menschen begründete Lebensgeschick.

díne (ἡ δίνη): der Wirbel, wirbelmäßige Bewegung, turbo atomorum, concursio turbulenta (Leukippos und Demokritos).

dóxa (ἡ δόξα): Meinung; Wähnen (im Gegensatz zur ἀλήθεια, der Wahrheit, dem Wissen vom Wahren); Ruf, Ruhm; *dóxai:* die Meinungen, Wahnvorstellungen der Sterblichen (Parmenides).

enantiotropé (ἡ ἐναντιοτροπή): entgegengesetzte Wendung, vermöge deren das Feuer zu Wasser und Erde und wiederum die Erde zu Wasser und Feuer wird (Herakleitos).

eudaimonía (εὐδαιμονία): der göttliche Segen, die schicksalhafte Disposition, Glück zu haben.

gnomé (ἡ γνώμη): Einsicht, Erkenntnis; Wert, Sinn, Urteil; Meinung, Ausspruch; bei Herakleitos Vernunft, ebda. *gnomai* (γνῶμαι): richtige Vorstellungen, Begriffe (278 = B 78).

heimarméne (ἡ εἱμαρμένη): unabänderliche Notwendigkeit.

to hen (τὸ ἕν): das Eine, bei den Pythagoreern Gegensatz zu τὸ πᾶν, die Vielheit; ἓν καὶ πᾶν (Eines und Alles): Gott, Weltganzes bei Xenophanes.

hýlē (ἡ ὕλη): (in sich lebendiger) Weltstoff (selbstbelebt, wie im einzelnen die Organismen sich darstellen. Wilamowitz).

hypóstasis (ἡ ὑπόστασις): das, was dem »anderen« zugrunde liegt, also ähnlich dem, was das lateinische »substratum« ausdrückt, die Grundmaterie, auf der sich die Welt des Stofflichen aufbaut.

isonomía (ἡ ἰσονομία): das Gesetz des Ausgleichs, das die griechischen Denker in der Natur vorgebildet finden und dessen Anwendung auf menschliche Dinge anzustreben ist (bei dem Arztdenker Alkmaion ist die *isonomía* das Gleichmaß der Säfte und ihrer Verteilung im Körper, durch die allein der Zustand der Gesundheit erreichbar ist. Störung der Isonomie, ein Zuviel oder Zuwenig, bewirkt die Krankheit).

kairós (ὁ καιρός): der rechte Augenblick, der richtige, der »günstige« Zeitpunkt, in dem etwas geschehen muß, wenn es dem *lógos*, der sinnvollen Weltvernunft, entsprechend vor sich gehen soll.

lógos (ὁ λόγος): : Wort; verstandesmäßiges Denken; Vernunft; die durch das Wort des Philosophen verkündete Wahrheit (Gegenpol des Mythos, des bildhaften dichterischen Gestaltens); bei Herakleitos das allem Geschehen zugrunde liegende Gesetz, die das Weltganze beherrschende Vernunft, die ewige, notwendige Wahrheit, die Norm des kosmischen Geschehens.

mēdén (τὸ μηδέν): Das Nichtsein, das Nichts, der Zustand des Nichtseienden an sich. Dieses *mēdén* ist es, was Parmenides als unmöglich zu beweisen sucht: es gibt nur ein einziges und völliges Sein, ein Nichtsein ist denkerisch unnachweisbar, also nur trughafte Vorstellung *(dóxa)*.

metempsȳchosis (ἡ μετεμψύχωσις): die Seelenwanderung (der Pythagoreer); vgl. palingenesia.

metéora (τὰ μετέωρα): die *metéora* sind die »oberen Dinge«, »die Dinge in der Höhe«, d.h. Luft, Äther, Gestirne.

meteorologia (ἡ μετεωρολογία): die Erforschung der *metéora*, der Dinge und Vorgänge in der Höhe; Titel einer Schrift des Anaxagoras.

métron (τὸ μέτρον): Maß: ἄνθρωπος μέτρον ἁπάντων (der Mensch Maß aller Dinge) Lehre (Subjektivismus, Relativismus) der Sophisten.

mnémē, mnemosýne (ἡ μνήμη, μνημοσύνη): das Gedächtnis; die Pythagoreer, wahrscheinlich Pythagoras selbst, waren die ersten abendländischen Denker, die von der erzieherischen Bedeutung des Gedächtnisses überzeugt waren.

neikos (τὸ νεῖκος): der Streit, die Zwietracht. Bei Empedokles die personifizierte Macht der Entzweiung, der Zwietracht. *Neikos* ist identisch mit *éris* = Unfrieden schaffendem Haß, neikos und sein Gegenpart, die Harmonie schaffende *philía* = Freundschaft, Liebe, wechseln nach Empedokles ewig in periodischer Herrschaft im Kosmos miteinander ab.

nómos (ὁ νόμος): das Gesetz, die Gesetzlichkeit; schon bei Parmenides als die innere Gesetzhaftigkeit der Verhältnisse und Gegebenheiten im Kosmos, in der *phýsis* verstanden. Theologisch wird dann der nómos zum wesenhaften Attribut der Gottheit – oder zu einer eigenen göttlichen Kraft wie bei Empedokles und schließlich bei Demokritos zu einem ethischen Prinzip, aber auch zu subjektiver Annahme: νόμῳ γλυκὺ καὶ νόμῳ πικρόν, νόμῳ θερμόν, νόμῳ ψυχρόν, νόμῳ χροιή – (das Süße und Bittere, das Warme und Kalte sowie die Verschiedenheit der Farben beruht nur auf subjektiver Annahme, 637 = B 125). – Den Streit um *phýsis* und *nómos*, zu dem sich auf ethischem Gebiet ein erster Ansatz bei Herakleitos (269 = B 114) findet, haben Spätere auch auf das Recht und die Sprache übertragen.

nus (ὁ νοῦς): der Verstand, die Vernunft, die vernünftige Einsicht. Bei Anaxagoras weltordnendes Prinzip, »unendliches, selbstherrliches Wesen, das sich mit keinem Ding vermischt, sondern allein, selbständig und für sich besteht.« (Simplikios)

paideía (παιδεία): Die Erziehung als Vorgang, als Methode, zugleich aber auch das Produkt des παιδεύειν, die Bildung (eruditio der Lateiner).

Zwei für die denkerische Entwicklung des Griechentums folgenreiche Entwicklungen hat dieser Begriff bereits in der Vorsokratik durchgemacht. Die wichtigste Bedeutung der *paideía* als einer vom Denker, dem Philosophen geleiteten Methode stammt aus dem Kreise der Pythagoreer. Sie waren es, die neben körperlicher Ertüchtigung und neben zweckgerichtetem Sachwissen es für den jugendlichen Menschen unumgänglich hielten, daß er denken, den Dingen des Seins und der Natur nachzuforschen lerne. Zur *paideía* gehörte die Erziehung des Gedächtnisses, zum Beobachten des eigenen Erlebens.

palingenesía (παλιγγενεσία): Seelenwanderung (der Pythagoreer): αἱ ψυχαὶ πάλιν γίγνονται ἐκ τῶν τεθνεώτων (die Seelen der Menschen entstehen aus den Toten (Platon, Phaidon 70б); vgl. metempsýchōsis.

phrónesis (ἡ φρόνησις): Denken, Einsicht, Besonnenheit; bei Herakleitos Erkenntnis der göttlichen Norm des kosmischen Geschehens und ihrer Befolgung im Handeln.

physiología (ἡ φυσιολογία): Wissenschaft von der *phýsis,* der Natur.

phýsis (ἡ φύσις): die Natur; *Perí phýseos* (Περὶ φύσεως) ›Über die Natur‹ heißen viele Schriften der nach dem bleibenden Wesen fragenden Vorsokratiker, zuerst bei Anaximandros.

to sophón: die göttliche (von allem abgesonderte, πάντων κεχωρισμένον) Vernunft jenseits aller Dinge, Herakleitos 312 = B 118.

sphairos (ὁ σφαῖρος): Die als Kugel aufgefaßte Gesamtheit der Welt, der kugelförmige Kosmos des Parmenides. Lautet der gebräuchlichere griechische Ausdruck *sphaira,* so verwendet Empedokles *sphairos* für den idealen Vollkommenheitszustand der Welt »in fast personifizierender Form«.

stoicheíon (τὸ στοιχεῖον): Urstoff, Element.

symmetría (συμμετρία): wörtlich das Gleichmaß, denkerisch das Prinzip der Ausgeglichenheit, des Ausgleichs, der Harmonisierung der Teile dem Ganzen gegenüber.

télos (τὸ τέλος): das Ende, weniger in materiellem Sinne, sondern der Abschluß, so wie in dem lateinischen Sprichwort: finis coronat opus, daher denkerisch verwendet als Symbolformel für das, was einem vorbestimmten Ziel, dem inneren Sinn nach sein Ende haben muß. Damit wechselt die Bedeutung von *télos* hinüber zum tatsächlichen Begriff von: Ziel. Das Verbum *teleután* bedeutet »zum Ende gelangen«, so bei Herakleitos die prinzipielle Feststellung, daß ein Weltzustand nie ewig gleich währende Dauer besitzt, sondern zeitlich irgendwo endet.

týche (ἡ τύχη): Zufall, die unpersönliche »göttliche Macht, deren Entscheidung Menschenvernunft nicht vorausberechnen kann«. (Wilamowitz)

thȳmós (ὁ θυμός): das innere Wesen, die Gemütsart, das Gemüt des Menschen, ein Begriff, der denkerisch bei den Griechen mit *psyché* = Seele oft in sehr nahen Bezug rückt, sich aber nicht überdeckt, sondern eher als eine partielle Eigenschaft oder Zone der Seele aufgefaßt werden muß.

to xynón (τὸ ξυνόν): das Bewußtsein des Gemeinsamen, das Gemeinsame (bei Herakleitos), von Herakleitos dem nus (s. d.) gleichgesetzt.

LITERATURHINWEISE

Ausgaben der Vorsokratiker insgesamt

Die Fragmente der Vorsokratiker, hrsg. von H. Diels – W. Kranz, 3 Bde., Berlin 1951–52[6] sowie Nachdrucke (mit Übersetzung der wörtlich überlieferten Fragmente).

Die Vorsokratiker, hrsg. von J. Mansfeld, Stuttgart 1987 (Auswahl, mit Übersetzung).

G.S. Kirk – J.E. Raven – M. Schofield, The Presocratic Philosophers – A Critical History with a Selection of Texts, Cambridge 1983[2] (Auswahl, mit englischer Übersetzung).

Übersetzungen der Vorsokratiker insgesamt

Die Vorsokratiker, übersetzt von W. Capelle, Stuttgart 1968[7] (Auswahl).

Die Vorsokratiker, übersetzt von W. Nestle, Köln 1956[4] (Auswahl).

Les Présocratiques, hrsg. von J.P. Dumont, Paris 1988 (französische Übersetzung aller Lehrberichte und Fragmente).

Ausgaben und Übersetzungen einzelner Vorsokratiker

Die Pythagoreische Schule

Pitagorici, Testimonianze e frammenti, hrsg. von M. Timpanaro Cardini, 3 Bde., Florenz 1958–64 (mit italienischer Übersetzung und Kommentar).

Xenophanes

Xenophanes, Die Fragmente, hrsg. von E. Heitsch, München-Zürich 1983 (mit Übersetzung).

Herakleitos

Heraklit, Fragmente, hrsg. von B. Snell, München-Zürich 1989[10] (mit Übersetzung).

Heraclitus, Fragmenten, hrsg. von J. Mansfeld, Amsterdam 1979.

Parmenides

Parmenides, Die Fragmente, hrsg. von E. Heitsch, München-Zürich 1991² (mit Übersetzung).

Empedokles

W. Kranz, Empedokles – Antike Gestalt und romantische Neuschöpfung, Zürich 1949 (Darstellung und Übersetzung).
Empédocle, Les origines, hrsg. von J. Bollack, 4 Teile in 3 Bden., Paris 1965–69 (mit französischer Übersetzung und Kommentar).

Anaxagoras

Anassagora, Testimonianze e frammenti, hrsg. von D. Lanza, Florenz 1966 (mit italienischer Übersetzung und Kommentar).

Leukippos, Demokritos

Antike Atomistik – Texte zur antiken Atomlehre und zu ihrer Wiederaufnahme in der Neuzeit, hrsg. von A. Stückelberger, München 1979 (Auswahl, mit Übersetzung).

Protagoras, Gorgias

Sofisti, Testimonianze e frammenti, hrsg. von M. Untersteiner – A. Battegazzore, 4 Bde., Florenz 1954–62 (mit italienischer Übersetzung und Kommentar).
Gorgias von Leontinoi, Reden, Fragmente und Testimonien, hrsg. von Th. Buchheim, Hamburg 1989 (mit Übersetzung).

Monographien über die Vorsokratik insgesamt

J. Barnes, The Presocratic Philosophers, 2 Bde., London 1979.
W. Capelle, Geschichte der Philosophie I, Die griechische Philosophie 1: Von Thales bis Leukippos, Berlin-Leipzig 1922.
F. M. Cornford, Principium sapientiae, Cambridge 1952.
H. Fränkel, Dichtung und Philosophie des frühen Griechentums, München 1978⁵.
Ders., Wege und Formen frühgriechischen Denkens, München 1974⁴.
K. von Fritz, Grundprobleme der Geschichte der antiken Wissenschaft, Berlin 1971.
O. Gigon, Der Ursprung der griechischen Philosophie, Basel 1968².
W. K. C. Guthrie, A History of Greek Philosophy, Bd. 1–3, Cambridge 1962–69.
U. Hölscher, Anfängliches Fragen – Studien zur frühen griechischen Philosophie, Göttingen 1968.

W. Jaeger, Die Theologie der frühen griechischen Denker, Stuttgart 1953.
W. Nestle, Vom Mythos zum Logos, Stuttgart 1942².
W. Röd, Geschichte der Philosophie I, Die Philosophie der Antike 1: Von Thales bis Demokrit, München 1988².
W. Schadewaldt, Die Anfänge der Philosophie bei den Griechen – Die Vorsokratiker und ihre Voraussetzungen, Frankfurt/M. 1978.
B. Snell, Die Entdeckung des Geistes, Göttingen 1986⁶.
Um die Begriffswelt der Vorsokratiker, hrsg. von H. G. Gadamer (Wege der Forschung 9), Darmstadt 1989³.
M. L. West, Early Greek Philosophy and the Orient, Oxford 1971.

Monographien über einzelne Vorsokratiker

Die Pythagoreische Schule

W. Burkert, Weisheit und Wissenschaft – Studien zu Pythagoras, Philolaos und Platon, Nürnberg 1962.
K. von Fritz, Pythagorian Politics in Southern Italy, New York 1940.
J. E. Raven, Pythagoreans and Eleatics, Cambridge 1948.
B. L. van der Waerden, Die Pythagoreer – Religiöse Bruderschaft und Schule der Wissenschaft, Zürich-München 1979.

Xenophanes

A. Lumpe, Die Philosophie des Xenophanes von Kolophon, Diss. München 1952.
K. Ziegler, Xenophanes, ein Revolutionär des Geistes, in: Gymnasium 72, 1965, 289–302.

Herakleitos

O. Gigon, Untersuchungen zu Heraklit, Leipzig 1935.
K. Held, Heraklit, Parmenides und der Anfang von Philosophie und Wissenschaft, Berlin–New York 1980.
A. Jeannière, La pensée d'Héraclite d'Ephèse, Paris 1959.
Ph. Wheelwright, Heraclitus, Princeton 1959.

Parmenides

G. Calogero, Studien über den Eleatismus, Darmstadt 1970.
U. Hölscher, Der Sinn von Sein in der älteren griechischen Philosophie, Sitzungsberichte der Heidelberger Akademie der Wissenschaften, Phil.-hist. Klasse 1976, 3, Heidelberg 1976.

J. Jantzen, Parmenides zum Verhältnis von Sprache und Wirklichkeit, München 1976.
J. H. M. M. Loenen, Parmenides, Melissus, Gorgias – A Reinterpretation of Eleatic Philosophy, Assen 1959.
J. Mansfeld, Die Offenbarung des Parmenides und die menschliche Welt, Assen 1964.
K. Reinhardt, Parmenides und die Geschichte der griechischen Philosophie, Frankfurt/M. 1959².

Zenon

M. Caveing, Zénon d' Elée, Paris 1982.

Empedokles

E. Bignone, Empedocle, Turin 1916.
G. Nélod, Empédocle d'Agrigente, Brüssel 1959.
D. O'Brien, Empedocles' Cosmic Circle, Cambridge 1969.
Ders., Pour interpréter Empédocle, Paris-Leiden 1981.

Anaxagoras

M. Schofield, An Essay on Anaxagoras, Cambridge 1980.

Leukippos, Demokritos

V. E. Alfieri, Atomos Idea – L'origine del concetto dell'atomo nel pensiero greco, Galatina 1979².
C. Bailey, The Greek Atomists and Epicurus, Oxford 1928.
K. von Fritz, Philosophie und sprachlicher Ausdruck bei Demokrit, Platon und Aristoteles, Darmstadt 1966².
H. Langerbeck, Doxis epirhysmie – Studien zu Demokrits Ethik und Erkenntnislehre, Berlin 1967².
R. Löbl, Demokrits Atomphysik, Darmstadt 1987.

Protagoras, Gorgias

Th. Buchheim, Die Sophistik als Avantgarde normalen Lebens, Hamburg 1986.
W. K. C. Guthrie, The Sophists, Cambridge 1971.
H. A. Koch, Homo mensura – Studien zu Protagoras und Gorgias, Diss. Tübingen 1970.
Sophistik, hrsg. von C. J. Classen (Wege der Forschung 187), Darmstadt 1976.
M. Untersteiner, I sofisti, 2 Bde., Mailand 1967².

INHALT

Anhang